计算机应用技术与教育信息化研究

王　颖　姚培荣　赵伟娜　著

中国水利水电出版社
www.waterpub.com.cn
·北京·

内 容 提 要

本书共 11 章，首先以计算机应用技术教育信息化概述入手，分别对计算机应用技术发展、技术基础、教育信息资源共建共享可持续发展、信息化教育与传统教育的对比研究、计算机应用技术教育信息化促进教学改革的信念保障、教育信息资源建设、教育信息资源共建共享云服务体系结构研究、计算机信息化教育的案例分析、信息化教育应用研究、移动课堂教学与现代教育系统改变进行了阐述和分析，最后一章以计算机应用技术教育云服务给学习环境带来的变化对本书进行收尾。

本书可作为高等教育学校计算机及应用专业、计算机网络专业等课程教材，也可作为各类计算机网络培训教材和计算机爱好者的参考书。

图书在版编目（CIP）数据

计算机应用技术与教育信息化研究 / 王颖，姚培荣，赵伟娜著．-- 北京 ：中国水利水电出版社，2020.9
ISBN 978-7-5170-8909-4

Ⅰ．①计… Ⅱ．①王… ②姚… ③赵… Ⅲ．①计算机应用—教育工作—信息化—研究 Ⅳ．①G434

中国版本图书馆 CIP 数据核字（2020）第 182370 号

书　名	计算机应用技术与教育信息化研究 JISUANJI YINGYONG JISHU YU JIAOYU XINXIHUA YANJIU
作　者	王　颖　姚培荣　赵伟娜　著
出版发行	中国水利水电出版社 （北京市海淀区玉渊潭南路1号D座　100038） 网址：www.waterpub.com.cn E-mail：sales@waterpub.com.cn 电话：（010）68367658（营销中心）
经　售	北京科水图书销售中心（零售） 电话：（010）88383994、63202643、68545874 全国各地新华书店和相关出版物销售网点
排　版	北京水利万物传媒有限公司
印　刷	广东虎彩云印刷有限公司
规　格	205mm×279mm　16开本　11.25印张　295千字
版　次	2020年9月第1版　2020年9月第1次印刷
定　价	55.00元

前　言

《国家中长期教育改革和发展规划纲要（2010–2020年）》明确指出“信息技术对教育发展有革命性影响”，并把教育信息化列为推动教育教学改革、促进教育现代化的重要战略。尽管教育信息化的主旨是通过信息技术的推广和应用引起教育系统全方位的变革，从而实现传统教育形态向信息化教育形态的转变，但是，我们应该看到，教育信息化的推进并不能自然地引起教育教学的改革。显然，教育信息化促进教育教学的改革需要条件、需要保障，如果没有一个稳定的、科学的保障体系，教育信息化促进教学改革的目标是难以实现的。

在国内，有关教育信息化促进教学改革的保障研究并不是一个全新的问题，如教师教育技术能力提示、教师信息素质、校长信息化领导力等都是被学术界进行了大量研究的问题，但是像本书一样提出教育信息化促进教学改革的保障体系模型，并把一些看似“老生常谈”的问题纳入这一保障体系中进行深入的专题式研究的却还鲜见，因此本书的研究既有新意又有价值。

本书由王颖、姚培荣、赵伟娜合著。

对于书中的错误、疏漏之处，敬请广大读者不吝批评指正。

编　者

2020年5月

目 录

第一章 计算机应用技术教育信息化概述

20世纪，人类社会各项技术产生巨大飞跃，其中信息技术无疑是各项技术之中最令人瞩目的。自1946年世界上第一台电子计算机在美国诞生以来，以计算机和信息通信为代表的信息技术已经深入人类生活的各个领域，使人类的生活发生了巨大的变化，这种变化反映在人们处理信息的手段变得更丰富、更高效，而且反映在人们的思维方式和行为方式发生巨大变化。如今，日益广泛运用的信息技术正重构着人类社会的方方面面，教育领域也不例外。

教育作为社会延续、人类发展的重要方式和文明传承、科技创新的重要领域，在很大程度上决定了未来人口的知识、素质和能力的发展基础与前进方向。信息时代给教育注入了新的活力，同时对教育提出了更高的要求，几千年来根深蒂固的教育形态面临着空前的挑战。信息技术的介入使以往的教育思想、教育理念、教育内容和教学方式等均发生了巨大变革，人们不得不重新审视教育的全部内涵。

在信息化大发展的背景下，一种全新的教育形态——信息化教育以崭新的面貌先后在不同的国家出现，而后运用各种高新信息技术促进教育规模、方法、效率、效益的全方位提升，已经不仅仅被国家作为提高教育水平、改进人口素质、推进社会发展的重要战略，也成为学术界的一个重要研究课题。

始于美国，随后欧洲、美洲、亚洲等地区的多数国家都先后制定了促进教育信息化的具体政策，我国政府也于21世纪初提出了教育信息化发展的具体目标和要求，并制定出一系列发展规划。

教育信息化是国民经济和社会信息化的重要组成部分，是教育发展全局中的关键环节；教育信息化是构建现代国民教育体系，形成全民终身学习的学习型社会的内在要求；以教育信息化为龙头，带动教育现代化，实现教育全面发展是我国教育事业发展的战略选择。

然而，如何从理论上看待这种全新的教育形态，如何全面准确地概括教育信息化的概念和特征，如何考察这种教育观念和教育实践的真正内涵，如何全面把握教育信息化的基本要素，如何把握信息化教育整体存在和发展的脉络，如何解读教育信息化的相关政策对其发展有什么影响等方面的问题，都迫切需要深入认识，因为它们是促进我国教育信息化建设的重要理论准备和实践支撑，需要我们全方位地进行思考、分析和研究。

第一节 计算机应用技术教育信息化的概念

在21世纪，整个世界正经历一场社会各个领域被信息化的巨大变革，信息社会已经来临。信息技术的高度发展要求教育的改革发展必须满足培养能够面向信息社会的创新型人才，同时，信息技术的广泛应用也将极大地促进教育现代化进程的发展。教育信息化是教育领域适应信息社会的必然要求和结果。人类社会历经不同的几个阶段，从计算机开始使用以后就慢慢进入了信息社会，回顾信息社会的一些相关内容，有助于我们更清晰地把握教育信息化的重要内涵。

一、教育信息化的起源

（一）信息化与信息化社会

信息化是国内外专家对20世纪中叶信息科技发展的一种概括。国内外公认的信息化的理论基础起源于1948年香农的《通信的数学理论》和维纳的《控制论》等。

20世纪60年代末期，日本学者在探讨未来社会的发展趋势时，从社会产业结构演进的角度率先提出了信息社会和信息化的概念。其中，信息社会是指信息产业高度发达，在社会生活中处于支配地位；而信息化表示向信息社会发展的一种过程，是将信息作为构成某一系统、某一领域的基本要素，并对该系统、该领域中信息的生成、分析、处理、传递和利用所进行的有意义的活动的总称。而我们把信息的生成、分析、处理、传递和利用的相关技术称为信息技术。

信息化包含两层重要含义：

一是对信息本身重要性的认识。信息是人类存在的一种基本构成要素，因此，信息化的过程中，首先应对信息本身的重要性进行分析，把它作为信息化的基础。

二是信息技术的广泛应用。信息技术的广泛应用是在对信息本身进行分析的基础上进行的。信息化意味着各种信息技术的大发展及其在各个领域的提升。信息是信息化的本体，而信息技术是信息化最重要的手段和目的。

信息社会其实是人类社会发展历程中的一个特定时期。人类社会的发展，从生产力的角度看，可分为狩猎社会、游牧社会、农业社会、工业社会、信息社会。

美国学者杰里米·加尔布雷斯曾简要地描述了人类社会发展的各时代的基本特点（表1-1），信息时代的确已经来临，信息化带来知识的爆炸日益影响人类生活的方方面面。本书主要探讨信息技术对教育领域的重构。

表1-1 人类社会的历史

农业时代 （1880年前）	工业时代 （1880～1985年）	信息时代 （1955～2000年）	知识时代 （1995年至今）
自然资源-土地、树木	制造工具-机器	技术-计算机	智力资本-头脑

200多年前工业革命把人类社会从农业社会推进到工业社会之后，一场“信息革命”又把人类社会推向信息社会。

1946年，美国宾夕法尼亚大学的莫希利（J. W. Mauchly）与艾科特（J. P. Eckert）在费城领导制成了世界上第一台电子计算机，特别是20世纪90年代互联网的广泛应用，使人类社会从工业社会向信息社会转变的进程逐渐提速。

这场始于20世纪后半叶的“信息革命”使得以物质生产及流通为基础的工业社会迈向以信息流通与积累为基础的信息社会。

信息社会的主要特征在于：一方面，信息技术对第一生产力的巨大推进作用，使整个社会的物质生产能力得到巨大提高；另一方面，知识的生产、流通和积累也随之以指数速度增长。物质生产力和知识生产力相互促进，形成了一种以信息资源为社会发展基本动力、信息技术为基本手段、信息经济为主导、经济信息产业为支撑产业的新的社会形态——信息社会。

信息社会的发展历程如下：

20 世纪中叶以来，充分利用信息技术，开发利用信息资源，促进信息交流，提升知识共享，提高经济增长效率，推进社会发展转型。

20 世纪 90 年代以来，信息知识呈爆炸式增长，信息技术日益创新，信息产业高速发展，信息网络广泛普及，信息化已经成为全球经济社会发展的最显著特征，并逐步向一场全方位的社会变革演进。

进入 21 世纪，信息化对经济社会发展的影响更加深刻。广泛应用、高度渗透到各个方面和行业的信息技术正孕育着新的重大突破。信息技术和信息资源日益成为最重要的生产要素、无形资产和社会财富。信息网络普及速度呈指数上升并在全球范围日趋融合。全球信息化与经济全球化相互促进、相互交融，共同推动全球产业分工深化和经济结构深刻调整，重塑全球经济竞争格局，并对人们现实生活的方方面面产生巨大影响和改变。

国家信息化就是将信息作为社会的一种基本要素，在国家的各个领域广泛应用信息技术，加速实现国家现代化的过程。

在激烈的国际竞争中，一个国家和地区的信息化教育、信息技术应用水平直接关系到整个国家和民族的综合竞争力，已成为衡量其发展水平的重要标志。世界各国在国家信息化方面都不遗余力，我国虽然起步较晚，但是发展速度很快。伴随着改革开放的逐步深入，自 20 世纪 90 年代末以来，我国计算机和网络技术迅速普及，整个社会的发展与信息技术的关系也越来越密切，各行各业的人们越来越关注信息技术对行业发展的重要影响。特别是进入 21 世纪以来，随着信息技术的飞速发展和全球经济一体化进程的加快，我国社会生活和经济领域的诸多方面正在发生着深刻的历史性变革。

（二）教育信息化的萌芽与发展

20 世纪 40 年代末至 70 年代前半期是世界教育信息化的萌芽时期，其开始的标志就是世界上第一台计算机的发明。随后设置在美国加州大学洛杉矶校区、斯坦福研究所、加州大学圣塔芭芭拉校区及犹他大学间的第一个通信互联网络——阿帕网络（ARPANET）于 1969 年 9 月 1 日上线。

计算机和网络被运用于教育领域率先促使了计算机辅助教育系统的发展。计算机辅助教学首创于美国，最早将计算机用于教学的是美国的 IBM 公司，它于 1958 年开发出教小学生算术用的计算机辅助教学（computer assisted instruction，CAI）系统。1959 年美国伊利诺伊大学进行计算机教学实验，首开美国大学计算机教育的先河。

在不少国家尚不知计算机为何物的 20 世纪 60 年代，美国的教育信息化进程已经拉开了序幕；1970 年，美国初中拥有并使用计算机的比率达到 34.4%；1975 年增长到 58.2%。

信息通信技术的发展和互联网的广泛应用，日益改变着教育领域的方方面面。社会经济的快速发展和信息技术的爆炸式增长对人的素质提出了更高的要求，同时也对教育的发展产生了深远的影响。在信息社会中，继美国之后，世界各国也越来越多地利用信息技术手段提高教育机构的运行效率，扩大受教育人群的范围，探索新的教学模式，这些方面已经成为世界各国教育改革与教育发展的重要组成部分。

教育信息化的概念是在 20 世纪 90 年代伴随着信息高速公路的兴建而提出来的。1993 年美国克林顿政府正式提出建设“信息高速公路”（Information Super-Highway）”计划，其核心是发展以互联网为核心的综合化服务体系和推进信息技术(Information Technology,IT)在社会各领域的广泛应用,特别是把 IT 在教育中的应用作为实施面向 21 世纪教育改革的重要途径。美国的这一举动引起了世界各国的积极响应。在其带动下,许多国家相继出台了一系列国家信息基础设施建设规划,制定了推进本国信息技术在教育中应用的计划。这种自 20 世纪 90 年代以来国际教育界出现的以信息技术的广泛应用为特征的发展趋向,被国内学者称为教育信息化。现在,政府的各种文件已经正式使用教育信息化这一概念,并高度重视教育信息化的实际工作。

教育信息化的实践始于美国,其研究也发源于美国,1990 年美国克莱蒙特大学的 Kenneth Green 教授首次提出了 Campus Computing(校园信息化)的概念,并于同年开始了针对美国高校信息化的研究项目——Campus Computing Project(校园信息化项目,CCP)。该项目至今仍是世界上最有代表性的高校信息化研究项目。

我国教育信息化的研究也是从学习国外先进经验开始的,受 CCP 研究项目的启发和影响,2002 年北京大学与香港大学共同启动了亚洲地区第一个国际性的高等教育信息化研究项目——Asian Campus Computing Survey(亚洲校园信息化民意调查,ACCS)。

教育信息化已成为世界范围内教育现代化建设的标志。今天,无论是发达国家,还是发展中国家,都竞相出台以教育信息化为特征的新世纪教育振兴计划,希望以此抢占人才培养的制高点,加快教育现代化建设,为经济和社会迅速发展提供人才保障。

一场全球性的教育信息化革命,已在教育的各个领域的不同层面迅猛地展开。以多媒体计算机技术和网络通信技术为主要标志的信息技术,作为现代科技革命的基础和核心,已经渗透到教育领域的方方面面,对现代社会产生着重大的影响,大大改变了人们的工作方式、学习方式、生活方式乃至思维方式,必将进一步促进人类社会的巨大进步。

二、教育信息化的定义

目前学术界对于教育信息化的定义和提法尚无统一的界定,但是对教育信息化的定义和内涵的认识都经历了一个从单纯的技术层面发展到系统的观念文化、组织、机构、过程等层面的动态过程。

值得指出的是,信息化一词基本上是在中国、日本、韩国、俄罗斯等国家使用,西方国家而是使用 e-Education(电子化教育)、NetworkBased education(基于网络的教育)、Online education(在线教育)等名称,极少使用信息化、教育信息化之类的说法。[①]

关于教育信息化的定义,比较有代表性的观点主要有如下几种。

龚美霞认为,教育信息化就是要在教育领域和各个方面利用现代信息技术,深入开发、广泛利用教育信息资源推进教育事业的发展,使其适应社会信息化的要求。[②]

李克东认为,教育信息化是指在教育与教学的各个方面,在先进的教育思想指导下,积极应用新技术,深入开发、广泛利用信息资源,培养适应信息社会要求的创新人才,加速实现教育现代化的系统工程。[③]

祝智庭认为,教育信息化是指在教育过程中,比较全面地运用以计算机多媒体和网络通信为

---

① 洪明.欧美国家教育信息化的现状与趋势[J].比较教育研究,2002(7):17-20.

② 龚美霞.加快教育信息化建设的思考[J].电化教育研究,1999(7):38-40.

③ 李克东.知识经济与教育技术的发展[J].中国电化教育,2002(8):35-36.

基础的现代化信息技术，促进教育的全面改革，使之适应正在到来的信息社会对于教育发展的新要求。①

南国农认为，教育信息化是指在教育中普遍运用现代信息技术，开发教育资源，优化教育过程，以培养和提高学生的信息素养，促进教育现代化的过程。②

傅德荣认为，教育信息化是将信息作为教育系统的一种基本构成要素，并在教育的各个领域广泛地利用信息技术，促进教育现代化进程。教育信息化的过程中应高度重视对教育系统以信息的观点进行信息分析，并在此基础上进行信息技术在教育中的有效应用。③

上述学者的定义，主要从以下三个方面表述了教育信息化的内容。

(1)认为教育信息化是信息社会的教育变革，是信息时代对教育领域的改造。

(2)强调教育信息化不仅是一个社会发展的目标，更是一个动态的发展过程；

(3)界定了教育信息化的领域及范围，主要包括利用信息技术、开发信息资源、推进信息基础的教育教学、促进新的教学模式演进、优化教育教学过程、提高教育效率、信息化评价、信息化法规等。

教育信息化是信息时代对教育领域的必然要求，是在教育的各个领域全面运用现代信息技术的动态发展过程。强调“过程”的主要原因在于：

第一，教育本身的发展就是一个动态的过程。信息技术的进入以及信息资源信息系统的建设不可能一蹴而就，在教育过程中全面运用现代信息技术必然是一个长期的过程。

第二，信息技术在教育领域的运用是一个动态的过程。信息技术在教育领域的运用是一个从低级向高级演变和整合的过程。这种整合过程会导致教育理念、教育目标、教育形式、教育内容、教育模式、教育手段、教育评价、教育环境和教育管理等产生一系列的改革和变化，必将是一个长期的过程。

综上所述，教育信息化是将信息作为教育系统的一种基本构成要素，在教育的各个方面，以先进教育思想为指导，辅以现代信息技术手段，广泛利用信息资源，培育和发展运用现代信息技术的新的教育能力，培养适应信息社会要求的创新型人才，加速实现教育现代化的历史过程。

三、教育信息化的要素

科教兴国思想不断深入人心，信息技术在教育领域中的作用也日益凸显，教育信息化的发展关乎一国教育的成败。作为一个行业的信息化，教育信息化包含教育信息化技术、数字化教育资源、信息化人才培养、信息技术和产业、信息化法规和标准等五个主要方面。它们作为教育信息化的五大要素，是一个有机的整体，共同构成符合我国国情的、完整的教育信息化体系。当前我国教育信息化所面临的绝大部分问题都与这五大要素密切相关。教育信息化技术的硬件建设是基础，数字化教育资源是核心，信息化人才培养是关键，信息化法规和标准是保障，信息技术和产业的发展是目的。

下面就这五大要素分别进行阐述。

---

① 祝智庭.世界各国的教育信息化进程[J].国外教育资料，1999(2)：79－80.

② 南国农.教育信息化与教育变革[J].电化教育研究，2003(7)：41－42.

③ 傅德荣.教育信息化的目的、内容与意义[J.教育技术研究，2000(4)：46－48.

(一)教育信息化技术

教育信息化技术主要包含两个方面的内容:信息网络建设和信息技术应用。

信息网络是教育信息化建设的主体,也是实现教育信息化的物质基础和先决条件。目前我国已经建成并启用的中国教育与科研计算机网(CERNET)、中国卫星宽带远程教育网络、中小学"校校通"工程、高校"数字校园"建设工程、中小学远程教育建设工程,以及应用于学校教学的普通电教室、多媒体综合电教室、计算机室微型电教室、CA教室、网络教室、语言实验室、电子阅览室、闭路电视系统、数字化教室和智能教室等都是教育信息化中信息网络基础设施建设的重要内容。这一系列基础设施的建设既是我国教育信息化建设的重大成就,也为我国教育信息化的迅速发展奠定了坚实的基础,同时也为教育信息化的实施创造了必要的条件。

信息技术的教育应用是教育信息化建设的根本出发点。有了信息网络和信息资源等基础条件之后,信息技术的教育应用便成为教育信息化的主角。教育信息化建设的水平和效益都主要体现在应用这一环节。教育信息化所依赖的信息技术在飞速地发展,其技术能力更是日新月异,应付教育信息化建设已绰绰有余。也就是说,信息技术本身的问题已不存在或是不重要了,关键问题在于信息技术在教育信息化过程中的应用。

具体来说,就是要做到三个结合,即信息技术与教学手段的结合、信息技术与教学内容的结合、信息技术与教学管理的结合。①

因此,在信息技术应用方面,主要应做好三件事:

一是做好与教学手段密切相关的硬件以及软件建设,它决定着信息技术教育应用的方向,直接关系到信息技术教育应用的效率和效果。

二是建立因地制宜的教育信息化建设环境、教育对象以及与教育内容相适应的信息化教育模式。

三是在不同层次上开展教学管理的理论研究与实践,并将其作为教育领域信息技术教育应用的主要任务。

(二)数字化教育资源

数字化教育资源是应用于教育和教学过程中的各种信息资源,它的开发和利用是教育信息化建设成功的关键。教育资源建设是实施教育信息化建设的核心内容,要努力丰富教育资源,才能使教育信息化建设落到实处。教育资源可以是和教学内容密切相关的文字、图片、声音、视频等。教育资源要用先进的数字化视频音频技术,实现文字、图形、图像和声音的同步传输,并要符合网络标准、有较好的交互性。②

数字化教育资源可分为以教育信息为主要内容的教育软件资源和以管理信息系统的基础数据为主要内容的教育管理信息资源两大类。

教育软件资源主要包括各种网络数字课程、多媒体素材、各类CA课件等,以文献资料查阅和检索服务为主的图书情报信息资源,以教育信息资源的生成、分析、处理、传递和利用为主的各种软件工具类资源,以及能被教育应用的浩如烟海的互联网资源等。

教育管理信息资源主要是指为实施现代教育管理而建立的各类数据库资源,以及为方便和

---

① 周纳论.教育信息化四大要素及相关问题[J].北方经贸,2002(9):122－123.

② 马武,张程.高校教育信息化建设的五要素[J]教育信息化,2006(3):21－23.

支撑教育者、教育内容、教育对象、教育资源及其支持服务体系为主要内容的相关软件资源等。数字化教育资源在教育中的应用最为直接，教育过程即是通过各种教育资源的应用予以展开和控制的。对各种教育信息资源的生成、整理、分析、处理、传递和应用，应根据教育信息的特点及教育过程的要求展开。

数字化教育资源建设从长期来看是一项艰苦而漫长的工程，完全可以本着“边开发、边应用”的原则，采用各种可能的方法，利用各方面的资金，全面建设教育信息化数据库资源。边开发、边应用，做好的就立刻投入使用，其应用也能进一步促进资源的开发，并且要在应用的过程中不断地进行评价、修改和升级，以进一步完善教育数据库资源。

（三）信息化人才培养

若将教育看作是“产业”，那么其可以被称为超知识密集型产业，教育和教育信息化主要取决于教育人员的知识结构、创新精神和开拓能力，毫不夸张地说，人才是教育的生命，也是教育信息化的生命。然而，相关人才缺乏是信息科技时代的一个普遍性的问题，在教育信息化过程中，这一问题显得尤为突出。①

为了实现教育信息化，人才要先行，我国现在需要培养大量掌握信息技术知识、具备信息技术应用能力的教育信息化人才。人才培养作为教育信息化的关键，主要指的是培养如下两种类型的人才。

一种是专业型教育信息化人才，主要是指专门从事教育信息技术和信息化资源的研究与开发、教育信息化硬件建设、教育信息化软件应用和维护的专门人才。教育信息化发展对专业的教育信息化人才的要求高，分工细，可以是电子技术专业人才、硬件工程师、高级软件编程人才、网络工程师或微电子技术专业人才等等。

另一种是普通型教育信息化人才，这相对于专业型教育信息化人才来说，主要是指在教育领域从事具体教学、教育管理及其他教育服务的各类人员。信息化发展对该领域全体人员的信息技术知识、信息利用能力和信息素质都有共同的要求。特别是作为信息化人才培养重要基地的高等学校，既要关注教育行业的信息化，为教育信息化培养普通型教育信息化人才和专业型教育信息化人才，也要担负起为整个社会培养信息化人才的任务。

教育信息化的根本目的是实现教育现代化，培养创新人才。面向信息社会的创新人才应具备的一项基本素质就是信息能力。它不仅是教育领域内的事情，更是信息社会中每一个人赖以生存、用于学习进步的一项基本能力。所以，教育信息化应将每一位学生的信息能力培养作为教育本身最重要的一项内容，大力推进，以保证实现国家社会经济的发展。我国各级各类学校中广泛开展的信息技术教育就是实现国家信息化、教育信息化的重要步骤和主要内容。

（四）信息技术和产业

信息技术是指对信息进行采集、加工、存储、交流、应用的手段和方法体系。它的内涵包括如下两个方面。

其一，信息技术是一种手段，即各种信息媒体和工具，如印刷媒体、电子媒体、计算机网络、远程通信等，是一种物化形态的技术。

其二，信息技术是一种方法，即运用信息媒体和技术对各种信息资源进行采集、加工、存储、

---

① 周纳.论教育信息化四大要素及相关问题[J].北方经贸 2002(9):122－123.

交流、应用的方法，是一种智能形态的技术。

信息技术由信息媒体和信息媒体应用的方法两个要素组成。信息技术的核心是信息的数字化、信息传输的网络化。信息技术是教育信息化的技术支柱，是教育信息化的驱动力。在教育信息化过程中开展信息技术研究，不仅可以丰富教育信息化的研究内容，更重要的是可以将新的更加有效的物态化技术和智能形态的技术应用于信息化教育中，提高信息化教育的质量和效果。

信息技术产业主要指信息技术设备制造业和信息技术服务业。由于信息技术设备制造业的发展需要强大的技术和资金优势做后盾，因此，在我国的教育信息化过程中，信息技术产业的发展应由不同的社会部门分工协作来完成。其中，教育信息技术产品制造业应动员教育系统、科研院所和相关企业等互补性较强的部门共同参与，以便将教育系统从教育信息技术产品的开发中解脱出来，集中精力做好以教育信息资源的开发和利用为主的服务业。

（五）信息化法规和标准

教育信息化是一项系统工程，为确保我国教育信息化工作的顺利进行，相关部门必须在教育信息资源开发、教育信息网络建设、教育信息技术应用、教育信息技术和产业等各个方面制定一系列政策、法规和标准，建立一套完善的促进信息化建设的政策、法规环境和标准体系，以规范和协调各要素之间的关系，这既是教育信息化健康发展的重要条件和保障，也是开展教育信息化的依据和蓝图。只有这样，才能使各级政府、各个单位和部门的教育信息化规范化、秩序化，才能推动教育信息化健康顺利地向前发展。

从上述讨论和分析来看，教育信息化的五大要素对教育信息化建设起了决定性的作用。人才培养是教育信息化的关键要素，教育信息化技术的硬件建设是基础要素，数字化教育资源是教育信息化的核心要素，信息化法规和标准是重要的保障。只要全面抓住这些要素，充分认识到它们之间的关系及存在的问题，并在实践中认真分析和努力解决这些问题，就一定能促进信息技术和教育信息产业更快、更好地发展。

四、教育信息化的内涵

明确教育信息化的概念，全面把握教育信息化的五大要素，共同为教育信息化建设奠定理论基础。但是开展教育信息化建设必须进一步明确教育信息化的基本内涵，力求使教育信息化建设步入一个科学规划、全面发展的良性轨道。

张光慧认为，教育信息化建设的内涵一般包括三个大的方面：一是教育信息化环境建设；二是教育信息化资源建设；三是教育信息化组织建设。其中，环境建设是基础和前提资源建设是核心和灵魂，组织建设是保障。

教育信息化环境建设主要包括校园网、网络中心、多媒体教室、网络教室、电子阅览室、计算机终端等基础设施、硬件和办公自动化系统、教学管理自动化系统、财务、人事、档案、电话、一卡通等应用软件系统的建设。

教育信息化资源建设主要包括多媒体素材（包括文字、图片、图形、动画、音频、视频）、多媒体课件、电子教案、教学案例、题库、电子文献（包括图书、期刊、报纸）、网络课程以及电子文档的积累和建设。

教育信息化组织建设主要包括组织机构建设、管理队伍建设、技术队伍建设、教师队伍建设和教育信息化的制度建设。

这种概括是从教育信息化广延的角度对其进行分析。

从纵深的角度看，范以纲认为，教育信息化的内涵可以从以下四个维度理解。

第一，从教育发展维度看，现代化教育旨在建立适应现代社会、经济、科技发展需要，以培养创新人才为目标的新型教育体系。并在这个以人为本的教育体系中，让每个学生都受到充分的教育，得到充分的发展，潜能得以开发，自由人格不断完善。显而易见，信息化是教育现代化的前提和必由之路。而现代教育学、心理学与信息科技的综合和相互渗透无疑将成为教育信息化的强大动力。

第二，从信息技术维度看，由于通信技术和计算机网络技术不断突破，信息技术不仅已成为人类拓展能力的创造性工具，而且还极大地拓了展教育的时空界限，提高了人们工作、学习的效率和能动性。先进的技术极大地扩展了教育的广度和深度，使教育资源充分共享成可能，学习的选择性和公平性大大提高，信息交互手段的使用，使教育日益成为个体化的学习过程，因需学习、因材施教的教育原则得以真正意义上的贯彻。由此可见，信息化为教育理念的实现提供了技术保障。随着知识信息的生产、传播和应用的地高速发展，远程教育、终生教育、学习化社会已成为教育信息化发展的方向。

第三，从人才培养维度看，进入21世纪，教育的外部和内部环境都已发生深刻的变化。科学技术革命，社会技术化和信息化的发展，市场经济全面构建，全球经济一体化，信息技术渗透到每一个角落，知识更新和知识增长速度加快，文化、思想、道德的发展和交流等，势必对人才的培养产生影响。因此，在逐步迈向信息化社会的今天，不断获取新知，主动迅速地获取、筛选信息，准确地鉴别信息的真伪，创造性地加工和处理信息的能力，已成为现代人越来越重要的基本素质。不难看出，学生信息素养已成为科学素养的重要基础，教育信息化不仅符合时代的要求，也加快了教育现代化的进程。

第四，从政府行政维度看，教育信息化不再是一句动员的口号，而是21世纪中国利用后发优势、实现教育跨越式发展的行动纲领。信息化作为一个庞大的系统工程，其高科技、高投入、高风险的基本特征，不得不使政府和教育机构在操作时慎之又慎。从国情出发，根据社会经济发展需要，突出重点，统一规划，统一组织，已成为教育信息化建设的基本策略。

教育信息化的内涵十分丰富，主要从如下三个方面解读。

第一，教育信息化是以现代信息化教育技术为主要推动力的。使用生产工具的水平是社会生产力发展水平的重要标志。这一点在教育发展的历史上同样如此。教育工具的创新总会引发教育各个方面的巨大进步和深刻变革。现代信息技术广泛应用于教育使教学工具进入信息时代。这种技术上的突飞猛进，使教育的时间和空间得到极大地拓展，使教育水平、方法、理念、体系、思想以及内涵等都发生巨大变革，使教育规模和教学效率得到全方位提升。

第二，教育信息化最主要的目标是全面提升学生的信息素养以培养创新型人才。信息素养是指学生能够认识到何时需要信息、何处检索信息、如何评估和有效地利用信息的综合能力。国外的实践证明，信息素养是终身学习的基础，加强学生信息素养的教育和培养，对于更好地实现终身教育具有重大意义。教育信息化将为全面提高学生的信息素养奠定基础，使教育打破传统的时空限制，突破学校的围墙，超越国界、区域的藩篱，为创建与信息社会和知识经济相适应的新型教育形态，构建全球化终身教育体系奠定基础。

第三，教育信息化是实现教育现代化的一个渐进的复杂过程。任何技术的发明以及知识的应用和发展都是一个由浅入深、由简单到复杂的动态过程。教育信息化也必将将随着信息技术的进一步发展和应用而不断深化，也将随着人们对其知识的认识和接受程度的提高而不断向前推进，其最重要的目标是建立与信息技术相适应的新型教育形态，实现教育的现代化。教育现代化是一个有着丰富内容和深刻内涵的历史范畴，是整个社会现代化的一个重要的有机组成部分。

综上所述，从教育与技术进步、经济和社会发展的密切关系来看，教育信息化其实就是指以现代信息技术为动力，以培养创新型人才为目的，以实现教育现代化为目标，全面推进教育领域的创新和发展，使之成为与信息社会相适应的新型教育形态的一个动态过程。

第二节 计算机信息技术发展的时代背景

一、信息技术的不断发展

第三次科技革命包含空间技术、原子能技术、电子计算机技术等的应用和发展。电子计算机的广泛应用，促进了生产自动化、管理现代化、科技手段现代化和国防技术现代化，也推动了情报信息的自动化。第三次科技革命带来了信息技术的飞速发展，掀起了信息革命。信息革命以互联网的全球化普及为重要标志。信息技术的巨大变革引发新的技术变革，对社会发展产生了深远的影响。

当今社会处于数字化、信息化时代的转型时期，新技术的快速发展和广泛普及对人类的发展提出了更高的要求。在这个时代的转折点和关键点上，我们需要重新审视教育制度和教学模式，思考如何在教育教学中充分利用现代技术并最大限度地发挥技术的有效性。处于信息化潮流之中，教育的目的必然包含能够积极主动地处理信息、提高信息处理能力（包括信息的获取、分析、加工等方面的能力）、具备信息素养等。

信息技术对教育的各个方面、各个环节都会产生颠覆性的变革，它正在改变人们的学习习惯和学习方式，也在改变学校的教学模式。我们没有理由不转变教育观念，重新审视教育技术，从不同的视角积极主动地探索信息革命下如何进行教育变革，如何在教育中充分利用现代信息技术以促进教育的发展。

二、变革的教育现实

在工业革命之前，学徒制一直是最主要的教育形式。学徒制强调的是现场教学、个别化教学和代际间口传手授，教学发生在真实的工作场所中，徒弟在师傅的指导下学习和实践。学徒制培养出了具有高超技术水平的技艺人员。

工业革命的兴起使工厂的规模扩大，这样就亟须大量的具有一定知识和技能的劳动力。也就是说，近代资本主义的兴起要求广泛普及教育，扩大教育规模，提高教学质量和效率，迫切要求在短时间内培养出大批受过良好教育的劳动者。然而，传统的学徒制难以满足这一需求，班级授课制这一新型教学组织形式也就应运而生了。

班级授课制是以班级为单位，由教师按照固定的课时表安排，向固定的学生教授统一内容的一种教学组织形式。捷克著名教育家夸美纽斯在其著作《大教学论》中首次对班级授课制从理论上加以系统论证，使班级授课制确定下来。后来，德国教育家赫尔巴特进行了补充说明，使其进一步完善。

下面分析班级授课制的基本特点。

第一，班级授课制有利于学生在有限的时间里掌握大量系统化的知识。

第二，教师可以进行“一对多”教学，可以大规模地向全体学生授课，提高教学效率。

第三，班级授课制按照“课”来确定统一的教学进度和学习要求，在教学中使学生按照统一的步调执行即可，教学管理更为高效。因此，班级授课制能够高效地培养大量的人才，这正好迎合了工业革命对大量劳动力的迫切需求。

我们可以从中看出为什么班级授课制顺应了工业革命之需，并自其创立以来，一直持续至今，依然发挥着非常重要的作用。

随着计算机和网络信息技术的发展与广泛应用，当今社会已经步入信息化时代。信息革命不仅要求我们要具备一定的专业知识和技能，而且还提出了更高层次的发展要求，如熟练掌握信息技术，学会及时处理应急事件，拥有不同于他人的独特创想，能够自主学习新鲜事物，敢于探索求知等。因此，信息革命对教育提出了更高层次的目标要求。然而，传统的班级授课制教学组织形式已经难以充分满足这一要求。

信息革命带来的新型理念冲击着人们的思维，提出的新要求促使人们适时做出改变，终身学习和自主学习在当下备受关注。人人都应该接受终身教育，进行终身学习；人人都需要积极自主地、有选择性地学习，以适应时代的发展和满足自身的发展需要，从而更好地实现自我价值和获得完满丰盈的生活。

第一次教育革命发生在从农业社会到工业社会的转型时期，在工业革命的助推之下，教学组织形式由学徒制转变为班级授课制。

第二次教育革命初见端倪，在信息革命浪潮的推动下，教学组织形式由班级授课制向终身学习、自主学习发展。通过简要梳理教育发展的历程可以看出，教学组织形式是由学徒制到班级授课制，再到现时代的终身学习、自主学习的变迁和发展趋势。因此，需要审视教育教学的现状，以找到教育教学的出路。

第一，教学内容与社会实践脱节。太多的学生在工作后抱怨：“在学校里学习的绝大多数知识，在生活和工作中很少用得上。学到的知识在毕业后基本又‘还给’了老师。”是的，正如这些学生所言，学校教育与社会实践存在脱节的现象。虽然学生在学习知识的过程中逻辑思维等能力会得到锻炼，但是传统教学已然不能很好地适应社会需求，我们必须对其做出改变。因此，我们需要关注学校课程体系与学生发展的结合，构建适合并促进学生发展的课程体系，实现课程的生活化和实践化。

第二，传统教学往往在教学内容、教学进度等方面“一刀切”。那些“学得慢”的学生常抱怨教师讲得过快，自己还没有完全理解某一知识内容，但是为了跟上教师的进度，只能接着学习后面的知识，而前面那些没有掌握、没有彻底弄明白的知识点就成了疑难点。长此以往，这样的疑难点越积累越多，以致这类学生慢慢成为所谓的“差生”。

与此形成鲜明对比的是，那些“学得快”的学生能够较快地理解知识内容，厌烦教师一遍又一遍地讲解，希望得到较高层次的拓展提升，或者希望进行下一阶段的新知识学习，但是传统教学往往限制了他们的这些需求，当然，也就剥夺了他们发掘自己潜能的机会，也许还会慢慢降低他们的学习兴趣和积极性。因此，我们需要思考如何才能每一个学生都能够按照自己的学习进度和学习特点进行学习，以使每一个学生都能够最大限度地发挥自己的潜能。

第三，传统教学重视结果，轻视过程；重视知识的知晓，忽视智慧的培养；重视知识的获得，忽视心灵的感悟和情感的体验。在教学中，更多地关注学生掌握了多少知识，忽视学生切实感悟到什么、体验到什么；关注学生“学会”，忽视学生“会学”；关注学生的学习成绩，忽视学生的潜能；关注学生的学习结果，忽视学生的思维过程。现实中不论是教师还是家长，都非常关注学生的考试成绩，较少关注学生在学习上的其他表现——学生是否具有良好的学习习惯，学习方法是否有效，学习积极性是否有待提高，学生的问题意识、交流表达能力、独立思考和探索能力的发展情况如何等，甚至忽视学生完满性格的发展、道德品行的完善等。

第四，传统教学强调教师的主导作用，尚未深入发挥学生的主动性。传统教学中，教师往往按照自己的教学设计按部就班地进行教学，学生在课堂上被动地听讲、忙于记笔记，课后又忙于完成作业，以应付各种考试。

学生更多的是“听课、做笔记、做练习、考试”，属于学生自己思考的时间较少，导致学生缺少学习的热情和好奇心，缺少个性化创想。教师发挥自己的主导作用来顺利、高效地完成教学任务，但学生的主动性、积极性与创造性还有待提高，还需要进一步探索怎样使学生成为有智慧、有个性的完整的人，而非仅仅是具备知识但缺少灵性的人。

综上所述，一方面，传统教学自身存在种种弊端和缺陷；另一方面，现代有“终身学习、自主学习”的新教育要求。显然教育正处于关键的转折点上，因此必须抓住时机适时做出变革。

第三节　计算机应用技术教育信息化的特征

进入 21 世纪，信息化时代的主要特征便是数字化、网络化，在信息技术和网络技术高速发展的推动下，作为社会系统的子系统，教育系统既具有一些类似于信息时代的特征，也有一些自己的特点。

关于教育信息化的基本特征，有多种不同的认识：

南国农教授认为，大致可以归纳概括为“五化三性”。

“五化”是指教育信息显示多媒化、教育信息处理数字化、教育信息存储光盘化、教育信息传输网络化、教育信息管理智能化。

“三性”是指开放性、非线性、交互性。

(1)开放性，即超越时空使教育向所有需要和愿意学习的人开放，实现资源共享。

(2)非线性，即学习内容和方式都打破了传统的线性框框，在电子课本和网上教材中，知识间的联结不再是线性的，而是网状的、发散的、板块的，可以有多种组合和检索方式，它是一个因人施教的系统，照顾着每一个学习者的需求。

(3)交互性，即实现人—机之间的双向沟通和人—人之间的远距离交互学习，促进教师与学生、学生与学生、学生与其他人之间的多向交流。

祝智庭教授认为，对于教育信息化的特征，可以从技术层面和教育层面加以考察。信息时代的主要特征是数字化、网络化。教育作为社会系统的子系统在信息化和网络技术高速发展的推动下，教育系统完全突破了国家的界限，实现了教育交流的无国界性，即教育资源全球化、网络化。与此同时，多样化、开放化也是教育信息化这一社会过程与生俱来的特征。

我们认为，教育信息化究其本质就是在教育领域运用现代信息技术，所以可以从教育层面和技术层面两个方面来概括教育信息化的特征。从技术层面看，教育信息化的基本特征是数字化、网络化、智能化、共享化、多媒体化、自动化和虚拟化；从教育层面看，教育信息化的基本特征是开放性、共享性、交互性、协作性、自主性和多样性。

一、技术层面的特征

教育信息的技术层面的特征主要有如下几个方面。

(一)数字化

数字化是指教学手段、教学内容和教学方法更多地采用数字化的方法和内容,更多地利用计算机媒介协助教学的各个方面。信息时代又被称为数字时代,电子计算机的发明彻底改变了人们生活的方方面面。各种传统信息传递方式以及传统信息承载体已经越来越多地被数字信息方式和数字资源所替代,这在教育领域表现愈发凸显。数字化使教育信息技术系统的设备简单、性能可靠、标准统一,这些都为构建学习型社会奠定了良好的基础。数字化的电子教科书、参考书、图书馆数字电子资源和教育数据库等的广泛应用,使教育的内容日益丰富,使用效益得到惊人的提高。

(二)网络化

网络化是指传统的面对面教学模式越来越多地被网络教学模式所替代,信息资源可共享,活动时空限制更少。信息网络是21世纪发展最为迅猛的信息技术,也是对教育领域改变和影响最大的信息技术。网络化具体是指传统的面对面教学方式可以被网络教学、虚拟教学所替代,完全突破了时空限制,最大限度地调动一切可以利用的资源为教育服务。教育空间网络化的发展使全球通信在一瞬间完成,极大地拓展了教育的时间和空间,多媒体大学、虚拟大学迅速发展。

(三)智能化

教育技术智能化是指为实现教育的功能和目标所采用的技能、手段和工具已经越来越发达,甚至接近人工智能。现代信息技术广泛地应用于教育领域,具体的智能化能极大地推进教育效率和效果的双重优化,是加速信息化发展、提高教育技术智能化水平的直接动力。教育领域智能化,使各种先进系统能帮助人们实现教学行为人性化、人机通信自然化、繁杂任务代理化等。

(四)共享化

共享化是指随着信息技术的发展,各种技术和资源在教育领域被越来越多、越来越容易地分享、共享。利用已建成的各种通信基础设施及局域信息网络,特别是互联网,全世界的教育资源已经连成一个信息海洋,供广大教育者和学习者随时随地共享使用,打破了过去教育资源种种形式的封闭和垄断,使全球教育资源的共享化程度大幅提高,从而有利于全球教育资源的充分利用与质量和效益的提高,有利于缩小国家和地区间教育发展的差距。

(五)多媒体化

多媒体化是指传统的教学手段日益被丰富多彩的多重感官共同刺激的新式教学手段所替代。从教学的各个环节来看,都越来越多媒体化。更多地利用超媒体技术,使教学内容表现更动态化、形象化。已经有越来越多的教材和工具书被多媒体化,它们不但包含文字和图形,还能呈现声音、动画、录像,甚至模拟三维立体景象。

（六）自动化

管理自动化就是利用计算机管理教学过程的系统，目前已经投入利用的包括计算机化测试与评分、学习问题诊断、学习任务分配等功能。通过为学生建立电子学档，其中包含学生身份信息、活动记录、评价信息、电子作品等，可以支持教学评价的改革，实现面向学习过程的评价。

（七）虚拟化

教育环境虚拟化意味着教学活动可以在很大程度上脱离物理空间及时间的限制，这是网络化教育的重要特征。现代已经涌现出一系列虚拟化的教育环境，包括虚拟教室、虚拟实验室、虚拟校园、虚拟学社、虚拟图书馆等。虚拟教育可分为校内模式和校外模式。校内模式是利用局域网开展网上教育，校外模式是指利用广域网，特别是互联网进行远程教育。

二、教育层面的特征

教育信息化教育层面的特征主要有以下几个方面。

（一）开放性

现代信息技术的引进打破了以学校教育为中心的教育体系，使得教育更具开放性。教育信息化的最重要手段是基于网络平台的，而计算机网络是当今最为开放的面向对象的系统，这主要体现在内容开放、结构开放、功能开放等方面。

（二）共享性

共享性使得大量丰富的教育资源和各种先进的教学手段能为全体学习者共享，而且取之不尽。从信息社会的本质来看，共享性就是信息化的本质特征和最终目的。

（三）交互性

交互性能实现人—机之间的双向沟通和人—人之间的远距离交互学习，促进教师与学生、学生与学生、学生与其他人之间的多向交流。交互式教学软件的开发和应用，强调了师生之间思想情感和文化的交流，学生独立思考和创造性学习得到鼓励和有力的技术支持，教学由单向灌输改为多向交流，师生间建立起更加民主、平等的关系。

（四）协作性

协作性为教育者提供了更多的人与人、人与计算机协作完成任务的机会。通过相互协作的方式进行教学和学习活动也是当前教育的一个重要发展方向。信息技术在支持协作学习方面可以起重要作用，其形式包括通过计算机进行合作（譬如在网上进行合作学习）等。

（五）自主性

学生学习日益具有自主性。由于以学生为主体的教育思想日益得到认同，教育信息化使得学生学习的自主性、独立性以及个性大大提高。这些个性体现在，通过计算机和网络，学生可以自主地选择教材和教师，自己安排课程和课时。譬如利用人工智能技术构建的智能教学系统能够根据学生的不同个性特点和需求进行教学和提供帮助。至此，学生才真正成为教学的中心，教育培养创新人才的目标得到更好的支持，学生将更具有自主性、个性和创造性。

(六)多样性

教育服务的对象日益多样性，表现在，允许和包容各种形式的教育，如学校教育、在职培训教育、社区教育及自学教育等，关键是受服务对象不再局限于在校学生，这些变化为形成终身学习、终身教育的学习型社会提供了技术支持、网络平台和信息基础。教育信息化的进程以及教育服务对象多样性的发展过程也就是教育全民化的历史进程。多样性既依赖于信息技术、教育思想观念乃至整个社会的发展进步，又对教育和社会进步形成巨大的推动力。

第四节 计算机应用技术教育信息化的影响与意义

信息化变革重塑了人类社会生活的各个方面，教育信息化重塑了教育领域的各个方面，教育信息化的出现和发展对于人类教育事业意义非凡。教育信息化的一个重要手段就是计算机和网络技术的运用。网络作为当今最为开放的系统，具有公开性、快速性、广泛性等特点。教育信息化的重要意义就在于通过信息技术和网络技术的运用，在国际层面上，使教育资源得以在全球范围内共享，弥补了发达国家与发展中国家在教育手段上的巨大差距，有利于发展中国家吸收借鉴先进的教育手段，掌握最新的发展趋势，践行最先进的教学理念等等；在国内层面上，使教育对全社会开放，特别是使对那些无法接受高等教育和专业技术教育的人，同样能够接受各种教育，实现梦想。除此之外，教育信息化还实现了学校之间、专业之间、师生之间的全方位交流。

一、教育信息化对教育的影响

信息技术在学校中的广泛应用，对学校产生十分显著的影响。学校教育中，教师、学生，以及教学设施是其基本的构成要素和主体，教育信息化的深入展开使教师的教学作用、学生的学习能力、教育设施的性能等方面都发生了深刻的变革。

教育信息化给教育带来根本的变革主要表现在以下六个方面：

(一)教育思想和教育观念变革

传统的教育观念强调的是以知识的传授为中心，在专业设置、课程建设、教学组织教学方法等方面的工作都围绕着这个中心展开。在现代信息社会，对人才的要求不仅是掌握知识的多少，更重要的是获取知识的能力，因此就要求改变传统的教育思想和教育观念，在教育的“知识观”“学习观”和“人才观”上进行根本的变革，将教育从传统的“传授知识”转到“培养能力”的轨道上来。

(二)教育目的变革

随着社会的发展，教育目标也发生变化。教育信息化，使教育从封闭逐步走向开放化、大众化，增加了远程教育、网络大学等新式的教学模式，教学内容日益数字化、多媒体化极大地拓展了教育的时间和空间，扩展了教育的对象，使大众教育、终身教育成为可能，提高了人的个性发展和素质，使得高等教育的目的增加了人的自我发展、自我完善这一自然属性。

(三)教育模式变革

教育信息化的发展使教育走向了社会,走向了平等,其各个方面都已经融入了人们的教育生活之中,人们可以更自由地选择学校、教师、课程,充分体现了教育办学的开放化。现代信息技术的应用,使得教学的组织形式也更加灵活、方便,教学计划更具柔性,教学更加有针对性和可设计性。信息社会,知识更新周期加快,竞争压力增大,促使人们更加重视学习,接受高等教育和继续教育已经成为社会性的需求,因此学习将更加社会化、终生化。

(四)教学内容和教学方法变革

在教学内容上,教师借助信息化时代的网络检索功能吸收本学科最新、最前沿的知识,运用到课堂教学中,使学生学到最新的知识。在教学方法上,通过应用网络、多媒体等现代信息技术改变了传统教学方式,创设了良好的学习情景,能够便捷、精炼地表达教学内容,突出双向性、参与性、互动性,更好地培养学生的综合能力。

(五)传统师生关系变化

传统的教学模式以教为主,是单向传输模式。教育信息化使教师的作用发生变化,教师从知识的传递者转变为学习的组织者和协调者,学生利用现代信息技术接收本学科最新、最前沿的知识,从被动学习者转为学习的主人,师生间的角色也因此发生了变化。

(六)教育评价制度深刻变革

教育信息化使各级学校办学行为更具有透明性和开放性,社会机构对学校的关注也将更加紧密和深入,最为重要的是教育评价的主体也将由政府转向社会,有利于教育现代化的发展。教育评价的内容也随之发生变革,其中学生能力评价由过去只注重知识向更加注重能力方向转变、由过去单纯的考试导向向考试与实践等多种方式相结合方向转变,这些变化都得益于信息化技术的飞速发展。在各级学校办学条件评价中,由过去只注重设备等硬件指标向侧重资源建设等软件指标转变。

二、教育信息化的深远意义

教育信息化不仅给教育发展带来了以上众多深刻的转变,在过去、现在和未来,其对于教育的发展均具有极为重要的意义,主要表现在以下几个方面。

(一)教育信息化是教育现代化的必由之路

根据国外成熟经验,一国的教育现代化至少包括教育思想现代化教育内容现代化、教育方法现代化、教育技术手段现代化、教育设施现代化、教育管理现代化等。显而易见,在以上教育现代化的诸多要素中,哪一项都离不开教育信息化。教育信息化一方面为教育现代化提供了方法、途径和前提;另一方面,在教育信息化的过程中必然会出现许多新问题,需要利用教育信息化的理念去分析、认识、解决。教育信息化更是教育现代化的重要内容,是实现教育现代化的重要步骤,是教育现代化的根本目的。可以说,没有教育信息化,就不可能实现教育现代化。只有大力促进教育信息化的发展,才能极大地推进教育现代化的进程。

(二)教育信息化有利于缩小地区间教育的差距

几千年来，学校一直是教育实施的主要场所，在包括现阶段在内的相当长的一段时期内，我国各类人才的培养主要还是依赖于学校。但是由于我国幅员辽阔，经济发展不均衡，各地的教育规模、教育水平之间的差异很大，导致以学校教育为中心的教育体系无法从根本上消除地区间的教育差距，现实情况还可能使差距越拉越大。这种现状导致无法实现“建设学习型社会、构建终身教育体系”的宏伟目标。

从20世纪末至今，教育信息化已经深刻改变了这种情况。随着教育信息化的实施、远程教育网络的实现，受教育者的学习可以不受时间、空间的限制，这种方式改变了以学校教育为中心的教育体系，人人都可以接受教育，体现了教育的平等性，非常有利于缩小地区间的教育差距和全民素质的提高。这种开放式的教育网络也为人们实现终身学习提供了保障，教育信息化对提高全民素质具有重要的意义。

从现阶段来看，我国教育信息化的重点主要是学校和专门的教育机构，主要内容包括在中小学普及信息技术教育，中小学“校校通”工程和高校“数字校园”建设，以及现代远程教育等。但是从长远来看，教育信息化必然会延伸到家庭和社会的各个方面，这种趋势已经显现。其中，家庭教育信息化和现代远程教育的实施，将为国民提供更多的接受教育的机会，使受教育者的学习不受时间、空间的限制，真正实现学习型社会和终身教育的内涵——人人学习、处处学习、时时学习，最大限度地保障每一国民接受教育的平等性。那时候教育的场所就不只限于学校，全社会已经成为一所大学校。这种发展有利于从根本上消除由于地区之间经济发展的不平衡所产生的教育水平的差距，使国民的综合素质普遍提高。

(三)教育信息化有利于创新人才的培养

创新型人才的培养主要依托于变应试教育为素质教育、创新教育，教育信息化为素质教育、创新教育提供了环境、条件和保障。学生利用教育信息化的环境，通过检索信息、收集信息、处理信息、创造信息，实现知识的探索和发现，这对创新人才的培养具有重要的意义，是我们必须坚持的发展方向。

什么是创新人才？创新人才就是具有自己鲜明的个性特色、善于独立思考、具有广博的知识、富有创新精神和创造能力，各方面素质全面发展与个性发展圆满结合的人。可以说，培养创新人才是教育的根本目标，教育信息化有利于素质教育的实施和创新人才的培养。原因如下。

一是教育信息化为素质教育的实施创造了良好的环境，使因材施教和个性化教学能够更好地实施。

二是在信息技术环境下，一方面学生可以根据个人志趣与个性差异对所学的知识和学习进程在一定程度上进行自主选择；另一方面，学生可对某专题的相关内容通过信息检索、收集和处理，解决学习中的问题，有利于拓宽学生的知识面，培养其独立思考能力和创新能力。

三是利用教育信息化提供的网络资源，可将抽象的道理形象化，通过鲜明的形象感化和对比，帮助学生形成良好的思想品德和学会更多贴近现实的知识。

(四)教育信息化促进教育理论的发展

教育信息化是教育的一场重要变革，在这个过程中必将出现许多问题、许多现象需要去解决、认识，这些问题和现象的解决、认识将有效地推动教育理论的发展。教育信息化的过程是信息科学在教育中不断应用的过程，在这个过程中出现的许多问题、许多现象往往需要用信息科学的理论、方法才能进行解决，才能予以深刻的认识。在这个过程中培育着一门新兴的学科——教育信息科学。教育信息科学是一门利用信息科学理论广泛研究学习过程的教育理论，是一门关于教育的信息科学。

（五）教育信息化有利于教育信息产业的发展

教育信息化的发展过程是一种信息技术在教育领域中广泛应用的过程，这个过程必将极大地推动教育信息产业的发展。在学校全面推进教育信息化，对我国的信息产业、经济发展孕育着一个极大的商机，提供了一个很大的发展机遇。

大力促进教育信息化发展，就是为祖国培养现代化所需的创新人才。教育信息化对于我国未来的经济发展、人民生活水平的提高、居民素质的提升等方面都具有极其重要的意义，因为教育信息化不仅有利于提高教育质量和教育效率，也有利于培养学生的创新精神和实践能力，而且从主观和客观两个方面为学生的全面发展、全体发展、个性发展提供了条件和保障。

信息化是当今世界发展的大趋势，是我国经济加快发展和社会全面进步的重大战略机遇。我们必须坚持“以信息化带动工业化，以工业化促进信息化”，把教育信息化作为全面建设小康社会和构建新时代中国特色社会主义和谐社会的重要举措。教育信息化是未来发展的制高点，关系到科技、经济、社会、文化、政治、军事、国家安全的全局。教育信息化水平是衡量一个国家现代化程度、综合国力、国际竞争力、经济增长能力的重要标准。

第二章

计算机应用技术背景下数字化时代的教育变革

美国著名的新闻和媒体经营大亨鲁伯特·默多克曾经在一次演讲中说道："在座的各位，都不需要我告诉你们，人才和科技怎样使我们的生活变得更加富有和多彩。不管我们到哪里，我们都可以看到电子科技给生产力带来的进步。科技也创造了比以往更多的工作机会，同时把我们从时间和空间的局限中解放出来。"

以信息技术为枢纽的数字信息化形式是当前世界经济转型的典型表现。

在信息技术冲击下，未来的社会将逐步向扁平化演进，这种扁平化趋势影响下的全球分散式信息，将会形成基础设施。因此，未来每一个人都必须具备理解当今全球性知识的基础技能。可见，以互联网为支撑的产业革命让科技生产者处于创新人才链的源头位置——具有丰富的知识构成、能够自我获取新兴科技和探索未知能力的创新人才成为这个时代的领军人物，这些人才是在互联网上能够灵活运用各种科技知识的综合人才。

在教育领域，信息技术带来了个性化、智能化、定制化等新的学习理念，在这种理念的推动下不断涌现出新的学习方式。新的人才培养将以新技术与信息技术融合创新为手段，并注重人们学习能力的发展。这不仅是顺应社会的发展，也是满足人类全面发展的需要。

第一节　数字化与学习方式的变革

一、学习方式

传统的学习方式主要是教师对学生的单向传输过程，学生需在规定时间内按照统一标准达到测试要求，学习路径呈同质和线性发展趋势。而今，信息技术让知识以网状化状态进行传播和应用，具有强烈的时效性和前沿性。

学习者用多元化思维来思考，学习内容不再局限于教材，获取知识的途径和时间更趋个性化，真正实现了"以人为本"，成为构建学习型社会的重要组成部分。信息技术创造了跨越时空的扁平化交互式教育平台，消除了人们之间的距离。新的学习结构由传统金字塔型转变为分散网络型，它们围绕即兴的目标进行信息交流，使教育与世界交融。从这种意义上说，信息技术体现了为任何人、任何时间和地点的人类需求而提供服务的价值取向，这种跨越为全球化学习打下了坚实的基础。基于不同领域新技术的个体组合所形成的交互平台，也见证了人们通过互联网形成了交叉知识链接的协同学习结构。

二、学习地点

显然，新形势下的学习方式已从教室延伸到了对全球领域横向体验的共同学习环境中，提升了个人对全球变化的分布式体验。从课内到课外、从学校到家庭、从国内到国外，传统的面对面师生讨论实现了可扩展和可选择的大教育状态，突破了师生间传统的主从关系，对学习具有深远意义。以互联网为代表的信息技术让移动学习、微学习、泛在学习等一系列数字化学习不断涌现，成为人们按照自身需求创造出来的人为社会系统，建立了教育的多种渠道。这些渠道使人们之间的同步与异步交流得以实现，不断缩小人们与教育环境的距离，刺激教育者去拓展新的学习环境设计，使得“时时、处处、人人皆学”成为现实，从根本上营造出了前所未有的全新学习环境。资源共享、多重交互、自主探究、协作学习等所具有的智能化、快捷化、超链化等特征使学习者对客观世界的一切变化过程感同身受，为人们提供了技术、环境与人相互协调的教育生活空间，使人的生命本质在教育生活中得以彰显。

教育发展的历史与现实表明，教育的终点就是要回归生活，马克思曾指出“人们的存在就是他们的实际生活过程”，教育的本质就是人的生命实践。从这种意义上说，信息技术让教育环境获得了工具性、生活性和文化性的多重诠释，使信息技术拥有了人类和社会的生命和文化等多种价值取向，贴近了生活，也走向了更加具体的生命实践，使生活和学习融为一体，形成了一种高度智能的信息化学习生态环境。

第二节 数字化与教学方式的变革

关于教学，古希腊时期的苏格拉底和柏拉图采用诘问法或辩驳式提问；洛克认为教师对儿童实施形式教育要有坚实的经验基础，通过经验教学来使儿童掌握深层次的概念；裴斯泰洛齐创设了“实物教学”；从儿童身心发展来看，卢梭对爱弥儿的教育采用了自然教育的方式。上述的教学理论和方式没有随时间消逝，而是在不断的改进中更加为现今的人们所采用。随着科学技术的不断发展，教育理念也在不断更替，从以往的以教师为中心到后来的以学生为中心，从以往单一的课程到现今多样的选择，从以往的死记硬背到现今的个性化发展，无一不体现着教育的与时俱进。在科技如此高速发展的今天，以往的教学方式和技术已经不能满足现今学生的需求了，因而改革势在必行。

在计算机技术产生之前，教师在课堂教授知识时，一般都采用口头描述或在黑板上记录的形式，但这些教学方法都不能很好地将教师所讲的知识清晰、全面、深刻地传授给每一位学生。有时，教师为了讲解一个数学公式的由来，需要写上满满一黑板，既浪费时间，学生又不能直观地了解。

随着计算机技术在教育中的应用，教师在讲课时，将知识以数字化的形式存入计算机中，再通过多媒体将知识教授给学生，使学生更为直观地了解这一知识。另外，远程教学也是教学方式的一大突破。远程教学的到来，使得每一位学生都可以通过网络学习到优质的教学资源，如网易公开课。甚至国外很早就采用远程教学的方式来通过函授提供学位。这一教学方式突破了时空的局限，使优质的教学资源可以在更广的范围内为大多数学生共享，优质资源的效益得到最大化。

教学方式在教育的过程中起着至关重要的作用，一位教师教学方式的优劣，直接关系到学生对于知识的学习。《国家中长期教育改革和发展规划纲要(2010－2020年)》中强调要强化信息技术的应用,提高教师应用信息技术的水平,更新教学观念,改进教学方法,提高教学效果,教师需要借助当今的数字化技术来为自己的教学增姿添彩,而不应固守前人的教学方式,一成不变。事实上,这并不是对已有教学方式的冲击,并不是摈弃陈旧的教学,只是在原有的基础上进行一些变革,使之能更好地适应现在的教学需求。众所周知,现在已处于信息化时代,因而教学也应该具备这一时代的特征。

第三节 数字化时代课堂教学变革的现实困境

数字化时代的到来,对课堂教学来说无疑是一次千载难逢的机遇,但同时也昭示着课堂教学迎来了一场空前的挑战。之所以说它是挑战,是因为当前在数字化背景下,我们在课堂教学实践中遇到了诸多现实困境,亟待我们去逐一解决。

一、传统教学手段的缺位

现代信息技术引入课堂教学领域以来,人们便纷纷追求教学的现代化取向,甚至产生了对现代教学媒体的过度依赖。较为严重的现象是,当前很多教师几乎只有在现代教学媒体辅助下方能完成教学。比如,经常有教师反映由于停电而不能上课,甚至忘带U盘而无法借助课件进行正常教学。

显然,这种对现代教学媒体的过度依赖反映了现实教学的另一个极端现象,即导致了传统教学手段现代课堂教学中严重缺位。

事实上,传统教学媒体,如书本、黑板、粉笔、挂图、画册、模型、实物、小型展览以及手指等都具有教学上的很多优势,也是现代教学媒体没法替代的。例如,粉笔加黑板的板书式教学在突显直观教学的同时兼顾师生间的有效互动,这是计算机教学没法替代的。比如,教师可以通过对板书速度的控制,来调整对学生的管控。这种直接互动方式不仅能很好地吸引学生的注意力,还能留给学生足够的思考空间。良好的板书设计也是体现教师魅力的关键所在。

传统教学媒体具有很多现代教学媒体所不及的优势,如成本低,方便移动,在教学运用中对教师和学生的技术性知识的要求不高,其适应性强,易于操作。正如有学者所言,在选择传统教学媒体时,对学生、教师、教学条件、媒体特征、媒体效益等因素考虑较少,而这些因素在选用现代教学媒体时却是必须充分考虑的。

二、"手脑并用"的机会减少

数字化时代,由于计算机的广泛运用,人们的手写功能逐渐被键盘输入所代替,造成人们"手脑并用"的机会逐渐减少。这样的结果对于现代教育教学乃至整个社会的发展并不是一件好事,不利于学生的健康发展。根据神经学的相关研究,写字是一个复杂的功能,依赖于一个庞大的神经系统网络。

普兰汀等对1995～2012年期间使用功能性磁共振成像(functional magnetic resonance imaging,FMRI)和正电子发射计算机断层扫描(positron emission computed tomography,PECT)方法涉及写字过程的18篇论文进行了元分析,确认了"书写脑"的存在。

研究者还发现了一个由12个节点构成的范围广泛的涉及写的脑神经网络。左额上沟/额中回区、左顶间沟/顶上区和小脑前区3个脑区支持的认知过程是写字独有的，最起码对写字来说是很关键的。因此，可以认为这3个脑区构成了人类的"书写脑"。然而，在数字化，文字的输入方式从手写到键盘输入简化，不能不说人类正面临一场书写危机。具体来讲，这种危机一方面表现为人"手脑并用"的机会减少，也就是说，人的"书写脑"功能得不到很好的发挥而逐渐削弱；另一方面由于键盘输入简化了人们手写汉字时所特有的对汉字内部结构的复杂处理程序，这种简化将在很大程度上丢掉了汉字的丰富的表意性信息。

三、虚拟世界的道德缺失

数字化的典型特征就是为我们构筑了一个超越现实的虚拟世界。课堂教学中师生的互动场所也随之从现实的基于教室的课堂，延伸至超越现实的赛博空间里的虚拟课堂，师生之间的互动模式也从直接的人—人互动模式发展为人—机、机—人或人—机—人等互动模式。在这个虚拟课堂中，教师或学生的主体性和自由度超现实地膨胀。

然而，正是人的这种主体性和自由度的超常膨胀，导致人的道德意识和道德情感在这个虚拟课堂中无法得到保障。

例如，有学者在研究数字化背景下大学生的人文素质时直接指出：

"学生在网络中隐瞒自己的真实身份，创设虚假角色，容易造成信任危机。

一旦学生处在这种具有非社会性和道德感隐蔽的网络氛围中，就会缺乏道德感和责任感，造成'精神真空'和'道德真空'，最终将导致人格的扭曲。

还有居高不下的网络犯罪，层出不穷的反科学的、不健康的信息污染，令人胆战心惊的网络黑客、道德滑坡等，都让人们深切意识到数字化时代的人文危机。"

四、"真"与"假"呈乱象趋势

数字化时代所设计出的虚拟世界是源于现实和超越现实的存在，其明显特征就是"真"与"假"并存。说它"真"，是因为它们是源于现实的，是对现实存在的经验化的结果，其存在的本质是借助数字化构造一个"真实"虚拟的而非想象、虚假的信息传播与交流的平台；说它"假"，是因为它与现实存在并非是同步存在的，它是对现实存在的虚拟仿真。某学者指出："赛博空间，是虚拟的，但它又是可视的、真实的，出现了真的是假的，假的也是真的。"这个虚拟世界所不可规避的"真""假"乱象趋势，在具体的课堂教学中主要表现在以下3个方面。

一是教学内容的虚拟化。数字化时代的课堂教学总是习惯于将真实的客观知识经验化为虚拟世界的"真实"存在，如模拟自然灾害中自救、大火中逃生等。虽然类似的教学内容是虚构的，但是它反映的自然规律却是真实的，也就是说，其达到的教学效果是真实的、合理的。

二是师生间的互动交往融入了虚拟存在的媒介。在数字化时代里，师生间的互动交往活动早已经超越了面对面的交往，而是将真实的人际交往行为经验化为虚拟存在并延续到虚拟世界里持续进行。

三是教学场景的虚拟化。数字化的今天，已经发展到有足够的实力设计一个完全虚拟的课堂场景，就某个真正的现实问题进行课堂讨论，实现在真真假假、虚虚实实中完成课堂教学任务。

第四节　数字化时代课堂教学变革的历史机遇

数字化时代的到来，为教育事业的发展带来了翻天覆地的变化，尤其是给课堂教学造成了极大的影响和冲击。比如，由于数字化的影响，传统的师生之间以教科书为中介的简单的互动模式已经不能满足当前“信息潮”支撑下的实际需要。更值得关注的是，数字化的引入为课堂教学开辟了诸多教学研究领域从未涉及的新领域。这种影响和冲击，既体现了课堂教学研究与发展的历史机遇，也反映出课堂教学改革与创新的新挑战。

就其面临的历史机遇而言，主要表现在以下列六个方面。

一、激发了教学理念的创新

教学理念是教师从教学实践中形成的对教学的基本观点和根本看法，以及在此基础上形成的相对稳定的思想和观念体系。可以说，教学理念至少包括3层含义。

第一，它是一种思想观念，即它是不同于人们的具体教学实践，是一种主观认识体系。

第二，它源于教学实践，即由教师在教学实践中不断概括而成。

第三，它是有关教和学的活动的内在规律的总体认识。

可见，教学理念的发展与变化总是基于人们教学实践的发展和变化。

数字化的引入，为现实的教学活动提出了诸多新的要求，如数字化背景下教师必须会电子产品的操作，而且能认识和接受从现实世界到虚拟世界的变化等。这必将引起旧的教学理念与新的教学条件不相适应，在我们没法抵制数字化所带来的新的具有绝对优势的教学条件的诱惑时，我们只有从观念认识上改变自我，改变我们对待教学活动的态度，即变革和创新我们的教学理念。

二、突破了教学思维的瓶颈

教学过程作为一种认识活动，它同样是人们思维逻辑过程逐渐展开的结果。这就决定了教学思维在教学活动过程中的决定性意义。这里的教学思维，是指师生基于教学实践活动而引起的关于教和学的活动的各种思维方式、过程和结果的总和。

显然，数字化时代的到来，为师生的教学思维开辟了一片新天地，拓宽了教学思维的对象世界。在课堂教学领域，数字化的引人，使得人们原有的课堂教学活动的思维方式发生了根本性的变化。数字化世界所构筑的赛博空间里的存在是基于现实而又超越现实的存在。正因如此，我们的认知思维同样可以在源于现实而又超越现实的情境下无限制地遨游于赛博空间。

三、超越了教学时空的局限

在传统意义上，基于空间的课堂主要是指进行教学活动的教室，而基于时间的课堂则是持续40或45分钟的教学过程。数字化时代的今天，我们的课堂教学有了新的定义，教室不再是学生接受知识的唯一场所。比如翻转课堂就颠覆了传统的课堂中接受知识、课后内化知识(通过作业复习巩固)的模式，而将学生接受知识的过程提到课前由学生自主学习来完成，课堂中则通过探究、讨论等方式解决学生接受知识过程中遇到的种种困难。

数字化背景下的课堂教学不再仅仅是向 40 或 45 分钟要质量，而是充分利用现代教学媒体的优势帮助学生从信息潮中寻求需要的信息。教师提供的知识信息是有限的，不足以满足学生的学习需求。更重要的是，在数字化背景下，虚拟世界的存在实现了诸如抗灾、救火等现实课堂教学中无法实现的教学活动。因此，数字化时代的课堂教学已经在空间上超越了教室的局限，跨过了现实的界限，通过网络技术，融入虚拟世界；在时间上超越了传统意义上的 40 或 45 分钟的局限，如翻转课堂的“先学后教”模式就把学生的大量学习时间转移到了课前。

四、引起了教学结构的变化

教学结构是在一定教育思想、教学理论、学习理论指导下的，在某种环境中展开的，由教师、学生、教材和教学媒体 4 个要素相互联系、相互作用而形成的稳定的教学活动进程结构。它决定了教师按照什么样的教育思想、教学理论与学习理论来组织教学活动进程。根据教学结构的定义我们会发现，教学结构实际上反映的是教师、学生、教材和教学媒体 4 个要素之间的相互关系。

从已有的课堂教学结构来看，课堂结构主要有以教师为中心的教学结构、以知识为中心的教学结构和以学生中心的教学结构。随着数字化时代的到来，课堂教学结构从以教师为中心和知识为中心的教学结构形式转向以学生为中心的教学结构形式。陆志平在《数字化时代的课堂重建》中论述到，在数字化时代里，课堂教学正由辅助教学转向“学习”。也就是说，在课堂教学的教师、学生、教材和教学媒体 4 个四要素中，计算机辅助教学模式所支持的是教师在教学媒体的作用下教教材，即教师通过信息技术把知识传递给学生。可见，计算机辅助教学是支持传统教学模式的。然而，在数字化环境下的“E 学习”（如翻转课堂的“先学后教”），则是一种以学生为中心的教学结构模式。在这种模式中，教师和信息技术都只是学生直接面对知识的媒介。其中，教师起指导和帮助作用，而信息技术起支持和辅助作用。

五、实现了教学方式的变革

数字化时代改变了传统的粉笔加黑板的教学形式，实现了现代化教学手段支持下的“虚拟＋现实”的新型教学形式。在传统教学中，由于条件的限制，使用的教学方式主要是讲授式、讨论式、问答式、表演式等。而在数字化背景下，课堂教学方式有了诸多新的变化。为了适应数字化教学环境的需要，教师在探索教学方式时，不仅离不开计算机网络技术的支持，更是希望什么都能与新型教学媒体挂钩，甚至认为没有融入现代信息技术的课堂是不合格的课堂。可见，数字化时代的教学方式的变革与创新的核心是对现代信息技术的充分运用，或者说是对现代信息技术的依赖。

在现代化信息技术的支持下，关于课堂教学方式的变革，虽然我们没办法将其具体内容逐一呈现，但其维度至少包括以下三个方面。

一是信息技术的运用从质上推进了课堂教学方式的变化，如在师生之间的直接对话过程中介入了一个虚拟场景，这种虚拟实验能避免很多教学交往中的尴尬。

二是信息技术的运用实现了课堂教学方式在量上的变化，如可以通过云技术进行多面展示，通过技术设计开发教学软件，通过网络平台实现在线学习和咨询等。

三是信息技术的运用实现了时空维度的拓展。

总的来说，教学方式的变化促进了课堂教学方式在结构形态上的变化。传统课堂教学主要采取讲、听、练、考等单向推进的方式进行，而进入数字化时代后，课堂教学则主要采用自主、合作、探究等方式综合进行。

六、改变了教学评价的方式

数字化时代的课堂教学不仅在教学理念、教学思维、教学时空、教学结构和教学方式等方面存在系列变化，还引起了课堂教学评价方式的变化。在课堂教学评价上，数字化信息技术的运用，使得评价的方式更加开放且多元化。

诚然，在数字化时代里，引起课堂教学评价发生改变的原因是多方面的，概括起来大致有以下两点。

一是传统的教学评价方式已经不足以适应新型课堂教学结构的变化。在现代化信息技术支持下的课堂教学引入了数字化的虚拟世界，这不是简单的考试和分数所能涵盖的，它需要学生借助现代化信息技术进行精确的数据测量和分析，如虚拟仿真实验的引入和运用等。

二是随着现代化信息技术的运用，大量新型社会评价方式逐渐被师生所青睐。有学者建议，日常评价可以引进投票、关注、粉丝、网评等网上通行的学生喜闻乐见的评价方式，改变分数加排名的简单做法。

当然，我们在教学过程中对这些新型社会评价方式的选取和运用也不能盲目，必须遵循一定的原则。

第一，应遵循新型社会评价方式的教育性原则。引入此类新型社会评价方式的目的是促进学生身心的和谐、健康发展，而不是为了赶时髦。

第二，应遵循综合性原则。这些评价虽然在一定程度上能吸引学生的注意，激发学生的学习兴趣，但这样的优势也正好隐藏了其不足。比如，网评本来是一件方便快捷的好事情，但由于缺乏面对面的交流而经常导致评价的虚假和恶搞等。因此，必须综合多种评价形式，取其均值，将评价中由于个人偏好而造成的不真实成分控制在有限范围内。

第三，应遵循人文关怀性原则，或者说是评价方式的修正性原则。在运用现代新型社会评价方式进行评价时，我们必须考虑教学实际，顾及个体感受，不能因为评价而伤及某些教师或学生。

第五节　数字化时代课堂教学变革的路径反思

毋庸置疑，数字化的应用给课堂教学带来了颠覆性的变化。然而，在此种机遇与挑战并存的情况下，应该怎样做才能更有效地使数字信息服务于的课堂教学呢？对此，可从下列几个方面进行思考。

一、切实转化师生的教学主体性角色

传统的教学条件下，师生之间的互动交往模式主要是基于现实课堂教学的人—人交往模式，师生之间有且只有直接面对面的交流。显然，在这种有限条件下，课堂教学主要是以教师或知识为中心的结构形式，教师组织教学的目的主要是尽可能高效率地将所备知识传递给学生，学生则完全处于等待接受的状态，而且教学资源也主要源于教材和教参。

随着数字化资源的引入，这种课堂教学结构发生了根本性的变化，教师不再享有对知识的绝对优势，师生交往所借助的客观知识（教学内容）也不再局限于某本单一的教材，学生也不再是等

待接受的被动学习者。因此,为适应课堂教学的变革,处于课堂教学中的师生必须切实转化各自的教学主体性角色。

从教师主体来说,理应改变“我”(教师)为中心的教学态度,因为开放、丰富的数字资源早已超越了教材的局限,学生获取知识的渠道也不再仅仅源于教师或单一的教材。因此,教师所做的应该是为学生获取更多知识提供方便,帮助学生掌握在浩瀚的知识海洋里尽可能快地获取所需信息的方法。

从学生主体来说,在这个丰富多彩的信息世界里,那种等待接受、被动吸收的“享乐主义”角色已经不复存在。为了适应变化莫测的数字世界,学生必须积极、主动地去获取知识信息。

二、谨慎对待数字化时代的教学变革步调

数字化引起了当今课堂教学潮涌似的变化,但是变革不能一蹴而就,仍需循序渐进,谨慎为之。也就是说,我们在认同和接受数字化时代引起的课堂教学变化的同时,还需谨慎对待数字化时代诱发教学变革的步调。

这是因为:一方面,数字化的世界让我们在真假难辨的情况下,淡化了对现实、对直接经验的亲历需求,因为虚拟的数字世界所呈现的仿真经验往往是经过加工、处理、选择后的相对完美的经验,很容易让涉世未深、缺乏辨别能力的学生产生“虚拟世界的东西才是自己真正需要的东西”的错觉;另一方面,数字化世界所存储的大量信息在带给学生更多方便、快捷的同时,也使学生对网络搜索产生了强烈依赖,从某种程度上看,这正默默地夺走学生独立思考问题的能力。

所谓的谨慎为之,并不意味着放弃。虽然数字化世界变幻莫测使得我们应接不暇,但也正是这种多样性、超现实性刺激了我们不断改革与创新的神经,使我们不得不自我调整,主动适应时代的发展需求。因此我们所指的谨慎对待数字化时代的教学变革步调,实质上是告诉大家不仅要“埋头拉车”,更要“抬头看路”。在面对虚实相济的数字世界时,我们不能一味跟风,要紧扣教学实际,进行循序渐进的教学改革。我们还应该极力克服畏难情绪,乘风破浪,勇于探索和创新,致力寻求教学改革与时代发展的切合点,深入教学实践,不断反思与总结经验,要让教学实践成为践行改革成效的根本标尺。

三、极力匹配数字化时代教学变革的辅助系统

常言道,有了思想不去行动等于妄想,有了行动不思效果等于茫然。为了让数字化时代的课堂教学变革顺利进行,在付诸实际行动的同时,还不得不思考何以使之更加合理有效地进行。也就是说,在甩开膀子干的同时,还应辅之以相应的支持系统。

对此,可从以下四个方面建设辅助系统。

一是提高思想意识。数字化已经成为时代发展的必然趋势,我们应该清楚地意识到在此背景下,进行课堂教学变革也是势在必行,否则我们的课堂教学将难以满足数字化时代学生追求知识的强烈欲望。

二是加强科学研究。面对数字化时代带来的课堂教学的机遇与挑战并存的现实,我们既不能因为它是一次机遇就绝对信赖地往前冲,也不能因为数字化时代抛给我们的课堂教学太多的挑战而畏缩不前。我们需要把握好变革的步骤,有目的、有计划地进行课堂教学变革,加强对数字化时代的课堂教学变革与创新的科学研究,防止课堂教学的改革大军被淹没在虚拟世界的陷阱中。

三是注重实践探索。课堂教学变革不能跟风随雨、人云亦云，更不能只停留在纯理论的思辨与妄想之中，而应该深入课堂实际，进行实践反思与创造，从而在不断否定、否定、再否定中追求进步。

四是制定相应的政策文件。一方面赋予师生进行课堂教学变革的应有权力；另一方面制定相应的规章制度，既起规范之效，又有监督之力，从而确保课堂教学改革的顺利进行。

四、重新界定课堂教学的时空概念

数字化时代带给教学的变化是显而易见的，尤其值得注意的是，引起了课堂教学在时空上的变化。在数字化时代里，课堂教学正以非常快速的步伐从主要关涉现实世界走向兼顾关涉现实与虚拟相结合的二重世界。这一变化导致了现如今的课堂教学在时间上超越了每节课的40或45分钟，在空间上从教室拓展到大千世界，以致单一的教室活动已经不足以满足数字化时代的课堂教学的基本需求。因此，若想全面深刻地理解现时代的课堂教学，必须对课堂教学的时空概念做出数字化时代的重新解读。否则，传统意义上对课堂教学的理解必将束缚着数字化时代赋予课堂教学的全新意义的合理发挥。基于这样的思维逻辑，本书提出“泛课堂教学”的概念，即只有在“泛课堂教学”理念的包容下，数字化时代的课堂教学时空观念才能有其准确合理的定位。当然，我们在此提出“泛课堂教学”概念，与其说是给数字化时代的课堂教学重新定位，倒不如说我们更愿意被理解为为大家思考数字化时代的课堂教学提供一种全新的思维视角，希望借此激起大家对此更多的关注和思考。

第三章 计算机应用技术教育信息化技术基础

教育信息化是指在教育与教学各个领域中，积极开发并充分应用信息技术和信息资源，培养适应信息社会需求的人才，以推动教育现代化进程。教育信息化的结果必然是形成一种新的教育形态——信息化教育。在教育信息化的过程中，信息技术起了十分重要的作用。信息技术是指关于信息的产生、获取、传输、处理、应用等方面的技术。现在应用到教育领域的信息技术很多，其中应用最广泛的是音响数字化技术、多媒体技术和计算机网络技术。本章将对这些技术进行简要介绍。

第一节 音像数字化技术

无论是麦克风拾取的音频电压信号，还是摄像机输出的视频电压信号，都是模拟信号，而计算机只能处理数字信号。模拟信号指的是在时间轴上连续的(不间断)，数值幅度连续不间断地变化的信号(传统的音频信号、视频信号都是这种信号)。数字信号指的是在时间轴上是离散的(不连续)数值，但幅度却固定不变的信号，即用二进制记录信号，反映到信号上即用高、低电压表示的脉冲信号。所以要想用计算机处理各种音像素材，必须将它们转化成数字信号。如果需要，还需将数字信号再转换成各种音视频信号。

一、音像数字化技术的概念和内容

音像数字化技术是指将音像信息的模拟信号转化成数字信号，以及再由数字信号转换成音像信号时所用的技术。

音频信号数字化的基本步骤有3个：采样、量化、编码。经过这几步就可以将连续的音频信号转变成离散的数字化信号。

(一)采样

采样是指用每隔一定时间的信号样值序列来代替原来在时间上连续的信号，也就是将模拟信号按照一定的格式在时间上离散化。采样就是每隔一定的时间间隔 T，抽取模拟信号的一个瞬时幅度值(抽样值)，抽样后所得出的一系列在时间上离散的抽样值称为样值序列。抽样后的样值序列在时间上是离散的。若采样的时间间隔是 T，那么 T 的倒数就是采样频率。根据奈奎斯特采样定理，最低的采样频率应该是信号频率宽带中最高频率的两倍以上，否则在采样之后就会产生频谱的混叠现象而无法还原模拟信号，同样，采用频率也不能过高，否则数据量就会过大。

（二）量化

量化是指对模拟信号在幅度上的离散过程。抽样把模拟信号变成了时间上离散的信号，但信号的幅度仍然是模拟的，还必须进行离散化处理，才能最终用数码来表示。这就需要对幅值进行舍零取整的处理，即凡是处于某一幅度范围（区间）的取样值，其幅度都量化为该范围的中值。不难看出，量化前后的样值是有差别的。量化级数越多，量化后的信号与原信号就越接近，但编码以后的总数据量就会过大。音频信号的量化级数要根据信号的动态范围（即可能出现的最强信号与刚刚能感受到的最弱信号之间的电平差）和要求的质量来确定。而视频信号的量化等级至少要达到 256 级，因为 $256=2^8$。

（三）编码

编码就是把经过量化的离散样值变换成相应的数字信号码组，即每个样值都用相应的一组二进制序列表示。模拟信号在采样、量化后得到的信号还不是数字信号，需要编码之后才能最终转成数字信号。最简单的编码方式是二进制编码。具体来说，就是用 n 比特二进制码来表示已经量化了的样值，每个进制数对应一个量化值然后把它们排列，得到由二值脉冲组成的数字信息流。编码过程在接收端，可以按所收到的信息重新组成原来的样值，再经过低通滤波器恢复原信号。用此方式组成的脉冲串的频率等于抽样频率与量化比特数的积，称为所传输数字信号的数码率。显然，抽样频率越高，量化比特数越大，数码率就越高，所需要的传输带宽就越宽。

二、数据压缩技术

计算机需要将文字、声音、图像、视频等多种媒体承载的模拟信号转换成的数字信号进行存储、传输、处理。如果数字化的文字、声音、图像、视频不进行压缩，数据量是十分巨大的。例如，一张分辨率为 640×480 像素的 24 位真彩图的数据量为 900KB，一张 650MB 的光盘只能存储 650 张图片。一张尺寸为 23cm×23cm 的航摄影像，若按采样间隔 25μm 每像素 8bit 扫描，其数据量为84.5MB；一颗卫星每半小时发回一次全波段（5 个波段）数据，每个波段图像大小为 2292×2190 字节，约 4.90MB，每天的数据量高达 1.2GB。如此海量的数据需要巨大的存储空间。根据计算，一张 600MB 的光盘，能存放 20 秒左右的 640×480 像素的图像画面信息。因此，为了对这些数据能够进行存储处理和传输必须进行数据压缩。由于语音的数据量较小，且基本的压缩技术也已成熟，所以目前数据压缩研究主要集中在图像和视频数字信号的压缩方面。

（一）数据压缩的定义

数据压缩最初是信息论的一个重要研究课题，在信息论中，数据压缩又称为信源编码。数据压缩就是以尽可能少的数据表示信源所发出的信号，以减少给定信息集合的信号空间。

数据之所以能压缩，是因为数据存在冗余。以图像为例，图像数据的冗余主要包括 3 种：图像中相邻像素间的相关性引起的空间冗余，图像序列中不同帧之间存在相关性引起的时间冗余，不同彩色平面或频谱带的相关性引起的频谱冗余。数据压缩的目的就是通过去除这些数据冗余来减少表示数据所需的比特数。因此，图像信息的压缩是可能的。

但到底能压缩多少，除与图像本身存在的冗余度有关外，很大程上度取决于对图像质量的要求。例如，广播电视要考虑艺术欣赏，对图像质量要求就很高，用目前的编码技术，即使压缩比达到 3∶1 都是很困难的。而对可视电话，因画面活动部分少，对图像质量要求也低，可采用高效编码技术，使压缩比高达 1500∶1 以上。目前高效图像压缩编码技术已能用硬件实现实时处理，在广播电视、工业电视、电视会议、可视电话、传真和互联网遥感等多方面得到应用。

（二）数据压缩技术分类

数据压缩技术像其他技术一样，根据不同的分类标准，可以有不同的分类。

首先，根据解码后的数据是否与原数据完全一致，可分为无损压缩和有损压缩两种。无损压缩也称逆压缩、无失编码等。数据经无损压缩后信息不受损失，可以完全恢复到压缩前的样子。有损压缩又称破坏性压缩。用这种方法压缩后解压的数据与原始数据不同。有损压缩就是将次要的信息数据压缩掉，牺牲一些质量以减少数据。在语音、图像和动态视频的压缩中，经常采用这类方法。一般有损压缩比无损压缩的压缩比例要大。

其次，按照具体编码算法来分，可分为预测编码、变换编码和统计编码 3 种。预测编码根据数据在时间和空间的相关性，根据统计模型利用已有样本对新样本进行预测，将样本的实际值与其预测值相减得到误差值，再对误差值进行编码。由于通常误差值比样本值小得多，因而可以达到数据压缩的效果。变换编码的主要思想是利用图像块内像素值之间的相关性，把图像变换到一组新的“基”上，使得能量集中到少数几个变换系数上，通过存储这些系数而达到压缩的目的。

最常用的统计编码是哈夫曼编码，哈夫曼编码是 20 世纪 50 年代提出的一种基于统计的无损编码方法，它利用变长的码来使冗余量达到最小。出现频率大的符号用较少的位数表示，而出现频率小的符号则用较多的位数表示。

（三）数据压缩的技术标准

目前，广泛应用的图像和视频压缩编码标准主要有以下 4 种。

1.JPEG 标题——静态图像压缩标准

JPEG 标准是由 CCITT（国际电报电话咨询委员会）和 ISO（国际标准化组织）两个国际组织建立的联合图片专家组（Joint Photographic Experts Group，JPEC），在 ADCT 的基础提出的用于连续色调图像压缩的压缩标准。1992 年 JPEG 正式成为国际标准。

JPEG 的目标是开发一种用于图像压缩的方法，它是把冗长的图像信号和其他类型的静止图像去掉，压缩后的图像可以减少到原图像的百分之一（压缩比为 100∶1）。JPEG 标准中定义了两种不同性能的系统：基本系统和扩展系统。基本系统采用顺序工作方法，在熵编码阶段采用哈夫曼编码方法来降低冗余度，解码器只存储两个哈夫曼表。扩展系统提供增强功能，它是基本系统的扩展，使用累进方式工作，编码过程采用自适应的自述编码。

2.MPEC 标准——运动图像压缩标准

MPEG 标准是由 ISO（国际标准化组织）与 IEC（国际电工委员会）在 1990 年提出的。它包括 3 个组成部分：一是 MPEG 系统，解决系统规范性问题；二是 MPGE 视频，解决视频压缩问题；三是 MPCE 音频，解决伴音信号压缩问题。

MPEG 标准共有 4 个版本。

（1）MPEG-1 标准：是针对 1.5MB/s 以下数据传输率的数字存储媒体运动图像及其伴音编码设计的国际标准，其设计目标是达到 CD-ROM 的传输率和盒式录音机的图像质量。主要适应于 CD－ROM、硬盘、可读写光盘、局域网和其他通信通道。

（2）MPEG-2 标准：是针对 3～10MB/s 的数据传输率制定的运动图像及其伴音编码的国际

标准。其设计目标是在一条线路上传输更多的有线电视信号，采用更高的数据传输率，以求达到更好的图像质量。除作为 DVD 的指定标准外，MPEG-2 标准还可用于为广播、有线电视网、电缆网络等提供广播级的数字视频。

(3)MPEG-4 标准：是针对一定比特率下的视频、音频编码，更加注重多媒体系统的交互性和灵活性。它通过语音和图形的合成，利用分数几何、计算机显示与人工智能技术以最少量的数据来建立精确的画面，是交互式基于内容的压缩标准。

(4)MPEG-7 标准：继 MPEG-4 标准之后，要解决的矛盾就是对日渐庞大的图像、声音信息的管理和迅速搜索。1998 年 10 月基于这种设想的 MPEG-7 标准被提出，将对各种不同类型的多媒体信息进行标准化的描述，并将该描述与所描述的内容相联系，以实现快速有效的搜索。

(四)H.261 标准——视频通信编码标准

H.261 标准是国际电报电话咨询委员会(CCITT)的建议，支持实时动态图像的压缩编解码。这个标准主要是针对通过电话线的会议可视、可视电话以及其他多媒体通信提出的。

(五)DⅥ 标准

其视频图像的压缩算法的性能与 MPEC-1 标准相当，即图像质量可达到Ⅴ HS 的水平，压缩后的图像数据率约为 1.5MB/s。为了扩大 DⅥ 技术的应用，Intel 公司最近又推出了 DⅤ 算法的软件解码算法，称为 Indeo 技术，它能将数字视频文件压缩为原来的 1/10～1/5。

第二节　多媒体技术

一般认为，1984 年美国 Apple 公司提出的位图概念，标志多媒体技术的诞生。当时 Apple 公司正在研制 Macintosh 计算机，为了增加图形处理功能，改善人机交互界面，使用了位图(bit-map)、视窗(windows)、图标(icon)等技术。改进后的图形用户界面(CU)受到普遍欢迎，鼠标作为交互输入设备应用更是大大方便了用户操作。随后在几年间多媒体技术得到大力发展。

1985 年美国 Commodore 公司推出了世界上第一台真正的多媒体系统 Amiga，该系统以其功能完备的视听处理能力、大量丰富的实用工具以及性能优良的硬件，使全世界看到了多媒体技术的未来。

到了 20 世纪 90 年代，多媒体技术的发展达到一个高潮，为了使多媒体技术和众多相关设备具有更好的通用性和兼容性，人们开始制定一系列的技术和设备标准，并不断更新和发展。

到现在为止，所建立的技术标准有静止图像压缩标准 JPEC、动态图像压缩标准 MPEG 和语音信息压缩标准 H26X 等，所建立的设备标准有个人多媒体计算机标准等。进入 21 世纪，多媒体技术必将推进到另一个崭新阶段。

一、多媒体技术的定义

媒体就是人与人之间实现信息交流的中介，简单地说，就是信息的载体，也称为媒介。它有两种类型：一是指表现信息的载体，如符号、语言、图形、图像等；二是指存储和传递信息的实体，如报纸、录音带、电影胶片、书本、投影仪等。

多媒体就是多种媒体的意思，可以理解为直接作用于人感官的文字、图形图像动画、声音和视频等各种媒体的统称，即多种信息载体的表现形式和传递方式。

多媒体技术不是各种信息媒体的简单复合，它是指把文本（Text）、图形、图像、动画、声音、视频图像等承载信息的媒体结合在一起，并通过计算机进行综合处理、控制和显示，将多媒体的各个要素进行有机结合，并完成一系列随机性交互式操作的信息技术。

二、多媒体技术的特征

多媒体技术所处理的文字、数据、声音、图像、图形等媒体数据是一个有机的整体，而不是相互孤立的，各媒体之间都存在紧密的联系，而且是具有同步性和协调性的群体。因此，多媒体技术的特征在于信息载体的多样性、集成性、协同性、实时性和交互性。

（一）信息载体多样性

多媒体技术信息载体的多样性主要体现在信息采集或生成、传输、存储、处理和显现的过程中，要涉及到多种感知媒体、表示媒体、传输媒体、存储媒体或呈现媒体，或者多个信源或信宿的交互作用。信息载体的多样性使计算机所能处理的信息空间范围扩展和放大，而不再局限于数值、文本或特殊的图形和图像，这是计算机变得更加人性化所必须的条件。借助多媒体技术，人们就可以广泛采用文本、音频、视频、图像及图形等多种信息形式来传递信息。

（二）协同性

多媒体技术需要处理的文字、数据、声音、图像、图形等多种媒体数据，每种媒体都有其自身规律，各种媒体之间必须有机地配合才能协调一致。多种媒体之间的协调以及时间、空间和内容方面的协调是多媒体的重要特征之一。

（三）交互性

所谓交互，就是通过各种媒体信息，使参与的各方（不论是发送方还是接收方）都可以进行编辑控制和传递。交互性在于使用者对信息处理的全过程能进行完全有效的控制，并把结果综合地表现出来。多媒体技术为用户提供了更加有效地控制和处理信息的手段。多媒体系统拥有按钮、菜单、图标等界面，这样人们就可以使用键盘、鼠标等设备与计算机进行交互。交互性不仅使用户可以更加有效地控制和处理信息，同时也可以增加用户对信息的注意力和理解，延长信息的保留时间。因为当交互性引入时，活动本身作为一种媒体便介入了信息转变为知识的过程。借助于活动，可以使人们获得更多的信息。

（四）集成性

多媒体的集成性主要有两层含义：一是指多种媒体信息的集成，将文字、文本、图形、图像、视频、语音等多种媒体信息集成在一起；二是指对这些媒体信息进行处理的工具和设备的集成，即对视频设备、音像设备、存储系统和计算机的集成。

对于前者而言，各种信息媒体应能按照一定的数据模型和组织结构集成，后者强调了与多媒体相关的各种硬件的集成和软件的集成，为多媒体系统的开发和实现建立一个理想的集成环境，提高了多媒体软件的生产力。

（五）实时性

实时性是指在多媒体系统中多种媒体之间无论是在时间上还是在空间上都存在紧密的联系，是具有同步性的群体。例如，多媒体技术可以对声音及图像这两种完全由不同媒体承载的信息进行同步、实时的处理。这样，在人的感官系统允许的情况下，进行多媒体交互，就好像面对面一样，图像和声音都是连续的。

三、多媒体的核心技术

多媒体技术的实质就是对图形、文字、声音、图像等信息进行综合处理。这就要求计算机具有表现处理、存储多种媒体信息的综合能力。因此，多媒体的关键技术应该包括数据压缩与解压缩技术、多媒体同步技术、多媒体信息存储技术、芯片技术等。

（一）数据压缩与解压缩技术

多媒体数据压缩和解压缩技术是多媒体系统的关键技术。因为多媒体系统具有综合处理声音、文字、图像的能力，要求面向三维图形、立体声音、真彩色高保真全屏幕运动画面。而视频和音频信号的数据量大，同时要求传输速度要高，因此，对数据必须进行实时的压缩与解压缩。

（二）多媒体同步技术

多媒体技术需要同时处理声音、文字、图像等多种媒体信息，因此，在多媒体技术应用中，多媒体同步技术十分重要。多媒体同步技术可分为媒体内同步技术、媒体间同步技术和人机交互同步技术。其中，媒体内同步是底层同步，指一个依赖时间的媒体对象的逻辑数据单元（logic data unit，LDU）的时间关系；媒体间同步是中层同步，侧重于不同媒体对象间在合成表现时对时间关系的描述，如视频会议中的口型同步（lip synchronization）和指针同步（point synchronzation）。媒体间同步的关键是时间合成；交互同步是用户层同步，指不同媒体对象和交互对象之间的同步。

（三）多媒体信息存储技术

多媒体技术需要进行声音和图像信息的压缩与解压缩处理，以及完成图像的特技效果处理、语音信息处理、图形处理等，这些都需要使用大规模集成电路芯片。

多媒体计算机专业芯片可以分为两类：一类是具有固定功能的芯片，它只能完成固定的压缩算法，主要用于图像的压缩处理，其成本较低，使用方便，但存在功能单一的缺点；另一类是可编程的处理器，可以通过编程来改变处理功能，实现不同的压缩算法。

（四）多媒体信息存储技术

数字化的媒体信息虽然经过压缩处理，但仍然包含了大量的数据。视频图像在未经压缩处理时，每秒播放的数据量为 28MB，经压缩处理后每分钟的数据量则为 8.4MB。所以 40MB 容量的空间只能存储约 5 分钟的视频图像。因此多媒体信息的存储技术也十分重要。近年来光存储技术的发展带动了多媒体大容量存储技术的进步。光存储技术是指通过光学的方法读出或写入数据的技术，如 CD－ROM 技术。

四、多媒体技术在教育中的应用

多媒体技术在教育中的应用就是指利用多媒体技术，对教育过程中所涉及的图形、文字、声音、图像进行综合处理，以有利于教学的实施。因为多媒体技术具有图文声并茂，甚至有活动影像的特点，所以多媒体在教学中的应用，有利于调动学习者的积极性，有利于激发学习者的兴趣，有利于学习者进行自主学习。多媒体技术在教育中有着广泛的应用，具体包括多媒体课件的开发和多媒体教学环境的建立。

（一）多媒体课件的开发

多媒体课件是指基于多媒体技术，将图形、文字、声音、图像等媒体有机地结合起来，可以完成特定教学任务的教学课件。运用多媒体课件，可把抽象内容具体化、复杂过程简单化、枯燥内容形象化、隐形内容显形化。可以在保证教学质量的前提下，提高信息传送量，化解教学难点，优化教学效果。

多媒体课件开发需使用多媒体课件开发工具。多媒体课件开发工具包括底层复杂的多媒体技术，可以提供完备简单的排版语言规范，用户只需按照该排版语言规范操作，就可将分散杂乱的文字、图像、声音、动画等素材根据自己的创作意愿融为一体，创作出自己的多媒体课件。整个过程十分简单，不需要用户具备丰富的计算机或编程知识。

常用的多媒体课件开发工具有 PowerPoint、Authorware、Director、Action 等。

（二）多媒体教学环境的建立

多媒体教学环境是指将多媒体技术运用到教学环境中所形成的新型教学环境。虽然国内各高校先后建立了各种各样的多媒体教学环境，但是由于投入不同，配置各异，功能不一，因此模式、名称也五花八门。

归纳起来，多媒体教学环境大致有以下两种：

一是“课堂教学模式”的多媒体教学环境。这类模式的共同特点是教师实时参与，学生在教师指导下学习；多媒体计算机仅作为先进的教学手段，由教师直接操纵。

二是“自主学习模式”的多媒体教学环境。这类模式摈弃了传统教育中的“三中心论”，真正树立以学生为主体、以教师为主导的现代教育思想，使学生从被动地接受知识，转变为主动地获取知识，在探求知识的过程中，培养其自主学习的能力，“自主学习模式”的多媒体教学环境，为学生提供了自主学习的条件。

第三节 计算机网络技术

计算机网络是计算机技术与网络技术相结合的产物。计算机网络伴随着计算机的应用已成为人们日常生活、工作、学习中不可缺少的一部分。当今，一个国家信息基础设施的建设及网络化的程度已成为衡量一个国家综合国力的重要标志。

一、计算机网络的定义

计算机网络是通过某种通信介质将不同地理位置的多台具有独立功能的计算机连接起来，

并借助网络硬件，按照网络通信协议和网络操作系统进行数据通信，实现网络上的资源共享和信息交换的系统。

二、计算机网络的功能

计算机网络技术的应用对当今社会的经济、文化和生活等都产生着重要影响，当前，计算机网络的功能主要有以下几个方面。

（一）数据传输

数据传输是计算机网络的基本功能之一，可以在计算机与计算机，或计算机与终端之间传送各种信息。这是计算机网络最基本的功能，也是计算机网络实现其他功能的重要基础。

（二）资源共享

计算机网络的基本功能之一是资源共享，即实现各个分散的计算机资源的共享。计算机资源可分为数据资源、软件资源（包括各种应用软件数据库和各种文件等）、硬件资源（包括信息处理设备、信息存储设备、输入输出设备等）等类型。因此，计算机网络的资源共享功能也可以进一步细分为数据资源共享、软件资源共享及硬件资源共享 3 个子功能。

（三）集中管理

目前开发出的 MS 系统、OA 系统等，可以将分散在不同地区的各个部门联结起来进行集中控制管理，有利于提高企业、事业单位的工作效率。

（四）负载平衡

负载平衡是指在网络控制中心的检测和分配下，可以将任务均匀地分配给网络上的各台计算机，从而避免某些计算机负载过重。当某台计算机负载过重时，网络控制中心就会自动将负载转移到负载较轻的计算机上。

（五）分布处理

对于某些大型问题可以采用合适的算法，将任务分散到网络中不同的计算机上进行分布式处理，以达到均衡使用网络资源，实现分布处理的目的。分布处理功能对局域网来说意义重大，因为利用计算机网络技术可以将计算机连成高性能的分布式计算机系统，使它具有解决复杂问题的能力。

（六）提高安全性

提高安全性是指计算机网络中的各台计算机可以通过网络彼此互为后备机。如对于重要的资源可将它们分布在不同地方的计算机上。这样，即使某台计算机出现故障，用户在网络上也可通过其他路径来访问这些资源，不影响用户对同类资源的访问。

三、计算机网络的分类

根据不同的标准，可以将计算机网络划分为不同的类型。按照网络传输介质可将计算机网络分为有线网络和无线网络两种。按网络通信方式可以将计算机网络分为点对点网络和广播网络两种类型。按网络通信速率或网络带宽可将计算机网络分为高速网、中速网和低速网。按网络覆盖范围可将计算机网络分为局域网、城域网、广域网和网际网。

下面简要介绍局域网、城域网、广域网和网际网 4 种计算机网络。

(一)局域网

局域网是指在局部地区范围内的网络。它是 20 世纪 70 年代末发展起来的。其覆盖范围一般局限在房间、大楼、园区内。因为局域网可大可小,所以它是最常见、应用最广的一种网络。目前,几乎每个单位都有自己的局域网,甚至家庭都有自己的小型局域网。局域网的特点是连接范围窄、用户数少、配置容易、连接速率高。

(二)城域网

城域网的覆盖范围一般是一个城市。其规模介于广域网与局域网之间,是以通过专门铺设的线路或利用已有的电话线电视电缆、光纤等组建的城市网络。城域网的特点如下:与局域网相比覆盖范围更大,连接的计算机数量更多。就地理位置来说,城域网是局域网的延伸。

(三)广域网

广域网技术是 20 世纪 60 年代末、70 年代初发展起来的。广域网覆盖的范围要比城域网更广,一般是一个国家或一个洲。这种网络因为所连接的用户多,总出口带宽有限,所以用户的终端连接速率一般较低。其实质就是将分布较远的局域网互联,可以通过卫星、微波、无线电、光纤等连接国家网络和国际网络。

(四)网际网

网际网又称互联远程网,网际网是将世界上各种各样的局域网及广域网互联起来形成的一个全球性的大网。互联网就是典型的网际网,其特点是信息量大、传播广。

四、计算机网络技术在教育中的应用——中国教育网络

(一)中国教育网络概述

计算机网络技术在教育中的应用十分广泛。但其中一个最为重要的应用是基于计算机网络技术建设的中国教育网络。在教育领域,主要包括全国骨干网、城域教育网和校园网为 3 个主要层级。它们分别代表宽带网络的 3 个级别,其中由校园网、地方教育部门内部网及其他教育部门的行政网络共同组成基础网,然后由各基础网与省、市教育部门的信息中心相联,形成覆盖全省或全市的城域教育网。城域教育网再通过国家级主干线路直接联入全国骨干网。

在中国,教育方面的主干网是中国教育科研和计算机网(CERNET)。中国教育网络的层级[①]如图 3-1 所示。

---

① 资料来源:李朝军.城域教育网的规划与实施[J].中小学信息技术教育,2002(4):13-16.

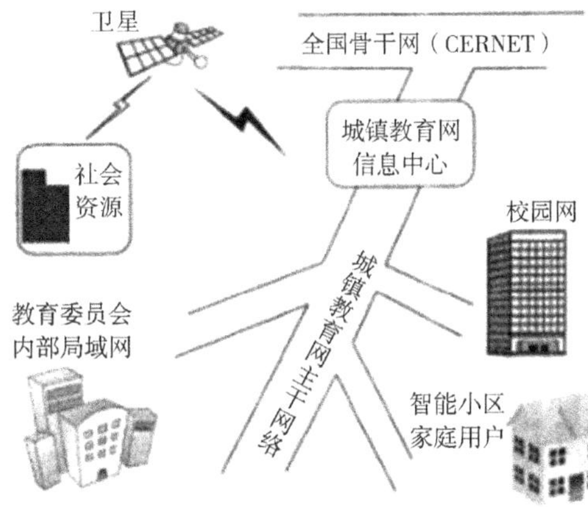

图 3-1　中国教育网络层级图

（二）中国教育科研和计算机网（CERNET）

中国教育和科研计算机网(China Education and Research Network)是由国家投资建设，教育部负责管理，清华大学等高校承担规划建设和运行管理的全国最大的公益性计算机互联网络。它主要是面向教育和科研单位，其目标是建立一个全国性的教育科研基础设施，利用计算机技术和网络通信技术，把全国大部分高等院校和有条件的中学联接起来，改善教育环境，实现资源共享，推动我国教育和科研事业的发展。

CERNE 始建于 1994 年。经过十年的建设，CERNET 取得了巨大的成绩。到 2004 年，CERNET 主干网传输速率达到 2.5～5MB/s，地区网传输速率达到 155MB/s～2.5MB/s，覆盖全国 31 个省(自治区、直辖市)200 多座城市，联网的大学、教育机构和科研单位超过 1300 个，用户超过 1800 万，成为世界上最大国家级公益性计算机互联网。CERNET 极大地改善了我国教育信息化的基础环境，在我国教育和科研事业及教育信息化的建设过程中发挥了巨大的推动作用。

（三）城域教育网

城域教育网是指上接全国骨干网络，下联校园网和教育部门内部网，可有效辅助教育教学、教育管理、教育科研和教育经营等，集各综合性功能于一体的数字化网络信息环境，同时也是一种区域范围内的网络整体解决方案。

城域教育网就是利用网络技术将一定区域内的教育机构联通，从而实现教育资源的共享与合理配置。它可以为区域内的各类学校教育机构、科研机构及教育行政部门等提供全方位的教育信息和教育资源，可以促进教育水平的提高，促进教育政务信息化的建设，从而加速区域内教育信息化的发展。

城域教育网包括主体网和基础网两部分。主体网是指在教育部门直接管理下提供城域范围内教育应用功能的信息化环境，包括教育资源中心、网络管理中心、网络教学中心、信息交流中心四大模块。主体网的功能在于构建区域内的教育网络环境，为教育资源共享和资源内容服务提供信息交流传递的渠道。基础网主要指校园网，其功能在于构建校园内部的教育网络环境，为学校的教学、管理提供服务，提供与城域教育网络环境的沟通渠道。

（四）校园网

校园网是在学校区域内为学校教育提供资源共享、信息交流和协同工作的计算机网络信息系统。

校园网是教育网络中最低的一级，校园网在学校里主要有 4 个方面的应用。

（1）可以为学生提供学习资源，有利于学生的自主学习，是一种学习的工具。

（2）可以为教师提供各种教学资料与科研资源，从而为教师的教育活动及科研活动服务。

（3）可以辅助学校的教学管理活动，如学籍管理、财务管理等。

（4）是学校与外部世界沟通的渠道。

现在，校园网在我国已经很普及，并成为学校的重要基础设施。校园网的建设对于提高学校的教学、科研水平具有重大的作用，极大地推动我国教育信息化发展。

第四节　虚拟现实技术

虚拟现实技术是目前在计算机领域中发展最快的一项多学科的综合技术。它已成为在计算机相关领域中继多媒体技术、网络技术之后，被广泛关注、研究与应用的热点。虚拟现实技术在教育领域内有着巨大的应用前景，可以预言虚拟现实技术在未来的教育领域中能够发挥巨大的作用。

一、虚拟现实技术概述

对虚拟现实技术的研究最早可以追溯到 20 世纪 50 年代航空航天领域内飞行仿真器的创建。飞行仿真器是为了模拟出飞行时的各种感觉和情景，所以可以看作是虚拟现实技术的雏形。

1965 年，美国高等研究计划局信息处理技术办公室主任 Iyan Sutherland 在《The Ultimate Display（终极显示）》中提出了使计算机显示屏成为观察客观世界窗口的设想，这篇文章给计算机界提出了一个具有挑战性的目标。同时，它也被公认为是虚拟现实技术研究的开始。1971 年，Frederick Brooks 研制出具有力反馈的原型系统 Grope－II，用户通过操纵一个机械手设备，可以控制“窗口”里的虚拟机械手去抓取一个立体的虚拟物体，并且人的手可以够感觉到虚拟物体的重量。在 20 世纪 80 年代初，美国 VPL 公司的创建人之一 Jaron Lanier 提出了 Virtual Reality 一词，简称 VR，中文译为“虚拟现实”或“灵境”。

虚拟现实是一门综合技术，它是指以计算机技术为主，综合利用计算机三维图形技术、模拟技术、传感技术、人机界面技术、显示技术、伺服技术等，来生成一个逼真的集视、听、触觉等于一体的虚拟环境，用户可以从自己的视角出发，利用自身的功能和一些设备，与虚拟世界中的物体进行交互，从而使用户产生身临其境的感觉和体会。①

首先，虚拟现实技术可以模拟出一个近乎真实的环境，并且可以产生与现实世界相同的反馈信息，使人获得和现实世界中一样的感受，具有感性和冲击力，易于实现对学习者内部需要和动机的满足。

---

① 管群.虚拟现实技术在 CA 中的应用[J].计算机应用，2008(20)：267－268.

其次，虚拟现实技术可以模拟出一些现实中因实验设备等因素而无法实现的情景，从而使以前无法进行的教学实验得以进行。

最后，虚拟现实技术可以使我们利用有限的资金，更多地依靠软件和智慧，有针对性地设计和开展各种模拟教学及实验，从而提高资金的利用效率，获得更好的教学效果。

总之，虚拟现实技术在教育中有很高的应用价值。

二、虚拟现实技术的特点

Burdea G.和 Coiffet P.曾指出，虚拟现实技术的基本特征是 3 个"I"，即沉浸(Immersion)、交互(Interaction)、想象(Imagination)。可具体解释为从过去人只能从计算机系统的外部去观测计算结果，到人们能够沉浸到计算机系统所创建的环境之中；从过去人们只能通过键盘和鼠标与计算机环境中的单维数字化信息发生交互，到人们能够利用多种传感器与多维化信息环境发生交互作用；从过去人们只能从以定量计算为主的结果中得到启发从而加深对事物的认识，到人们能够从定性与定量的综合集成环境中得到感性和理性认识，从而深化概念，萌发新意。虚拟现实技术的"3I"特征[①]如图 3-2 所示。

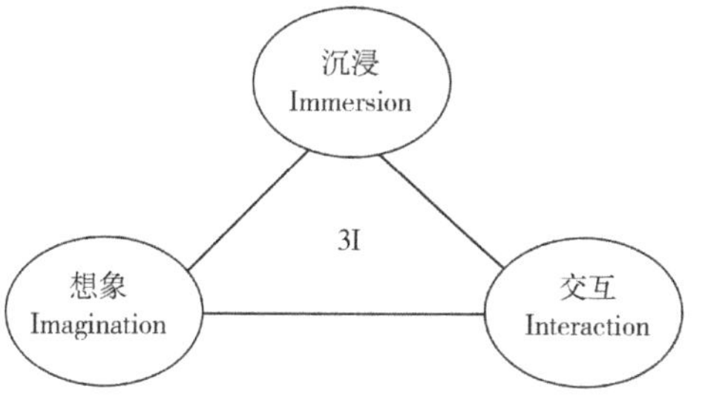

图 3-2 虚拟现实技术的特征

(一)沉浸性

沉浸是指信息接收主体完全融入一个虚拟环境之中。沉浸的本质就是一个主体与它所在的环境存在非常强的相互作用关系，当这种相互作用关系强到一定程度之后，主体就很难和它的环境分开了，那么这个主体就沉浸到环境之中了。

沉浸性又称浸入性，是指用户感觉好像自己完全置身于虚拟环境之中，被虚拟世界所包围。虚拟现实技术是用三维图像生成技术、多传感交互技术以及高分辨显示技术，生成逼真的虚拟环境。虚拟现实技术的沉浸性来源于它可以给我们提供的视觉感知、听觉感知及触觉感知等。例如，在虚拟环境之中，当用户移动头部时，虚拟环境中的物体会根据头部的移动，发生位置上的变动。通过一些设备，可以让人们控制虚拟环境之中物体的移动，而且人手还可以感觉到物体的重量。这些都会让用户沉浸在虚拟环境之中，使用户从以前的旁观者变成参与者，成为虚拟环境中的一部分。

(二)交互性

在传统的技术中，人机之间的交互主要是通过键盘和鼠标进行的。而虚拟现实技术中提供

① 常波.分布式虚拟现实系统研究及其设计[D].成都：电子科技大学，2004：2.

的人机交互是一种近乎自然的交互，在虚拟环境中，用户不仅可以通过键盘和鼠标进行交互，而且可以通过特殊的头盔、数据手套等设备进行交互。用户利用头部的转动、手的移动或者语言等自然技能，就可以与虚拟世界进行交互。

（三）想象性

想象性是指虚拟环境是人想象出来的，同时这种想象体现出设计者相应的思想，因而可以用来实现一定的目标。虚拟现实技术为人们提供了一个形象的环境，可以让人们在这个环境中依靠用户的感知能力和认识能力全面地获取定性、定量信息，并发挥主观能动性、创造性，了解、认识事物，改变了以往人们只能通过计算机计算出的定量结果来认识事物的情况。可以从定性、定量两个方面加深对事物的认识，并发挥自己的创造性。

三、虚拟现实系统及其分类

（一）虚拟现实系统

虚拟现实系统是虚拟现实技术的物理实现形式。虚拟现实系统一般包括虚拟环境产生器和人机接口两部分。虚拟环境产生器的功能是根据任务的性质及用户的要求在工具软件和数据库的支持下产生多维的适人的情景和实例。虚拟环境产生器实质上是一个包括虚拟世界数据库的高性能计算机系统。人机接口的功能让用户可以与虚拟环境进行交互。人机接口一般包括语音合成与识别，头、眼、手跟踪装置，触觉、动觉系统，头盔显示器等。

一个基于头盔显示器的虚拟现实系统，是由包括虚拟世界数据库的高性能计算机系统，头盔显示器，语音合成与识别（如耳机）系统，头、眼、手跟踪装置，触觉、动觉系统等组成的。该系统首先由计算机生成一个虚拟世界，由头盔显示器将其显示出来，在头、眼、手跟踪装置及语音合成与识别系统的支持下，用户通过头部、手部的移动，语音等便可以与虚拟世界进行自然的交互。计算机能根据用户输入的各种信息实时进行计算，即对交互行为进行反馈，如由头盔显示器更新相应的场景显示，由耳机输出立体声音，由动觉、触觉系统产生力觉反馈（图 3-3）。

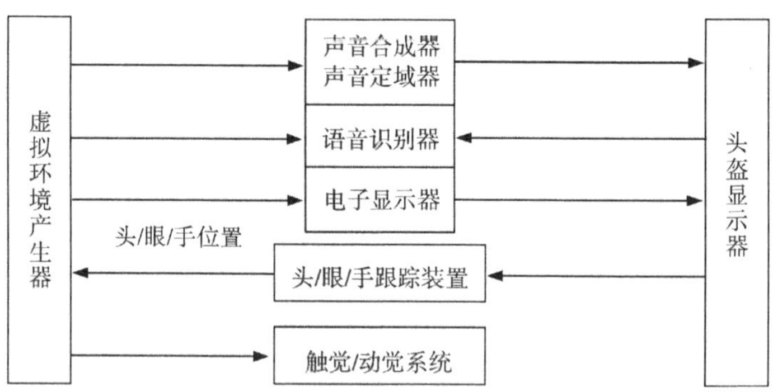

图 3-3　反馈图

（二）虚拟现实系统的分类

依据不同的标准，虚拟现实系统可以有多种不同的分类方法。

(1)根据虚拟现实产生的不同视觉形式,可将其分为平面型虚拟现实系统、桌面型虚拟现实系统、立体型虚拟现实系统。

(2)按照操作者与外界的交互状态进行分类,通常可分为封闭式虚拟现实系统、开放式虚拟现实系统、组合型虚拟现实系统。

(3)根据虚拟现实系统的不同功能侧重,可将其分为沉浸型虚拟现实系统、简易型虚拟现实系统、共享型虚拟现实系统。

目前,较为流行的分类方法是根据用户参与虚拟现实的形式以及沉浸的程度,基本上可以划分为桌面型虚拟现实系统、沉浸型虚拟现实系统、增强虚拟现实系统和交互分布式虚拟现实系统4种类型。

(1)桌面型虚拟现实系统。桌面型虚拟现实系统又称为窗口虚拟现实系统,是以一台普通计算机的屏幕作为用户观察虚拟世界的一个窗口,采用立体图像/自然交互等技术,使用户产生沉浸于其中的感觉。用户可以通过键盘、鼠标与虚拟环境进行交互。这种系统的特点是系统机构简单、成本较低、易于普及推广,但其功能简单、沉浸性最差。该系统主要用于建筑设计、桌面游戏等领域。

(2)沉浸型虚拟现实系统。沉浸型虚拟现实系统是一种高级的、交互效果最好的虚拟现实系统。它通常采用头盔式显示器等设备,将用户的视觉、听觉及其他感觉封闭起来,与现实的客观世界隔离,并给用户提供一个全新的虚拟空间的感觉。用户可以通过数据手套、数据衣等设备与虚拟环境进行交互。该系统的特点如下:可以让用户完全沉浸到虚拟世界中,交互效果最好,但系统设备价格昂贵,难以普及推广。一般用于各种培训演示以及高级游戏等。

(3)增强虚拟现实系统。增强虚拟现实系统又称混合现实系统。它是把真实环境和虚拟环境结合起来的一种系统。它是将虚拟物体、环境叠加在真实的世界之上,来增强现实环境。增强虚拟现实系统中虚拟环境所提供的感觉,往往是在现实中用户很难或无法感知的感觉。在该系统中,同时也可以使用户看到真实的世界。这种系统既可以减少构建真实环境的成本,因为部分需要构建的真实环境可以采用虚拟环境替代;又可以对实际物体进行真实的操作,因为系统中有部分是真实环境。

(4)交互分布式虚拟现实系统。交互分布式虚拟现实系统是虚拟现实技术与网络技术相结合的产物。交互分布式虚拟现实系统是在沉浸型虚拟现实系统的基础上,将分布于不同地理位置的多个用户或多个虚拟世界通过网络连接起来,使多个用户同时参加一个虚拟空间,共同体验虚拟经历,从而达到共同协作的目的。美国大型军用交互仿真系统 NPSNet 以及互联网上的多人游戏 MUD 便是这类系统。

四、虚拟现实技术在教育中的应用

(一)虚拟课件制作

现在,大多数课件主要是用多媒体技术将文字、图片、声音、视频等多种媒体组合起来形成的。这种课件缺乏情境性、交互性。用虚拟现实技术支持课件的设计、开发,不仅能够实现立体空间、立体物体的“真三维”展示与介绍,而且支持学习者的自由浏览和浸入式漫游,可以随意控制教学场景的展示和场景中元素的状态,进行个性化学习与体验。那些对情景性交互性要求较高的课件,就可以用虚拟现实技术进行设计。

(二)虚拟协同学习

虚拟协同学习是指多个用户通过交互分布式虚拟现实系统,以小组或团队的形式组织学习者,是他们在讨论、协作与交流的基础上进行学习。虚拟协同学习与传统的网上学习相比有明显的优势。

首先,虚拟协同学习改善了网上学习的环境。交互分布式协同虚拟现实系统可以创造出与现实相像的模拟教室环境,使人有身临其境的感觉,从而有效地避免了传统网上学习时学生容易产生的孤独感。

其次,虚拟协同学习的交互性更强,可以有效地提高网上学习的质量。

最后,虚拟协同学习有利于学习者非智力因素的培养。在交互分布式虚拟现实系统中,协作者以具有个性特征的智能实体形象进入系统,每个智能实体根据协作者的文化背景、知识结构和个性特征各不相同,给人以"第一人称"的感觉。协作者还能通过各种输入输出设备实时地与其他小组成员进行交流,充分发挥集体的智慧,相互学习,相互促进,共同进步。

(三)虚拟实验室

利用虚拟现实技术,可以建立各种虚拟实验室,如地理、物理实验室等。虚拟实验室与传统实验室相比,有很多优势。

首先,虚拟实验室可以节约成本,提高资金的利用效率。因为可以通过虚拟技术根据显示模拟出我们实验时所需的实验原料、实验设备、实验场地等,这样就可以节约大量的资金。

其次,虚拟实验室更具有灵活性。在虚拟实验的过程中,用户可以方便地改变事物的条件,以观察不同条件下所产生的结果,从而给学生更加丰富的感性认识,以便学生验证自己的假设。在学习的过程中,可以提高学生进行科学研究的兴趣,从而提高学生的科学探索能力。

最后,利用虚拟实验室,可以避免真实实验带来的各种危险。在现实中,因为实验本身具有危险或实验材料对人体健康有伤害,很多实验都只能通过播放视频的方式进行。现在,虚拟实验室可以帮我们很好地解决这个问题。

在虚拟实验室中,我们可以放心地做各种危险实验。例如,虚拟的化学实验,可以避免化学反应因燃烧、爆炸所带来的危险。

(四)虚拟实训基地

利用虚拟现实技术所建立的实训基地,在现实中有广阔的应用前景。虚拟现实技术具有沉浸性、交互性和想象性,可以使训练者产生身临其境的感觉,从而有利于训练者全身心地投入训练中。它可以应用到外科手术技能、汽车驾驶技能、电器维修技能等各种职业技能的训练中。

虚拟实训基地与现实实训基地相比,有以下优点:

首先,可以有效节约成本。在虚拟实训基地中,多数的器械、场地都是根据现实模拟的,可以多次利用,因此可以省下大量的设备购买及场地设置费。

其次,正因为虚拟实训基地的设备、场地是虚拟的,所以可以方便地根据学科、技术的发展,随时更新设备、场地,使训练跟上时代的潮流。

最后,虚拟实训基地可以避免在训练过程中的危险,如在外科手术的训练中,可避免学生因操作失误而造成病人的死亡。

第四章

国内外计算机应用技术教育信息资源共建共享研究分析

第一节　国外计算机应用技术教育信息资源共建共享发展概况

自20世纪50年代以来，大学城开始在美国、英国、加拿大、日本等教育发达国家大量涌现出来。如何实现大学城所追求的资源利用最大化，实现大学所要追求的教育资源的“开放性”“共享性”，已经成为各国政府和所属部分关心的问题。

西方大学城起源较早，发展缓慢，经历了几百年的发展，西方大学资源共享系统已经发展得十分成熟。例如，牛津和剑桥都有很好的资源共享传统，牛津共有104座图书馆和8座博物馆，剑桥也有近100座图书馆和7座博物馆，大学城内的资源共享，一张借书证可以在100多座图书馆内畅行无阻。另外，还有各种各样的体育设施、文化场所、书店、医院等，不但对大学城内的教师、学生开放，而且还对社区内的居民也开放，这些共享机制的确立与执行，不仅可以使学生、教师、居民充分利用些教育资源，而且大大改善了大学和社区之间的关系。

美国大学城中，图书馆联盟机制已发展成熟，是全世界最早建立图书馆联盟的国家之一，而且各个大学签署协定，相互承认已经取得的学分。

以美国斯坦福大学城为例，它坚持城内的教学科研资源与城外经济发展资源相结合。斯坦福大学所采取的主要措施是建立起比较发达、比较成熟的信息网络，为资源共享提供强有力的支持。

对于斯坦福大学来说，信息网络的优点主要作用体现在以下三个方面：

第一，它极大地方便了大学城内师生查阅资料，为他们节省了大量宝贵的时间。

第二，它为学校节省下大量储存资料或信息的空间。

第三，应用现代通信技术使得教学方式和教学手段也随之发生一系列变化，它打破了传统教学模式对上课时间、空间及听课人数等的限制，降低了与此相关的各项成本。

美国是世界上网络教育资源最为丰富的国家之一，美国政府、高校和民间组织都为网络资源的建设和使用投入了大量的资金和研究力量。政府组织建设的网络资源多为国家级的大型资源信息中心，其中有代表性的有如下几个。

ERIC，即美国教育资源信息中心，由美国教育部、教育科学院提供支持，其资源建设计划周密，功能齐全，文献资料异常丰富，配有易用的搜索引擎、email问答系统和专家咨询等，可帮助用户方便快捷地查找所需要的资料。

FREE,即联邦优质教育资源,由50多家联邦政府机构共同合作而建立,网站为全美教师和学生提供丰富的免费网络课程与课外学习资料。

OhioLINK,即俄亥俄图书馆和信息网络,由俄亥俄州组建,是覆盖全州的大型图书文献信息网络,连接全州83所大学、学院和俄州图书馆,实现图书资源的共建共享。

CERES,即教育资源中心项目,由美国国家航空和航天局(NASA)提供资助,蒙大拿州立大学和来自全美的任课教师开发,包括一个资源丰富的在线图书馆和基础教育天文学课程教学的交互式教育资源。

在美国,学校之间教育资源的共建共享也非常普遍,如已引起世界众多国家和大学关注的麻省理工学院(MIT)的网络课件开放工程(OCW),是由麻省理工学院教育技术委员会设计、开发与管理,它计划用十年的时间把MIT几乎全部的、在教学实践中使用的总共2000多门课程的资料制作成网络课件,分批放在国际互联网上,供全球任何地方的任何学习者免费使用。OCW提供从本科到研究生教育各层次的课程资源,大多以多媒体的形式呈现。OCW不向学习者提供学分和学位,其目标是向全世界的教师、学生提供免费的可搜寻到链接MIT的课程材料及创造有效的基于标准的模式,以供其他大学效仿并出版他们自己的课程材料。

MIT的OCW属于高等学校主动提供自己教育资源供其他学校和社会共享的模式,在美国还有院校联合起来共享资源的形式,作为远程教育典范的美国国家技术大学(NTU)正属于这一类型。国家技术大学是一所没有教师的学校,它的所有课程由全美53所知名高等学校提供,其中包括麻省理工学院、哥伦比亚大学、加州大学伯克利分校等举世闻名的高校,NTU提供工程硕士教育。NTU为保证自己的课程是同类课程中最好的,每个学期末都会向所有学生、各地协调人和教师发出评价表。评价表返回后由一名独立的顾问将问卷调查结果制表交给NTU。NTU将根据评价结果评出本年度的优秀教师。

加拿大也非常重视共享教育资源的建设。2012年加拿大政府发起了eduSource项目,其目标是创建跨越整个加拿大的国家互联同享的学习对象库网络,开发的教育资源对所有的加拿大人开放,即使是残疾人也能从中获益。

澳大利亚是一个土地广袤、人烟稀少的国家,为提高国民的整体素质,澳大利亚政府大力发展远程教育,把优质的教育传送到每个澳大利亚家庭中。从1995年开始,澳大利亚就开始了EdNA,即澳大利亚教育网络的基础设施建设工作。EdNA是教育和培训的社区网络,它包括公立和非公立的学校教育系统、职业教育和培训、成人和社区教育、高等教育,既是信息服务系统,又是交流平台。另外,在澳大利亚也有类似于美国国家技术大学的院校间联合资源共享项目。澳大利亚开放学习(Open Learning Australia)是澳大利亚专门从事远程教育的非官方代理机构,成立于1993年。其成员大学包括昆士兰理工大学、南十字星大学、查理斯·斯图亚特大学、职业技术学院(TAFE),甚至还有一些由工程师、科学家和高级管理人员组成的专业协会。

第二节　国外计算机应用技术教育信息资源共建共享可持续发展的关键因素分析

一、组织主体多元化

以政府机构为主体，如 ERIC 是由美国教育部、教育科学院和国家教育图书馆 3 家政府机构牵头而建成的，FREE 主要是由 30 多个联邦政府机构联合组建的。以高校或高校联合为主体，如在 CERES 项目中，蒙大拿州立大学起着组织和主导的作用，MIT OCW 则由麻省理工学院独立建设；NTU 的课程来自 50 多所大学组成的大学联盟，OLA 则由澳大利亚 7 所大学共同参与联合组建而成，其课程由 32 所大学提供。以专业协会为主体，如澳大利亚教育网(EdNA)是由澳大利亚教育信息和传播技术委员会、FLAG 灵活学习小组、学校 MCEETYA 信息与传播技术工作组 3 家教育技术和远程教育领域的专业协会联合组建的。

二、经费来源以政府为主

在网络资源共建和共享的经费来源上，以上调研的国外项目绝大多数是以政府资助为主，如 eduSource 项目的 2500 万美元基金是由加拿大工业部资助，CERES 是由美国航空航天局(NASA)提供资助，OhioLINK 的运作的资金是由州政府立法机构批准拨款，而 FREE 是由 50 家联邦机构和组织与广大中小学老师共建的项目，其经费来源还是联邦政府机构。这里 MIT OCW 网络课件开放工程的经费表面上来自 MIT 本身，但实际上 MIT 的经费依然是以州政府的行政拨款为主，因此，MIT 网络课件开放工程的经费归根结底仍是政府提供资助。

由于网络资源共建共享工程不是一个单位的事情，而是涉及整个行业、整个民族、整个国家，乃至全世界的一件大事，因此，国外类似工程的建设费用由政府部分承担的经验值得借鉴。

三、技术支持以公司为主

以上国外资源共建共享项目在技术支持方面，多数依赖技术性公司。尤其以美国的国家技术大学为典型：NTU 的远程教育和培训的技术后盾有著名的 IBM、Motorola 和 Hewlett-Packard 公司，而 NTU 的教育和培训的客户之一就是这些技术性公司中的员工。此外，澳大利亚的“EdNA 在线”的开发、管理和维护是由 education.au 有限公司负责的；OhioLINK 统一使用的应用软件系统是由 Innovative Interface 公司提供的。

由于公司的技术力量雄厚，管理机制相对灵活，因此在资源共建共享中，鼓励和吸引公司参与，不仅对于解决工程中存在的技术难题很有帮助，而且可以为共建共享工程提供可靠、稳定、专业的技术支持和服务。为了保证共建共享工程的质量，在寻找技术方面的合作伙伴时，应充分考虑公司的背景、技术力量、资金和管理、信誉度等参数。

四、共享分免费型和付费型两种形式

国外大多数网络资源是对使用者免费开放的，如 FREE 网站提供的网络课程和主题活动资源,全美教师和学生都可以免费使用;CERES提供的航空航天类的网络课件,教师可以直接在课堂上免费使用;"EdNA在线"则对所有的加拿大人开放,特别是残疾人,而且它由一个非营利性公司负责管理;MIT OCW完全是一项开放和免费共享MIT课程材料的工程,全世界的浏览者都可以免费学习和改编引用MIT提供的所有网络课程与素材。当然,也有一些共建共享的项目是收费的,如NTU的硕士学位教育和非学历的职业发展教育,OLA提供的教育也是收费的,ERIC的部分资源的共享也要收取一定的费用。概括而言,无偿共享的网络教育资源一般由权威机构进行编制,以保障其优质性,而且提供无偿共享网络资源的机构,一般都不会向学习者颁发毕业证书或结业证书。因此在国外,无偿共享网络资源,已经成为学习者终身学习获取知识的一条重要途径,成为教师在组织教学和培训时获取素材和资料的重要来源。MIT OCW的案例就充分说明了这一点。而国外各院校之间走有偿共享网络资源之路,既可保证优质资源制作有经费保障,又在学校与学校、学生与学校付费的过程中,织成了紧密的约束网,有偿则必须提供真正的优质资源,确保资源制作实现精益求精。多校参与的有偿资源共享,还必须确定优质资源具体的评价方式和标准,才能让各校站在公平竞争的舞台上,从根本上保证教学和服务的质量。

第三节　我国计算机应用技术教育信息资源共建共享现状

随着远程教育在我国的迅速发展,政府和各院校也越来越重视网络资源的共建共享工作。目前,我国教育信息资源的共建共享大概有以下4种形式。

一、国家支持建设的大型教育数据资源库和网络资源建设工程项目

其中有些资源库类似于美国的ERIC和OhioLINK项目,如中国知识基础设施工程(CNKI)和中国数字图书馆工程。前者包括中国期刊全文数据库、中国优秀博硕士学位论文全文数据库等多个资源数据库及中国基础教育知识仓库、中国期刊"世纪光盘"工程项目等多个知识仓库。后者于1998年由国家立项,联合全国35家加盟图书馆开展多种类型资源的数字化工作,旨在建设大型优质中文信息资源库群,并通过高速网络提供服务。国家投资4000多万元建设的"新世纪网络课程建设工程",包括300多门基础性、示范性网络课程,案例库,试题库和课程平台。

二、国家建设的远程教育系统

国家开放大学(原中央广播电视大学)系统,其系统内部资源的共享应是一个典范。该系统"统筹规划、分级办学、分级管理"的体制,决定了广播电视大学系统特有的资源共享机制。截至目前,其资源的建设和使用已经历了三个发展阶段。

第一个阶段,是从1979年开学到1996年黄山会议,一直由中央电大统设统建主要的远程教育资源,全国各级电大无偿共享。

第二个阶段,1996年黄山会议决定,在中央电大统设统建资源的基础上,进行了部分课程共建的尝试,课程经过招投标后决定主建单位,同时给予资金上的补助,从此全国电大进入了共享统建与共建资源的时期。

第三个阶段,2000年以后中央电视大学与TCL公司合作建设远程教育资源,成立了"电大在线"公司,公司推出的平台和资源开始实行"有偿"资源共享。

三、同类型或同地区院校在项目或政府的推动下实现资源共建共享

西安交通大学、上海交通大学、浙江大学共同参加教育部"远程教育关键技术与支撑服务系统和天地网结合项目",联合研究、开发远程教育的若干关键技术,形成了具有自主知识产权的天地网结合的远程教育支持系统,提出了基于天地网的远程教育优化解决方案及技术规范,并有计划、有步骤地共建、共享优质数字化课程,实现学校之间优质教育资源及信息的共建、共享和共管。在广东省教育厅的推动下,华南师范大学与同地区的另外5所高校开展资源共享的探索,积累了一些有益的经验。

四、院校主动提供资源和(或)主动争取与其他院校实现资源共享

华南师范大学网络教育学院对教育部推介和经考察具有一定先进性的网络教育资源,通过必要的技术和教学改建后,正努力进行有偿使用其他院校优秀网络资源的探索。国内教育信息资源共享建设,由于当前我国大学城的建立与发展只是缘于高校扩招导致学校的用地严重不足而寻求发展形成的一种创新办学模式。在此模式中,政府扮演主要角色,但政府对大学城的建设缺乏深远的规划,使得大学城内的大学各自为政,无法实现真正意义上的资源共享。在我国,虽然在资源共享上不乏取得好成绩的大学城,但是它们的机制还不完善,制度还不完整,意识还不坚定,这就直接导致在大学城发展过程中,虽取得一定成绩,但还没有成熟。大学城内的各个大学在一定程度上进行合作,在某些方面实现了资源共享,但是这些大学并没有建立起立体化的、全方位的资源共享制度。这对于大学城内的学子来说,由于不了解和嫌麻烦使对公共资源的利用率很低,甚至没有利用。广州大学城作为中国最大的大学城,城区内有10余所大学。

广州大学城在课程资源共享、实验教学资源共享等方面都实施了制度化的建设。华南师范大学主导的课程资源共享建设,包括中山大学在内的10余所大学参与其中,并在华南师范大学教务处成立了课程互选办公室,在制度和规章上实施了课程互选、学分互认等关键举措,并建立起大学城课程互选管理系统。实验教学资源以广东工业大学为主,有暨南大学等7所大学共同参与,建设了一系列的运行管理制度,通过签署共享协议,建立了实验教学资源共享联盟负责资源共享的实施,并建设了面向所有大学城高校的共享信息平台,提供实时的共享信息发送与校际的学生协调实验器材使用时间。这些措施极大地方便了学生的学习生活,在一定程度上也为学校节省了教学投资,省下一大笔费用。但大学城内各高校的图书信息资源仍处于馆藏建设阶段。资源仍未达到正常水平,学生对信息资源的共享需求很高。

目前,大学城各高校图书馆都只对本校师生开放,外校师生仍不能借阅图书和查阅资料文献。课程互选和学分互认仍局限在一个很小的范围内,只有不到10所大学可以进行课程互选,还有将近1/3的大学持观望态度。由于各个院校都存在竞争关系,都在为树立品牌大学而努力,这就使得一些大学的有特色的学科、重点学科、精品学科还未实现共享,满足不了学生的兴趣与渴求。高校的科研基地各自为政、互不开放,即使已经建立起实验教学基本联盟,由于其开放对象主要针对共同开展科研课题的校内外研究人员,受益面非常窄,仍然无法满足大学城师生教学科研对实验设备和实验平台的需求。由此可见,虽然政府和高校的管理者都有共享的愿望和设想,但在实际应用中,总会出现一系列的问题。当前我国的共享现状在共享的内容、层次、效果、效益等方面不尽如人意,现阶段仍存在许多问题需要解决。

第四节 我国计算机应用技术教育信息资源共建共享存在的问题及对策

一、优势

我国的教育信息资源共建共享刚刚起步，同国外相比有着独特的优势。

（一）政府大力支持并积极推动资源的共建共享

政府在我国网络教育资源的共建共享上起着重要的作用，如CNKI工程被国家科技部、对外贸易经济合作部等五部委确立为“国家级重要新产品重中之重项目”和国家科技部国家级火炬计划项目；电大系统由国家政策支持建设，西安交通大学等三校联合由教育部重点课题立项支持；教育部投资建设了“新世纪网络课程建设工程”，并正在努力策划网络学院之间资源共享和优质资源国家级认证。

（二）合作成员呈现多元化

高校、专业协会、图书馆、公司、电视台和出版社都积极参与到资源共建的行列中。以高校为主体的有三校联合项目，以图书馆为主体的有中国数字图书馆工程，以公司为主体的有CNKI项目（清华同方光盘股份有限公司），等等。多方参与资源共建共享有利于发挥各自的优势，在资源的整合上更趋完善化和优质化。

（三）技术支持形式多样

有技术公司参与的形式，也有高校自行研发的形式。公司的技术力量和资金力量非常雄厚，在技术支持上占有非常重要的地位；部分高校在技术上研究队伍强大，把关键技术首先作为一个攻关项目来研究，不仅节省了参与共享高校的经费，同时也促进了高校技术的发展。但是，高校如果时时注重自己的技术研究力量，有可能会拖延资源共享的进度，反而不利于共建共享的发展。

（四）学历教育网络资源共建共享

该网络已经出现了多种类型：电大——系统内部共享型，教师网联、三校联合和名牌六校——同类型或同地区共享型、华师——院校自主共享型等。各种资源共享类型各有特色。但我国尚多院校或全国性的资源共享项目，缺乏像麻省理工学院那样自愿无偿提供共享资源的一流高等学校。

（五）在我国院校之间有偿提供的共享网络资源

在我国院校之间有偿提供的共享网资源多数是用作学历教育和证书教育内容的。这里强调的“有偿”，是顺应市场经济的需求，将对学习者、院校的责任以有偿的形式缔结合约。而“有偿”合约则要求高校必须保证资源的质量。其前提条件是需要明确优质资源具体的评价标准和方式。从目前的情况来看，资源的评价标准和方式有待改革完善。

二、存在的问题

我国高校在网络教育资源的建设上，已投入了相当大的人力、物力和财力，取得了引人瞩目的成绩。

（一）在网络教育资源的建设和使用上普遍存在着重开发而轻应用的倾向

各院校都相当重视资源开发和开发研究，投入的资金也比较多，但开发出来了，对资源使用情况却很少有人进行研究。例如，有的资源拿到了很高的奖项，但却无人使用。许多拿到名次的优秀资源，往往是昙花一现，其应用情况无人跟踪。

（二）在网络资源的共建共享上缺乏意识

重资源的自我开发和校本资源的使用，轻资源的共建共享。目前很多院校都存在乐于开发自己的资源和使用自己的资源的现象，把这作为树立学校形象、打出品牌的重要途径。然而，片面或过分强调“自己的东西”势必会影响资源的共建共享。

（三）在网络资源的评价上重专家评奖、轻学生评价

课程教学设计和制作技术专家站在专业研究、课程设计、制作技术和美学等角度对网络教育资源优劣程度的评价是非常重要的，但是我们现在制定的网络课程标准（包括一些评奖标准）却与网络学习者的需求差异较大。事实上，资源评价很少听取学生的意见。

（四）资源低水平重复开发的现象仍很严重

各单位的资源开发立项少有查新，既没有充分调研国内外相应资源建设和使用的情况，也没有经过必要的论证、教学设计和人员培训便匆匆上马，加上制作时不遵循也不了解相应的标准和规范，更加剧了低水平重复建设和优质资源（包括国家投入巨资立项建设的优质资源）得不到推广应用的现象。只要立项时能经过必要的调研、查新、论证，制作时能进行教学设计、人员培训并遵循相应的国家和部颁标准，加上如果能建立起资源共享的机制，这些现象是完全可以避免的。

三、对策出路

（一）观念、共识、规则和机制是资源共建共享的四个必要因素

(1)资源共建共享的难点在于传统教育观念的制约。许多学校都质疑本校品牌的网络教育为什么要用外校的课程、外校的教师，似乎一所名校的某些课程聘外校教师来讲授，或者选用外校课件会有损于本校的形象。实际上，谁都知道任何一所名牌大学不是个个专业、门门课程、每位教师都是最优秀的。如果考虑到网络课程对教学方法、教学设计、媒体制作和研究评价的特殊要求，则往往是教育技术学学科优势强的大学占有一定的优势。因此，改变观念，首先要改变过去认为共享外校资源会削弱竞争能力，甚至丧失品牌的老观念。

(2)转变观念，达成推动建立共享机制这一工作，有助于提高教育质量和效益，增强学校和整个中国教育实力的共识。毋庸置疑，这一过程不会是一帆风顺的，在这一过程中，许多学校的确

会失去什么，但得到的将是中国远程教育，乃至中国高等教育的新繁荣。

(3)在转变观念、达成共识的基础上，还要制定参与资源共建共享的有关规则，形成和构建相应的共建共享机制。

(二)建立共享机制值得重视的几个问题

(1)建立共享机制需铺垫共享的基础。一是政策基础，即国家在网络教育资源共享上应提供政策上的保障，特别是制定学分互认的政策，协调学分互认的关系，并确定院校共享优质资源在教学中应用的比例范围。从政策上既鼓励推动共享，又保持了各院校自身的特色。二是技术基础，各院校的资源建设应执行国家相应的技术标准。执行相应标准，才能实现平台的互操作，建设的资源在院校间不同平台上才能顺利运行，才能从技术层面保证实现资源的共享。三是教学基础，即教学基本内容和基本要求应达到一定程度的规范和统一，在这一基础上制作出内容、要求适用面宽的资源，从教学内容和要求上保证共享。

(2)在优质资源的评价上，专家、教师、学生和社会的意见都应尊重，各占一定的比例，以完善评价指标体系。对于网络课程，专家、教师、学生和社会(如用人单位)都会有不同的看法，建设真正的优质资源，听取多方的意见，尤其是学生和社会的意见是非常重要的。

(3)恰如其分地利用共享优质资源和校本资源，处理好规范办学行为、共享优质资源和各校保持特色和竞争力的关系。建立资源的共建共享机制，并非让全国院校"大统一"，相反要求各院校在共享的过程中，争取做出可供共享的优质资源，增强竞争力，并且无论是利用共享资源，还是本校资源都要注意突出自身的特点，办出有特色的教育。

(4)建立和形成共享的机制，实现有偿共享，须制定有关的规则，签署有关的协议，要特别注意处理好知识产权和利益分配等问题。

(三)资源共建共享要实现标准化、市场化和产业化

(1)标准化：是资源共建共享的基础，也是政策、技术、教学和管理的基础。没有标准化，资源的共建共享将无从做起，因此应从共享的需求出发，尽快整合、建立和完善相应的标准，构建完整的标准体系。

(2)市场化：有偿共享须建立资源可交换的平台和市场，形成资源交换的市场机制，按照"有限"市场法则进行资源共享。

(3)产业化：教育是产业，远程教育有可能在教育产业领域中率先实现产业化。远程教育产业化，网络教育资源产业化是基础，实际上网络教育优质资源的产业化又有望先行一步。教育资源的产业化反过来将促进教育资源的建设与共享。

(四)推进共建共享，建立共享机制的程序和步骤

(1)共建共享机制的建立至少包括五个方面的力量：政府、学校、专家、协会和企业。政府应承担起政策制定、标准制定、资金支持和宏观指导四个方面的工作，并帮助学校协调其他三方的行动；专家组要提供咨询，进行认证和评价；学校是共建共享的主体，应在教学模式、教学内容、资源建设和实施共享等最重要、最具体的工作中发挥作用；协会作为民间机构，可以处在中立的位置上制定规则，制定同行之间的约束条例，监督共建共享过程当中的一些违规行为；企业提供资金和技术上的支持，其运作机制也可能为共建共享注入活力。

(2)资源的共建共享从程序上来说应该是先易后难，分步实施。

第一步，应实现校内外资源的共建共享，在此基础上同时以院校自主行为的形式，主动为外校提供共享资源和（或）主动争取共享外校资源。

第二步，可以整合同地区或同类型学校的资源，实现本地区和同类型学校的资源共享。

第三步，将第二步行动与国家和部委省的项目挂钩，使之成为国家和部委省的项目，作为新时期教育振兴行动计划的一部分实施。

第四步，全国化和社区化，联合全国高校的力量，使共享成为全国高校的共同行动，并为社区共享资源服务。

第五步，国际化和社会化，实现国际范围的资源共享，同时为构建我国终生教育体系和学习化社会服务。

第五章

教育信息化与传统教育的对比研究

信息化教育是现代教育技术下的一种新型教育，主要依靠学生的自主和独立。提出“独立学习”概念的魏德迈在谈到构建远程教育系统的特征时明确指出，“系统把比较大的学习责任放到学生身上”。信息化教育为人的个性化、独立化发展奠定了基础。因此，信息化教育的发展及其对教育教学改革所起到的推动作用不容轻视。而传统教育有利于系统知识的传授，并能充分考虑情感因素在学习过程中的重要作用，但是它受到时间和空间的约束。业内人士认为，信息化教育是“金矿”，是一种新的创业机会，不过短期之内还无法颠覆传统教育。

第一节 教育信息化是传统教育的延伸

对于众多传统产业的互联网化趋势，天使投资人蔡文胜认为，真正能够赢得未来的不是那些只懂互联网不懂传统产业的人，而是那些传统产业中懂互联网的人。传统行业的互联网化，是一种质的提升，而将互联网复制到传统产业，并无核心竞争力可言。很多人认为在线教育属于互联网的新兴产业，但是它必须回归到传统教育，开发出拥有传统教育精髓的产品，才能在在线教育市场上赢得用户。在线教育的核心竞争力是高质量的教育产品，而不是虚拟产品。

一、在线教育隐现的窗口期

越来越多的传统教育公司与互联网公司都看中了在线教育的市场前景，纷纷涉足在线教育市场，只不过参与的方式存在差异。总体来看，在线教育的发展势头是好的，越来越多的竞争者，更加证明了用户需求强烈，否则在线教育市场也不会吸引这么多的淘金者。如今用户使用在线教育的习惯已经形成，市场不需要花费大力气培育用户的在线教育的使用习惯在线教育的窗口期已经隐现。

在线教育的根基还是在传统教育机构在线教育市场上，百度、淘宝等互联网企业，主要是为传统的教育机构提供在线平台，它们与传统教育品牌更多的是合作和融合。传统教育品牌需要互联网企业为它们提供大量流量来转换传统教育的内容，而传统教育品牌则帮助互联网公司拓展其在互联网领域的业务范围。事实上，互联网企业对传统教育公司的需求更多一些，在内容为王的时代，没有内容的平台无异于一个空壳，只有大量的高质量的内容才能让互联网公司的在线教育平台吸引众多的用户。

《中国在线教育调查报告》的调查数据显示，学而思网校和新东方网校在中小学在线教育领域的使用率分别名列第一和第二，占有率分别为28.9%和18.3%。从数据来看，在在线教育市场占据主导地位的两个品牌都是传统教育公司。

由此可见，在线教育的核心竞争力还是教学质量，而优秀的教学质量则是互联网公司所不具备的优势，只有具备师资优势的传统教育公司才能提供高质量的教学产品。而无论是线上还是线下，真正能够吸引用户的是高质量的教学产品，因此在线教育的根基还是传统教育机构。

二、“烧钱”与“生钱”

互联网公司运营在线教育平台，首先需要“烧钱”获得大量的用户，在“烧钱”的同时，互联网公司对盈利的期盼也会更加迫切。而对传统教育公司而言，在线教育只是传统教育的产业延伸，由于具备教学资源优势，因而产业延伸的成本投入就会少很多，盈利的预期性也更强。公开信息显示，好未来在线教育对好未来集团的营收贡献率为3%～5%，这一比例基本适用于新东方等国内多数教育培训公司。在线教育在传统教育培训公司的整体营收中只占很小的比例，所以传统教育公司开展在线教育的盈利压力会小很多。

互联网开展在线教育是“烧钱”等着“生钱”，而传统教育培训公司则是自身服务的延伸，处境不同决定了二者出发的角度会有较大的差异。互联网公司在推出在线教育产品时，需要更多地考虑收回投资和盈利。像新东方等传统教育公司，则是凭借自身强大的线下教育品牌实力，一个脚印一个脚印发展起来的，强大的教学资源储备使得它们可以长远布局，因而在开展在线教育的初期并不会过多地考虑盈利问题，把自己的内容和品牌做大做强才是最关键的。

三、颠覆或互补

近年来，随着众多在线教育产品的推出和流行，“随时随地，想学就学”成为一种时尚。有的教育行业专家表示，传统教育将会被在线教育颠覆。对此，新东方的创始人俞敏洪却说：“传统教育与去电影院看电影有一个共通之处——体验，而这个功能是在线教育无法做到的。”

客观来说，在线教育确实具有一些传统教育不可比拟的优势。在线教育方式非常灵活，使得学习摆脱了时空的局限，学生可以根据自己的情况自由安排学习进程，可以把一些碎片时间充分利用起来。另外，在线教育提供的课程也更加丰富，学生拥有更大的选择空间，与传统教育环境中的被动接受不同，学生可以通过在线教育主动选择适合自己的教育产品。

由此，有很多人推测，随着科学技术的不断进步和科技产品的进一步普及，在线教育将会彻底地颠覆传统教育，到那时传统的学校将会消失，而老师则会失业。事实上，除了在线教育，在历史上新技术对传统教育带来的冲击还有很多。以印刷术为例，印刷术作为一种新技术的出现，使得图书的生产成本大大降低，图书从此变得唾手可得，图书馆藏书也变得更加丰富，但印刷术并没有颠覆传统教育，反而对传统教育的发展起到极大的推动作用，并让图书成为传统教育的重要元素。

在线教育也是如此，因为教育并不是单纯地传递知识，传统学校中的师生互动具有在线教育无法替代的巨大价值。学校教育在授课之外，能够鼓励、安慰、启发学生，分享学生的情感，让学生感受到老师、同学、班集体和学校的关怀与温暖，这些对学生的心智发展都是非常重要的，而这些都是在线教育很难实现的。另外，学生在传统的实体学校中不仅可以系统地学习文化知识，还能够在与老师和同学的互动中，形成社会化的关系，这种社会化关系对每个人而言都具有巨大的潜在价值，学生在与老师和同学的交往中产生的真实的、深厚的师生情和同学情，会让人终生受用，并且同学和校友关系也是非常重要的社会资源，而在网校里形成的社会化关系则要弱很多。

因此，在线教育将会成为传统教育的重要补充，而不会颠覆传统教育。学校教育可以通过与在线教育的融合，克服传统教育的时空局限，提高授课方式的灵活性，还可以针对不同的学生开设个性化的课程，真正实现因材施教。在线教育与传统教育并非水火不容，而是相得益彰，二者的融合必然会推动教育的大发展。

第二节 传统教育机构的互联网变革之路

很多传统教育机构十年前就开始在网络上开展课程销售，一直推行在线教育并不断升级。在线教育发展形势良好，这些传统教育机构则开启了更加积极的变革和创新，以适应新的市场需求，取得更大的发展。

一、积极拓展产品线

互联网技术的发展给传统教育机构带来了新的危机和挑战，但是也提供了新的机遇。中国最具代表性的民办教育机构是新东方，其在线教育品牌新东方在线也是中国在线教育市场的领军者，其产品涵盖了语言考试、K12 等领域，现在已开始积极地布局职业教育领域，希望通过拓展产品线在互联网中开辟出新的盈利增长点。

2014 年 7 月 23 日，新东方集团正式与 ATA 达成合作协议，联手开拓在线职业教育市场。新东方集团将由旗下全资子公司新东方在线出资与 ATA 成立一家合资公司，并创办一家新的在线职业教育网站。以优质课程和师资实力著称的新东方此次与擅长考试测评的 ATA 合作，表现出了新东方通过战略转型把握互联网带来的新机遇的强大决心。

业内对双方的合作前景普遍看好，因为仅新东方集团自身每年培训的学员就有 300 万人，这些学员进入职场后就可能转化出巨大的职业学习群体。而新东方在线则在中国在线教育领域耕耘已久，拥有十分丰富的经验。数据显示，目前新东方在线网站的个人注册用户已超过 1350 万，移动学习用户超过 4000 万。对于新东方而言，这次在在线职业教育领域的发力将进一步丰富其产品线，新变革将为企业的发展带来活力。

二、拓展“四屏联动”的云课堂

互联网技术的发展正在帮助人们实现各种设想，在线教育的发展则让学生实现在教室之外上课的设想。如今在线教育的用户可以不受时空的限制而更加方便地上课，一些机构努力创新，让客户更加舒适愉悦地坐在客厅的沙发上，对着高清大屏幕，面对面地和老师进行现场交流，实现轻松愉悦的教育“真人秀”。

2014 年 7 月 12 日，巨人教育与中国最大的民营互联网电信运营商鹏博士合建的“空中万人云课堂”正式面世，它实现了直播教室与计算机、手机、iPad 以及电视机的“四屏联动”。“空中万人云课堂”的面世，使巨人教育可以借助鹏博士的科技手段和网络渠道，让学生无论是在书房的计算机前，还是客厅的电视机前，又或者在户外拿着手机、iPad，都可以随时随地学习其在线课程。

与其他在线教育机构的云课堂相比，巨人教育的“空中万人云课堂”最先占据了客厅电视机，学生在通过电视机实时上课的同时还能够与老师实时互动交流。未来，随着中国智能客厅的发展，将会产生很大的潜在消费群体。

“空中万人云课堂”的性价比优势也将帮助巨人教育吸引到更多的客户。据介绍，最先推出到该云课堂上的课程将是巨人教育的明星产品——“大语文”在线课程，学生在家中学习直播课程，可以获得50%的长期优惠。

2020年疫情使得我国的在线教育发展迅猛，成效突出。猿辅导积极响应国家号召，深度落实“互联网＋教育”，科技与教育完美相融，改善教育原有形态，线上课堂让教学更智慧。对于此次猿辅导在线教学取得的初步成效，各方都对其称赞不已，其中人民日报还就猿辅导此次的贡献做了相关报道。

两会期间，在线教育成为代表委员的讨论热点，并引起社会关注。今日，《人民日报》综合版刊发长篇文章《线上云课程 高效又暖心》，报道猿辅导在线教育“为网络教学注入智慧与情感，让‘互联网＋教育’有力度更有温度。”

2020年年初，新冠肺炎疫情突如其来，全国近2亿中小学生居家学习。《人民日报》文章重点报道了猿辅导在线教育主动承担社会责任，第一时间开放免费学习资源，为累计3800万中小学生提供免费公益课程，大力推动教育普惠；并将在年底前为武汉提供就业岗位超1万个，帮助当地恢复经济建设与发展。

三、发展移动端业务

中国互联网络信息中心(CNNIC)发布的第45次《中国互联网络发展状况统计报告》显示，截至2020年3月，中国网民规模已经达到9.04亿，互联网普及率为64.5%，其中手机网民达到8.97亿，占比高达99.3%。手机已成为第一大上网终端设备。这一数据无疑为计划拓展移动端业务的在线教育机构打了一针“强心剂”，也让未来的教育方式变革创新增加了无限的想象空间，可以预见，不久的将来，手机等移动终端必将成为在线教育行业竞争最为激烈的领域。

好未来在线教育旗下的“E度教育网”于2014年8月1日更名为“家长帮”。“家长帮”希望通过更名更清晰地表现出其“服务家长”的品牌特征，而更名的背后更大的意义则是产品升级。“家长帮”的总经理李正堂介绍更名后，“家长帮”不仅仅在于PC端服务K2领域的家长，触角还将延伸到移动端，利用移动端的精准到达、订阅、分享等优势来升级产品，让用户觉得更方便，更有帮助。

四、积极布局教育O2O

互联网改变传统教育的速度，远远超出人们的想象。学大教育CEO金鑫也认同这一观点，他认为：“在线教育有很多种方向、有很多种路径，选择哪种路径还要根据自己的业务特点来决定，而不是简单地去模仿、去复制。”

传统教育培训机构的核心竞争力在于“师资、课程”，很多教育机构都期望找到合适的路径，把传统教育机构的优势融入在线教育，然后通过在线教育把业务引入线下付费教育，实现线上线下的良性互动，从而让业务拓展变得事半功倍。在很多人还在固执地认为传统教育机构只懂得在网上销售视频课程的时候，一些锐意改革的教育培训机构已经开启了教育O2O的尝试。

2014年3月20日，学大教育旗下的在线教育网站“e学大”上线，学大教育开始了教育O2O的尝试。“e学大”拥有个性化的智能辅导系统，这一系统不仅涵盖12个年级的800个知识点、50万题库和2万个微课程，还具备错题本、题库、视频学习等多种功能。这些教学内容受到学生的普遍欢迎，具有很强的用户黏性，在互联网上有效地提升了学大的品牌知名度和权威性。

这样，“e学大”借助网络的力量，开始了其线上线下相融合的教育O2O模式。e学大教育的在线教育的规划是紧紧围绕其主营业务展开的，利用教育资源的优势来推动其在线教育业务的发展。“e学大”将采用O2O的模式，整合线上线下资源吸引用户，并引导用户关注“e学大”的付费教育产品。传统教育机构在教育产品、授课系统和商业模式等领域的创新和变革，令人耳目一新，也为教育机构吸引了更多的在线用户，为教育互联网化的转型提供了动力。互联网为教育机构提供了广阔的创新平台和发展空间，教育机构只有紧紧地围绕客户需求的变化，通过积极的创新和变革，为客户提供更加便捷的教育服务和更加丰富的优质课程，才能赢得在线教育的未来。

第三节 以互联网思维布局在线教育市场的研究

在线教育市场在近年中得到了迅猛的发展，也获得了BAT互联网巨头的热烈追捧。一路飘红的概念股印证着在线教育的发展前景被市场各方所看好。安信证券曾预言，国内在线教育市场将继续扩大规模，并且在未来几年中，在线教育还会获得新的发展机遇。可见，在线教育市场正在酝酿开启一场新变局。

当今社会，教育伴随人的终生，从早期教育、基础教育到高等教育，从课外辅导、少儿英语到职业教育、出国留学，教育已经贯穿了我们人生的每个阶段。并且，在信息化技术爆发式发展的趋势下，特别是从互联网到移动互联网，已经颠覆和改变了许多的行业及领域，而教育领域同样如此。在线教育即E-Learning，顾名思义，是以网络为介质的教学方式，通过信息科技和互联网技术进行内容传播和快速学习。在线教育创造了跨越时间和空间的生活、工作和学习方式，使知识获取的方式变得更加多元化和个性化。因此，教育和互联网的结合是未来发展的必然趋势。

一、资本助推在线教育

教育领域是近几年来为数不多的，还未被互联网所变革的传统行业。自2013年起，在线教育便成为教育或非教育机构纷纷探索的领域，同时也是股权投资最为青睐的细分领域之一。

以麦奇教育、慧科教育为代表的在线教育创业公司在2014年一季度中拿到了过亿元人民币的融资。与此同时，在线教育领域中的行业翘楚——智课网、一起作业网、梯子网等机构，也正在向亿级A轮融资进军。目前，投资人和市场十分认可在线教育领域中的一些优秀公司的内容和模式，这给这些企业带来了发展的良机。

百度在线教育将目前的在线教育分为四大类：以学而思（已更名好未来）、新东方在线为代表的课件提供商；以考研网、中华会计网为代表的内容提供商；以淘宝网为代表的工具提供商，为在线教育提供视频点播等工具；做流量分发的中间页渠道商，如决胜网等。

仅2014年一季度，在线教育的投资额就达到53亿美元，投资事件共有82起。在线教育市场的逐渐扩大，也吸引了许多跨界者跃跃欲试。新华网是继人民网之后进军A股市场的一支大军。新华网的招股书表明，在云平台建设与大数据分析所募集的15亿元资金中，将有1亿元投向在线教育。

根据招股书披露，新华网对于在线教育的规划包括技术支持、课程服务、教育咨询以及增值业务 4 个方面。技术支持属于硬件建设,包括学习平台的构建与租用;课程服务中包含深度观察、行业知识等课程;教育咨询中含有培训体系设计、混合式学习设计与实施等业务;而在此基础上则衍生出了包括学分教育以及职业认证等项目的增值服务。

不仅仅是新华网,一大批知名机构的涌入,使在线教育的发展迎来了高峰期。例如,鹏博士、海伦钢琴、中兴集团、大连控股、西安饮食等机构,它们几乎没有任何一项业务与在线教育沾边,但作为跨界者,这些机构都在以独特的方式联手在线教育展开全新的业务。比如,鹏博士与巨人教育共同构建在线教学平台,而海伦钢琴则主攻素质教育。

二、商业模式有待探索

平台与内容是目前在线教育最主要的两种形式。就商业模式而言,尽管在线教育的发展势头很猛,但盈利模式却并不明晰,目前大多以互联网模式下的广告费、课程费、平台分成有 3 种主要形式。

淘宝网、YY 是比较有代表性的平台商,其中淘宝最为典型。与电商模式类似,淘宝在线教育策划的盈利方式是为店家提供某种增值服务,如流量分析与宣传等,但淘宝本身并不参与平台的分成。

再以 YY 为例,YY 频道也是一家成功的平台商,它的盈利主要来自 YY 音乐的付费用户,而在教育方面的盈利还只是零。YY 最开始并没有将教育作为重点运作的领域,是从用户发现了 YY 语言模式之后,自发进行课程教育,教育频道才逐渐单独在 YY 上发展起来。

以 App 的形式提供教育课程,是内容提供商最为普遍的形式。其内容包含视频录制、直播、智能软件等,提供视频是其最基本的形式。搭建平台是大多数即将迈入在线教育领域的跨界者最为基本的介入方式。新华网的规划十分明确:构建"学习平台搭建""学习平台租用"的整体布局。其他机构如以电信业务为主营业务的上市公司鹏博士,则与巨人教育合作、创办"空中万人云课堂",打造多屏合一、直播、点播、互动的教育全平台。而海伦钢琴则期望由钢琴制造向艺术培训领域拓展,成立艺术培训公司,进军在线钢琴教育市场。这些构想都充分融合了云平台与大数据的理念。

从现状来看,传统的教育盈利模式并没有太大的变化。许多线下教育提供商通过打造线上电商模式来开拓在线教育服务,在线教育的盈利模式依然有待开发。除此之外,在线教育平台在资本方面也需要有较强的造血能力。利用在线教育平台,决胜网为供应商吸引流量,在线上实现产品与服务的变现,而在线下实现产品与服务的供应。

O2O 可以使在线教育的盈利模式更加明确,正如学大教育 CEO 金鑫所说,闭环是移动教育产业产生规模性收入的关键要素。所谓闭环,指的就是在 O2O 模式之下,将传统资源与互联网相对接的个性化教育。

此外,K12 也是在线教育机构主攻的领域。因其可观的利润,使 K12 深得投资界的青睐,2014 年以来,包括一起作业、快乐学、爱考拉、学霸君、学习宝的一大批 K12 领域的杰出企业获得投资。"K12 有大量的刚需,是今年被挖掘的最具盈利潜力的教育服务,不过目前 K12 领域还是受传统机构所掌控,因此创业机构的未来尚不明朗"易观分析师王梦寅这样认为。

三、未来年增长率达 100%

数据显示,目前在线教育的产业规模高达 3000 亿元。如果按照年龄段来划分,教育可分为学前教育、K12(基础教育)和成人教育 3 个阶段。其中,成人教育在在线教育领域发展得最为迅速。职业教育、外语培训和兴趣教育是成人教育中的三大细分领域。以职业教育为主要业务的正保远程教育、达内科技已经成功在美国上市,表明职业教育的在线教育已经发展得相当成熟。2014 年以来,随着政府对职业教育改革的重视,改革的潜力凸显,政策的红利为在线教育的发展带来新的机遇。从现状来看,国内优质的教育资源依旧严重稀缺,涨势猛烈的学区房以及高昂的名校赞助费就是佐证。二、三线城市以及边远地区的乡村因为教育资源的匮乏,对于优秀的教育资源十分渴求。从这个角度可以预测,未来的在线教育市场将迅速扩张,内容及产品也会更加丰富,与此同时,行业内会出现一些寡头企业。

在供小于求的形势下,在线教育会由目前仅仅提供初级产品,过渡到生产组合出各类教育的衍生新品。

从文化背景来看,西方推崇个性化教育,因而很难诞生较大的培训市场,而在东亚文化下出现大型教育企业的可能性很大。从中国的社会环境来看,中国的教育体制更加倾向于标准化,受教育的人口众多,而中国人相对于西方也更加重视教育。因此,中国的在线教育领域极有可能出现一些大型的教育企业和真正专业的集团公司。

虽然极具发展潜力,但是在线教育在发展中也同样遇到了瓶颈。目前在线教育行业并不集中,虽然平台与内容提供商都有机会,但能否出现关键性的创新点,决定着在线教育的发展潜力。否则,在线教育将仅仅作为 O2O 的衍生品,发展的前景并不乐观。举例来说,目前教育产品大都大同小异,没有针对性,并不能满足消费者需求的多样化,产品的同质化需要依靠创新来打破。

以 K12 教育为例,韩国在这一领域发展得非常不错,这与韩国的家庭教育习惯有关。2000 年左右,为阻止教育机构占用学生的课余时间进行培训,韩国政府促使教育部在官方网站上发布了大量优质的教育资源,从而逐渐养成了韩国家庭教育的消费习惯。而在我国,在线教育的用户习惯的培养还需一个漫长的过程,我国的应试教育的标准化水平较高,其教育课程不会成为在线教育发展的阻碍。但有一点,虽然我国的教育规模较大,细分市场的容量却有限,以在线教育规模最大的 K12 市场而言,学科类型不统一,并且各个地域的教育需求也有很大的差异。

第六章

计算机应用技术教育信息化促进教学改革的信念保障

“关键在于转变观念”，这是中国改革语境中出现频率最高的话语之一。无数历史经验表明，观念的力量是巨大的，甚至是决定性的。而观念一旦被确认并内化，就形成了信念。教育信息化能够促进教学改革吗？能够提高教学的效果和效率吗？能够把教师和学生从繁重的劳动中解放出来吗？教育信息化能够促进义务教育的均衡发展吗？对于广大教师来说，这些还是一个疑问。有一位教师说：“我们学校有好几间多媒体教室，但教师使用的积极性并不高，因为很多教师并不相信使用了多媒体教学就能提高教学效果，至少不能从学生的成绩上反映出来。”这位教师道出了很多农村教师的心声。

在调研中，有不少教师表示不愿意利用信息化的手段进行教学，也不愿意享受教育信息化带来的丰硕成果，他们仍然延续着传统的教学思想和教学方式。教育信息化已经以迅雷不及掩耳之势进入学校，问题是如何在观念上保证每位教师都融入教育信息化支持教学改革的浪潮中，这是实现教育信息化促进教学改革的关键。关于教育信息化的观念数不胜数，什么是最重要的观念呢？

第一节　计算机应用技术教学变革中的技术力量

教育的每一次变革都与技术的变革形影相随。今天，人们依然对用信息技术解决教育中的问题有着浓厚的兴趣，教师、学生和家长似乎也对每次技术革新所带来的教育变革习以为常。然而，要正确认识技术在教学中的位置，并不是一件容易的事情。作为教师，更必须正确认识技术在教学中的位置。下面我们从历史和理论的双重视角出发，对技术在教学中的位置做出科学且合理的判断。

一、技术在教学变革中的位置

教学变革的历史实质上也是技术变革的历史，技术不止是在教学的变革中留下了痕迹，更是重要的推动力。北京大学教育技术系的郭文革教授对教育的“技术发展史”进行了梳理，见表6-1。

表 6-1 教育的“技术发展史”

媒介时代	教育目标	教学资源	教学方法	教学组织方式
口传时代	培养吟诵诗人	口头教材;保存在人脑中	口头对话	面对面
手工书写时代	培养“抄书匠”	手抄教材:内容、页码、开本不一致	讲授、记忆和辩论等	本笃教育规程、世俗的私塾等
印刷时代	普及义务教育	标准的教科书、图书馆	实验教学法、探究教学法、案例教学等	班级授课制、现代学校制度
电子传播时代	高等教育大众化、远程教育	“视频”教材、教育节目等	远程教学法:“教”与“学”在时间、空间上分离	远程教育、广播电视大学
数字时代	终生教育:人人皆可学、处处可学、时时能学	网上多媒体材料	因材施教	混合式学习:“教材”的混合、“教室”的混合

从表 6-1 中能清晰地看到教学变革与技术变革的关系,教育越是往前发展,受技术的影响就越大。在口口相传的教育阶段,语言是教育的唯一中介,教育中的技术就是语言的艺术、技巧。而到了数字时代,影响教育的媒介技术不仅是先进的,而且是复杂的;不仅是普遍的,而且是个性的。

印刷术的出现引发了教育的一次大革命,不仅使现代学校得以诞生,班级授课制的出现也极大地提高了教育的效率,而大规模教学的设计和信息传递都是基于印刷术的。有了印刷术,教学信息就有了便捷的载体,教学组织形式和教学方法才可能走向多样化。没有这一技术的发明,就没有普遍意义上的教学的出现。不仅如此,“因为复制和传播信息能力的提高,个体所接受的信息量水平有明显的增加,加速了各种思潮的进展,如 15 世纪社会中所酝酿的一些思想——民族主义、世俗主义、个人主义和工业化。”这些思潮的出现不仅丰富了教学的内容,更引起了教育领域思想的变革。这一间接的影响虽然不是那么容易感受得到,但对教学的变革却是持久而深远的。

技术的革命推动着社会各个领域的变革,教学变革的节奏在技术的推动下变得越来越快,教学从口传时代到手工书写时代,再到印刷时代,要比从印刷时代到电子传播时代,再到数字时代漫长得多。20 世纪 50 年代以前,无线电广播、有声电影就被认为是革新教学的引擎,整个课堂教学进入了视听教学和视听传播阶段,而到了 21 世纪,新的信息技术在不断地更新换代中给教学带来了实质性的变化。比如,孔子提出的因材施教在漫长的教学变革中并没有得到实现,学徒制的传统教学虽然做到了因材施教,但学生的受益面又十分有限,而网络技术、多媒体技术、电子书包、手持式设备等现代信息技术为人们提供了一种崭新的认知方式、交流方式和思维方式,使泛在学习成为可能,也为更为广泛的因材施教提供了巨大的空间和有利条件。

二、技术影响教学的范围

技术对教学的变革是全方位的,技术不仅影响了教学的目标、内容、形式和方法,也深刻地影响着教学发展的历史规律。在教学目标上,从口传时代培养吟诵诗人到工业社会片面发展的人,再到信息化时代培养个性全面发展的人,教育的目标离教育的理想越来越近。在教学组织形式上，从面对面的个别化教学到班级授课制，再到时空分离的更大范围内的个别化教学，教学组织在形式上越来越适应学生个性的发展。而在教学方法上，从口头讲授到电视教学，再到基于网络的探究式教学、基于网络的协作式教学，教学的方法越来越多样化、多元化。尤其是对技术变革教学的系统研究还形成了一个新的研究和学科领域——教育技术学。它不仅是整个教育学科中最具时代特色和最有发展前景的学科之一，还是一支变革传统教育学科的新生力量。同时，教育技术学为技术促进教学变革提供了理论支撑和方法论依据，也为技术在教学中的应用提供了合理的论据。

第二节 教育信息化对教学改革的革命性影响

美国教学技术委员会早在1970年就宣称："技术可以使教育更有成效、更富有个性、学习更迅捷，同时使教学建立在更加科学的基础上，使得教育机会也更加均等。"连续的5个"更"字非常有气势地表明了技术对教育的积极影响。

联合国教科文组织出版的经典名著《教育——财富蕴藏其中》中也明确指出，信息和传播新技术"正在我们眼前引起一场真正的革命，这场革命既影响着与生产和生活有关的活动，也影响着与教育和培训有关的活动"。我国颁布的《国家中长期教育改革和发展规划纲要(2010—2020年)》在论述"教育信息化"时，开篇就以更精炼的形式说："信息技术对教育发展具有革命性影响，必须予以高度重视。"这是以官方文件的形式对信息技术在教育发展中的作用进行高度的概括，对推动我国教育信息化促进教学改革的发展具有重要的指导意义。

然而，这一句带有哲学意义的话不一定容易被一线的中小学教师所接受。因为他们很难从这一高度凝练的命题中感受到教育信息化对教学改革的实质性影响，更难从理论上充分把握教育信息化对教学改革各个方面的巨大影响。下面，我们将从教学的若干层面就"教育信息化对教学改革有革命性影响"这一观念进行详细的阐述，以便中小学教师从感性和理性相结合的角度深刻领会这一观念的实质价值。

一、教育信息化丰富了教学目的的实现方式

教学是合乎目的性的实践活动，教学的终极目的就是实现学生的全面发展，这也是教学改革的唯一旨归。教育信息化能对这一崇高的目的带来什么益处吗？教育信息化能对这一古今教育家们孜孜追求的美好理想产生什么影响吗？要回答这些问题，首先就要回答怎样才算是学生的全面发展？可以肯定的是，全面发展不是面面发展，更不是所有面齐头并进地发展。那么，究竟如何理解全面发展才是准确的、科学的呢？

我国著名教育家张楚廷先生在深入研究马克思的全面发展理论之后，提出"全面发展的实质是个性发展"。

其含义有3个：①就发展的基本内容来说是个性发展；②经由个性的充分发展实现全面发展；③离开了个性发展，全面发展是不可能的。

同时，他还认为："全面发展既然是个性发展，那么它就应当是自由发展，全面发展是每个人自己的发展，全面发展亦必是每个人的自由发展。"归纳起来说，学生的全面发展即是个性的自由发展。传统的课堂教学是不可能实现学生的个性自由发展的。由于时间、空间、信息、交流等方面的局限，学生不可能在课堂上自由选择自己感兴趣的知识进行学习，教师也不可能在课堂内照

顾到每个人的个性发展,孔子提出的因材施教也只能作为教学原则中的一条而被教育学者们重复念叨着,被一线教师们反复期盼着,从而成为可望而不可即的“空想”。教育信息化所提供的个性化服务和自由空间让学生个性发展、自由发展成为可能,让学生能按照符合自己兴趣和天性的方式进行学习,从而为实现教学改革的终极目的提供无限的可能性。

下面,我们以“电子书包”这一教育信息化成果为例来说明教育信息化是如何丰富教学目的的实现方式的。“电子书包”是一个形象的说法,它不是传统书包的电子化,不是教材在移动终端中的数字化,它是“一种可以随身携带的,承载着丰富的学习资源,具备便捷的网络服务功能,能够构建让学生主动学习的数字化学习空间和学习环境,并作为学习者的认知工具改变其学习方式的一种智能媒体”。“电子书包”不仅减轻了学生书包的负担,更重要的是为学生提供了一个个性化的数字学习空间和学习环境,以及可以自由选择的学习资源。

从图 6-1 中可以看出,“电子书包”绝对不是一个只给学生类似 iPad 的移动终端,不只是作为电子教材和作业的存储器,它是由教学平台、云端学习书柜、教师社群网、教科书与习作内容、户外教学系统、课程实作、课外选读(电子书柜)、学生学习历程系统、教学诊断系统、工具软件、学习回馈系统等组成的复杂数字学习系统。学生在这一系统里可以自主完成学习的所有操作,而且在老师“天衣无缝”的规划和指导下,每个学生都可以找到并发展自己的专长与兴趣。

图 6-1 电子书包的结构与功能示意图

二、教育信息化改变了教学内容的传递模式

诚如第一节中提到的那样,和造纸术、印刷术一样,现代信息技术改变了知识的传播载体和传播方式。造纸术让知识有了方便携带的良好载体,使人类突破了口头传播的束缚,并且用纸承载文字可将信息加以广泛传播;印刷术则极大地提高了书面信息的复制和传播效率,并降低了成本,扩大了信息传播与交流的容量和范围,让人类文明的大范围传承和知识的广泛传播成为可能。现代信息技术则同时改变了知识的传播载体和传播方式——人类知识的传播不仅突破了时

空和容量的限制，还突破了语言文字种类的限制，使得知识的传播不再有不可逾越的鸿沟。

教学的基本功能之一是传授知识，另一个基本功能则是思维的锤炼。但这一功能的实现显然是以知识为中介进行的，教学通过选择不同的知识来教会学生思考，这些被选择的知识就形成了教学系统的要素之一——教学内容。

教育的信息化对教学内容的产生、传递、利用和管理途径及模式产生了革命性的影响，教学内容不再是教师单向传递的信息。

信息化改变了教学内容的获取与存储方式：

第一，教学内容不再只是从教师或教材处获得，教师和教材是教学内容的权威来源渠道的传统已逐渐被打破。如今，学生可以从各种以信息技术为载体的渠道获取教学内容。

第二，教学内容已经不必且也不能都被记忆在学生的大脑中，让学生记忆大量信息的时代已经一去不复返，学生可以把更多的精力放在知识的创新上，而不是记忆上。

随着科学技术进步的日新月异和各学科领域的不断分化，人类创造了越来越多的知识，知识更新的周期也日益缩短，知识创新的频率不断提高，传统的阅读记忆获取模式已经不能够应对当前知识剧增的状况，而云计算与大数据管理、移动互联网与智能终端的快速发展与普及应用，使得“知识随手可得”的梦想成为现实。

信息化还改变了学生对教学内容的加工与组织模式。随着教学内容载体从以往的单一书本形式转化为多媒体知识包，教学内容的组织形式从以往的线性排列转向超文本结构，学生对教学内容的加工从以往的做笔记方式转向个性化的深度加工（即改变了学生对知识意义的自主建构模式），学生对教学内容的记忆也由单一的内存（大脑）扩展到外存（数字化资源库）。教学内容的数字化、多媒体化和智能化改变了学生的认知方式和知识构建方式，通过学生积极参与知识建构、交流与共享，推动个性化和社会化相结合的知识组织与共享模式。

现以电子课本为例（如图 6-2）为例，进一步说明教育信息化对教学内容传递模式的改革。电子课本显然是对传统课本的改造，其不但改造了教学内容的呈现方式，更重要的是改造了教学内容的组织模式和学生对知识的自主建构方式。例如，人教学习网电子课本以人教社纸质主体教材为基础，对教材内容及知识点进行深度挖掘和加工，以科学直观的视频、音频、图像、文字等实现了教材内容的数字化，交互功能的智能化，多角度、多维度地呈现教材内容，以方便学生理解和掌握教材知识，为传统教学内容传递模式向网络化、智能化的传递模式转变提供了良好的范式。

图 6-2　电子课本示意图

学生在使用电子课本时可以随意放大、缩小、跳转或全屏显示页面，并且点读、重点解析、图片欣赏、背景介绍、提示、说明、参考答案、实验视频点播、小结等以超文本的结构及时帮助学生获得相关信息。通过对学生使用纸质教材的习惯进行研究，电子课本还加入了书签、笔记、标注等功能。光笔、橡皮擦和调色板等辅助工具可以让学生随意地对电子课本进行标志、擦掉不想要的标记和选择喜欢的颜色对电子课本进行标注。另外，电子课本还可以自动保存学习记录，方便学生制订复习计划和查缺补漏。教材不再是由文字和图片组成的静态文本，而是学生可以参与操作的动态的多媒体文本，这样不仅可以调动学生多种感官的参与，也因自主的自由操作而大大增加了学生的学习兴趣。

三、教育信息化促进了教学媒体的更新与应用

教学媒体作为教学系统的基本要素之一经历了从传统到现代的演变，黑板是典型的传统教学媒体，而始于 20 世纪 20 年代的美国的"视觉教学运动"开启了教学媒体现代化的历史进程。自此，以无声电影为代表的视觉教学媒体，以无线电广播为代表的听觉教学媒体，以电视机为代表的视听教学媒体，以计算机互联网为代表的交互性教学媒体，随着教育信息化的逐步推进在课堂教学中被广泛利用，成为扩大教学规模、提高教学绩效的重要手段。

校长的重视，教师的积极参与，教学团队的协作与研讨，与每一学科教学的深度融合，是台湾地区学校应用交互式电子白板成功促进教学改革的秘诀所在，是教育信息化促进教学媒体变革与应用的成功案例。

四、教育信息化改变了教学环境的存在形态

一般来说，教学环境(也称为学习环境，这里不对这两个概念进行区分)可以划分为硬环境和软环境。其中，硬环境主要是指教学自然环境(校园里的花草树木等)、教学物质环境(如校舍建筑、图书资料、仪器设备等)；软环境主要指的是教学观念环境、教学制度环境和教学人际环境。

教育信息化的发展改变了我们对教学环境的传统理解，教学环境不再只是实实在在的自然环境和教室、纸质图书、仪器设备等实物，而是扩展到虚拟的数字化空间。虽然这里面也有自然环境、物质环境，但是是虚拟的现实。这里面也有观念环境、制度环境和人际环境，但其内涵和表现形式已经发生了巨大的改变，虚拟的教学环境与现实的教学环境一起共同构成了教学的生存空间。

国际互联网掀起的"数字化生存"风暴风靡全球，使教学环境呈现无中心性和无边界性的特点。学生可以通过网络开放平台，在任何自我能支配的时间、任何能上网的地点，以任何方式选择自己喜欢的课程内容。尤其是云计算技术的发展和应用以及平板电脑和手机等各种移动终端的创新和发展，大大增强了信息的存储、传输和对学习者的服务能力，并进一步突破了时间和空间的限制。信息技术与教育全面深度融合是创造泛在学习环境、构建学习型社会的必由之路，一方面，可以创造无所不在的学习环境，提供丰富多样的教育资源和个性化的学习支持，使所有学习者都能随时、随地、随需开展学习；另一方面，可以将学习主体由在校学生向全体国民扩展，学习阶段由在校期间向人的一生延伸，再辅以学分积累、转换和认证机制，就能促进各级各类教育纵向衔接、横向沟通，打通学历教育和非学历教育的渠道，形成灵活开放的终生教育体系。

比如，国家教育资源公共服务平台充分依托现有公共基础设施，利用云计算等技术，逐步推动与区域教育资源平台和企业资源服务平台的互联互通，共同服务于各级各类教育，为资源提供

者和资源使用者搭建起网络交流、共享和应用的环境。在国家教育资源公共服务平台的建设与应用过程中，将逐步探索“企业竞争提供、政府评估准入、学校自主选择”的资源建设新机制，逐步形成政府购买公益服务与市场提供个性化服务相结合的资源共建共享新模式，最大范围、最大限度地开放共享优质教育资源，为广大师生提供一个全新的数字化学习环境。笔者也在此平台注册了一个账号，并亲身体验了这一新的教学环境所带来的教与学的优势。

浙江东阳市依托国家教育资源公共服务平台东阳中心，以教研基地为单位，统一安排区域内同步课堂的时间、地点、课程、教师、授课内容等，开设小学语文、信息技术、美术等学科同步课堂235节，使薄弱学校学生与名校学生同听一堂课，最大限度地实现区域优质资源共享。在推进同步课堂的过程中，除结合学科特点外，还根据主播课堂学校和接收学校的师生的差异，尝试不同类型、不同年级、相同层面不同层次水平的“双向互动”“单方接收”“一对一”“一对多”“分片段同步”“全过程同步”等多种上课方式，突破重难点，展示课堂艺术。鼓励接收学校教师根据实际对提供的示范课堂进行选择性修改，并认真反馈信息以及时修订下一步的方案，更好地为师生服务。同步课堂调动各级名师的积极性，促进优势互补，初步缓解了小规模学校相应学科师资短缺的问题，促进了教育公平。

除国家教育资源公共服务平台的建设以外，各省也建设并开通了地方的教育资源公共服务平台，为省内基础教育学校的教与学活动提供了一个功能强大、资源丰富的教学环境。国外已有研究表明，当教师选择多媒体的学习环境时，它们可以提高数学和科学学习的效果、创设以学生为中心的学习环境，以及帮助学生更有效地学习外语。但是，这种效果并不是所有宣称是多媒体的学习环境都可以产生的。从目前来看，各种网络学习平台如雨后春笋般涌现，但质量良莠不齐，如有的学习环境虽然为学生提供了大量数字化的文本材料，但没有创造一个以学习者为中心的、有丰富的多媒体资料和强大交互功能的学习环境，在这样的环境下依托网络技术平台进行学习，还不如在传统形态的学习环境中学习。

五、教育信息化改变了师生的学习方式与思维方式

我国南宋大儒朱熹曾说：“无一事而不学，无一时而不学，无一处而不学，成功之路也。”这段话说的是，成功之路在于学习，而且任何事物都可以是学习的对象，任何时候都应该学习，任何地方都是学习的场所。朱熹的这一思想可以说蕴含着终生学习最核心的思想，即“任何时间、任何地点、任何方式”的学习思想，而来源于美国的泛在学习思想也可以从朱熹的话中找到历史的渊源。然而，朱熹的这种思想在当时以及以后漫长岁月中只是一种理想，一种不可能实现的理想。

直到现代信息技术出现及其在教育领域的深度应用，才带来了学习方式的不断更新，从基于数字化资源的数字化学习到基于移动终端的移动学习，再到基于泛在计算的泛在学习，学习越来越个性化，越来越智能化，越来越随手可得，越来越成为人们日常生活中的“日常生活”。毫无疑问，教师和学生是最早享受这一变革过程的群体，表现在教育上，则是加快了以“教”为中心向以“学”为中心的转变，以知识传授为主向以能力培养为主的转变，以课堂学习为主向多种学习方式共生的转变。在教学方式上，通过构建立体化、网络化的教学体系，使学习方式由被动式向主动式、互动式学习转变，泛在学习、移动学习、个性化学习逐渐成为现实。

教育信息化创新了教学方式与学习方式，必将促进人才培养模式的创新。从上面的分析中，我们可以看到教育信息化推动了教学内容的传递模式、教学媒体的应用方式、教学目的的实现方式、教学环境的存在方式的变革，从而推动了教师的教学方式、学生的学习方式和师生互动方式的变革，为学生的学习和发展提供了丰富多彩的教育环境和有力的学习工具。在教学过程中，普

遍应用信息技术创新教学理念、教学内容、教学环境以及教学模式，从而促进信息技术与学科课程的深度融合，改变传统的教与学的行为方式，创新人才培养模式，将对培养信息时代高素质的创新型人才、提高教育质量产生积极而深远的影响。

教育信息化通过改变教学系统诸要素的相互关系而改变了教学活动的时空结构与存在形态，教学必将向信息化教学转变。教育信息化通过改变师生的学习方式，让师生能够随时、随地、随需开展学习，使教学活动的开展不必局限于教室、实验室等场所，也不必拘泥于师生面对面的形式，正式学习与非正式学习、正规教育与非正规教育的界限逐步消融，使教师与学生同处于一个平等的资源平台，他们可以享有平等的优质资源和学习机会，从而大大推进了教育公平、教学民主和学习型社会的发展进程。

除了改变师生的学习方式，教育信息化还深层次地改变了师生的思维方式，使得他们的思维方式由直线型思维向立体型思维发展，由连续性思维向跳跃性思维发展，由聚合性思维向创造性思维发展。在教育信息化所带来的种种变化的作用下，师生的思维方式也随之变得更加发散，更加跳跃，更加非线性化，更加多元化，更加富有创造力。

六、教育信息化创造了更多有效的教学模式

教学模式是“在学习环境设计理论与实践框架指导下，为达成一定教学目标而构建的教学活动结构和教学方式”。在西方，许多教育家、心理学家在长期实践和研究中探索了许多有价值的教学模式，如斯金纳的程序教学模式、布鲁姆的掌握学习教学模式、奥苏贝尔的先行组织者教学模式、加涅的九段教学模式、布鲁纳的发现教学模式、罗杰斯的非指导性教学模式，以及建构主义者所倡导的抛锚式教学模式、随机进入式教学模式等。我国的学者在长期实践的基础上，也提出了情景教学模式、活动教学模式、探究教学模式等教学模式。古今中外的这些教学模式对我国的基础教育教学改革产生了深刻的影响。

教育信息化的发展为教学模式的变革提供了技术支撑，人们在教育信息化的背景下创造了许多教学模式。例如，有学者在先进教育理念的指导下，提出并论述了十大信息化教学模式：基于资源的主题教学模式、基于项目的教学模式、基于问题的教学模式、webquest 教学模式、基于网络协作学习的教学模式、基于案例学习的教学模式、情景化教学模式、基于概念地图的教学模式、基于电子学档的教学模式和基于多元智能的个性化教学模式。这些模式显然是教育信息化促进教学模式改革的重要创新，充分体现了“学生为中心”的教育理念，具有极强的应用推广价值。

来源于美国的“翻转课堂”教学模式成为教师的新宠儿，亦成为教育信息化促进教学模式创新的又一成功案例。“翻转课堂”的概念并不复杂，它就是“教师创建视频，学生在家中或课外观看视频中教师的讲解，回到课堂上师生面对面交流和完成作业的一种教学形态”。“翻转课堂”是对传统课堂的“翻转”，由原来的“先教后学”变为“先学后教”。其看起来好像也没有什么新意，因为在我国基础教育界，“先学后教”是江苏泰兴洋思中学创造的课堂教学模式，是对传统的“先教后学、课后作业”教学模式的颠覆性改革。一堂课总要从“先学后教”的“学”字开头，这个“学”是指学生的自学，“学”是学生带着教师布置的任务、有既定目标的自学，学生的自学成为一堂课的起点。但是，来源于美国的“翻转课堂”教学模式与我国这种“先学后教”模式相比还是有许多优势。

“翻转课堂”的“先学”主要是指学习教学视频，和以往导学案或讲学稿等纸质学习材料主导下的“先学后教”模式有所不同，其优势主要体现在以下 5 个方面。

第一，学习材料更加形象。微视频上，优秀教师对某一教学内容生动形象的讲解，显然比教师布置的教材预习任务，或教师制作的纸质导学案，或讲学稿，更能发挥学生多种感觉器官的参与，也更能激发学生的兴趣。

第二，教师反馈更为及时。无论是课前学习后的作业反馈，还是课堂学习过程中的学习反馈，在网络环境下，都要比纸质的导学案及时、迅速，并且节省了教师大量的机械批改作业的时间。

第三，交流的工具更为时尚。与洋思中学的"先学后教"教学模式相比，学生与教师的交流工具更加时尚，教师布置学习任务可以用飞信、QQ、电子邮箱、博客、微博等现代化手段，而诸如飞信、微博、QQ 等也是学生喜爱的时尚的交流方式。

第四，信息加工更加方便。电子资料比起纸质的导学案来，学生更容易进行信息加工和重组，学生更容易以适合自己认知风格的方式去组织学习材料，便于复习和记忆。

第五，微视频的共享性更优越。纸质的导学案或学习讲稿的质量更多地依赖上课教师的水平，而微视频的制作则可以动员一个学校、一个地区乃至一个国家的力量，并通过网络与全国乃至世界各地的教师分享。

归根到底，"翻转课堂"与以往导学案或讲学稿等纸质学习材料主导下的"先学后教"的模式相比，差异在于："先学"是基于信息技术的，学生采用教学视频进行学习，课堂教学则增加了学生与教师之间的互动和接触时间，让所有学生都能得到符合自己学习基础的教学。这里的教学视频并不是普通的视频，不是教师整个教学过程的实录，而是教师针对一个特定的问题，以画外音的形式进行详细讲解，也就是目前非常流行的一个概念——微视频。

在"翻转课堂"的教学模式下，学生可以通过课前的微视频自学，高效地完成知识的学习和掌握。课堂上的大部分时间，对于自然科学科目的学习来说，学生可以更好地通过探究活动养成科学研究的精神和态度，学会科学探究的方法和技能；对于人文社会科学科目的学习来说，学生就有更多的时间在课堂上展示自己的学习成果，同学之间就某一观点进行辩论、讨论与交流，并在这一过程中发展自己的思考力、想象力、洞察力和表达力。

"翻转课堂"的基本操作要点如下。

(1)根据教学内容，制作优质的教学视频；围绕教学目标，设计教学策略。

(2)向学生展示知识及其与现实生活之间的关系，让学生不但掌握知识，还能运用知识。

(3)在思维方法上，主要采用归纳思维，少用演绎思维。

(4)尽量发挥学生的学习主动性，给予学生充分思考、讨论的自由。

(5)重视教师点拨与延伸，适时给予学生指导。

"翻转课堂"的优势在于从"先教后学"到"先学后教"，学生从被动学习到主动学习，学生可以学习两遍——第一遍，带着问题自己学；第二遍，集中解决重难点问题。这样就有了直接面对新内容、新问题、新情境的机会。只有在学生自学理解的基础上，课堂上的师生互动交流才会有效，才能培养学生思维的深刻性、批判性，知识才能进入长时记忆。"翻转课堂"的优势得益于现代科技的迅猛发展，学生由此可吸收来自全球的视频知识解读，可以反复看，复习时再看。这有助于学生自主学习、自己思考，真正成为一个思想的强者，并适应学习型社会的大趋势。

七、教育信息化催生了教研活动的新形式

教研活动是提高教师专业发展水平的基本途径之一，是中小学教师开展教学研究的重要形式。有一定规模的中小学校都设有教研组，一般以学科的形式划分，比如语文教研组、数学教研

组、历史教研组、信息技术教研组等,其基本职能就是定期召开教研组所属教师的教学研讨活动。教研活动的开展有利于教师总结教学中的经验得失,提高教学反思和教学研究能力。

随着教育信息化的纵深发展,一种新型的教研形式开始风靡中小学,那就是网络教研。它是依托现代信息技术手段,建立开放、动态、交互的网络教研平台,对教学过程、教学资源、教学评价、教学管理、教学反思等方面进行交流与共享的活动。它是教师之间交流教学思想,触发教学灵感的肥沃土壤,是以教育信息化推动教育现代化的理论和实践的重要体现。网络教研作为教育信息化的产物,与传统教研活动相比,具有如下特点。

第一,网络教研是一种基于网络技术的虚拟教研活动,它不受时间、空间的限制,只要网络通畅,就可以随时随地开展。

第二,网络教研的参与者不局限于本校的本学科教师,它的参与者可以说来者不拒。有学科专家、教育专家、学科教师等;有本校的,也有来自祖国各地的,甚至有外国的。只要有想法,任何教师都可参与研讨,交流的信息量远比传统教研活动大,而参与者来源的多样性使得研讨的质量和效率都大大提高。

第三,正因为参与者来源的多样化,使得教师能与不同地方、不同水平的教师通过网络而结成学习共同体,在更宽的视野中和更大的范围内提高自己的教学反思和教学研究能力。

第四,网络教研的依托平台多样化,其主要载体有专门的网络教研平台、教育博客群、微博、各种教育教学论坛、QQ群、社交网络等,教师可以自由选择不同的平台开展教研活动。

第五,网络教研的表现形式有文字、图片、视频、音频等,只要平台支持,教师就可以用不同的信息表达方式与他人进行交流。

八、进一步的思考

教育行政部门的官员指出:"经过了十多年的发展,我国教育信息化基础设施建设已极大完善,软件资源较为丰富,但应用效果不佳。究其原因在于,重建设、轻应用;重继承、轻创新;重理论、轻实践。由此造成的严重后果是信息技术游离在教育的边缘、没有直击教育的实际问题,从而对教育变革、教育实践等没有产生革命性的影响,以至于'无用论'甚嚣尘上。"信息技术在其他领域已经产生了巨大的变革,但在教育领域中的应用效益似乎还没有完全发挥出来,这不得不引起我们的思考。

我们从7个方面论证了教育信息化对教学改革的革命性影响,但并不意味着教育信息化已经对所有的教学改革都产生了革命性的影响,这种影响虽然已经初露端倪,但大范围内的革命性影响还远没有显现出来。教育信息化是可以对教学改革产生革命性影响的,这是我们的立场,也是我们的目标。在技术乐观主义者和技术悲观主义者之间,我们肯定离乐观主义者更近,但我们不是技术决定论者。我们相信,信息技术对教育的革命性影响是需要条件的,而这些条件恰恰是需要我们的科学研究去揭示。

我国的教育信息化实践水平不高、创新性不够,根据国际教育信息化发展的阶段论,我们还处于基础设施建设到应用的过渡阶段,教育信息化在促进学习效能和提高教学质量方面的作用还不明显。虽然信息技术已应用于教育、教学过程,但很多还停留在用技术去改善教与学的硬件环境或建设教与学的数字资源等较低层面上,而利用信息技术改革实现教学目标、教学内容、教学模式、教学评价的整体优化的教学实践探索和理论研究还不够。

从历史中,我们已经看到技术对教学产生的全方位影响。以计算机技术和网络技术为核心的现代信息技术对教学的影响远远超过历史上任何技术对教学所产生的影响,而这种影响是革命性的，不过这种革命性影响还只是一种可能的状态。从目前来看，虽然信息技术在教育领域的应用经过了漫长的探索，但信息技术对教育所产生的影响却不显著，教学模式、教学方法、学习方式等还没有从根本上发生变化，对教育的正能量没有涌现出来，尚谈不上对教育发展产生革命性影响。

教育信息化促进教学的全方位变革深受传统教育观念的影响。从目前来看，我国乃至全世界学校教育结构中根深蒂固的观念就是统一学习背后的批量生产。我们的教育目的不是“让学生成为他们想要成为的人”，而是成为符合某一个既定要求的人，反映在课堂教学上就是每个学生学习同样的内容、在同一个地方学习、参加同样的考试、达到同样的标准、每个学生必须通过同样的一套程序去达到共同的要求、满足同样的需要，尽管这一观念与人的自由个性发展的理想相去甚远，但却随着历史的脚步已经深深扎根于教育的实践之中，并通过制度、政策而不断被强化。“当信息通信技术被运用在教学领域时，则强调自主学习，即学习者自由确定学习的时间与地点。”而传统的教育理念并不允许这样。教育信息化要促进教学的全方位变革，要对教学改革产生革命性影响，就必须挑战这种观念，去动摇支持这种传统观念的制度。否则，教育信息化的实质意义永远也不可能彰显出来。

我们再次强调，观念的变革是最为关键的，信念的力量是强大的，没有好的理念，没有好的思想，就没有坚定的信念，就不可能有好的实践。历史以无可辩驳的事实证明了这一点，教育史上的每一次变革无不是教育思想的变革所引起的，无论是杜威所推动的进步主义教育运动，还是赫钦斯所倡导的永恒主义课程改革，抑或是中国 20 世纪 90 年代中后期所推行的大学人文素质教育，都是理念先行。教育信息化促进教学改革也不会例外。

从教学内部来说，信息技术作为教学的内在需要，不仅为教学拓展了新的技术手段，丰富了教学资源，还推动了教学方法、教学组织形式和教学模式的变革，最重要的是信息技术的发展为教学改革与发展带来新的理念和动力，使教学内容、方法和模式发生深层次变革。这种变革的基本信念是满足学生高阶思维能力发展的需要，满足教师专业发展的需要，满足幸福教学生活的需要等。信息化环境下的教学将更加充分地满足学生甚至包括教师的多样化与个性化需求，使教学更加以人为本。

从外部环境来看，“由于当代生活中工作和休闲所需要的数字资源的获得和发展都越来越需要信息与通信技术在教育方面的运用，经济、社会和教育方面的原因越来越成为一种合力。”教育信息化促进教学改革不只是教育内部的需要，经济与社会的发展同样需要，互联网经济的迅猛发展需要能适应这种经济模式的人，一个有生命力、创造力的社会同样需要教育能培养有个性、有创造力的个人，而教育信息化能为这些经济和社会的目标提供支持。

教育信息化的推动者和实施者所能承诺的是：努力将信息技术融入教育教学的全过程，从教学目标开始，一直到教学评价和反馈，其中关键的环节在于运用信息技术逐步改变原有的教学组织形式与模式，实现以知识传授为主的灌输式教学方式向以创造力培养为主的个性化教学方式的转变，并根据人的发展的内在需求和社会发展的需要，开发区域、全国乃至世界范围内的优质数字化教学资源，并使之整合到教学的全过程，进一步突破传统教学活动的时空限制，实现教学系统结构的深层次变革，从根本上提升教学的绩效，实现学生的全面发展。

第三节 “教学技术化”批判

在我们热烈地讨论教育信息化对教学改革有革命性影响时，有一种悲观的论调是值得警惕的，那就是“教学技术化”批判。它对教师树立教育信息化的信念会产生负面的影响，为怀疑甚至拒绝使用教育技术的教师提供了托词。关键是，这一托词本身并不成立。在教育技术的功能与作用远远没有发挥出来的前提下，有什么理由去批判“教学技术化”呢？显然，有对这种批判进行全面回应的必要。

一、“教学技术化”是什么

“一旦有了教育，就必然有教学的技术。”教育与技术是不可分割的，从古老的孔子的教育技术、苏格拉底的“产婆术”、宗教教育中的情景技术到后来的印刷技术、幻灯、投影，再到现代的通信技术、多媒体技术、网络技术，教育从起源的那一天就与技术密不可分。技术也不断推动着教育的变革与发展，从古老的学徒制教育到班级授课制，再到基于网络的个别化教学，每一种教学组织形式的变革都凝结着技术的智慧。现代教育技术在教育中的运用被视为教育现代化的主要标志之一，也被视为教育改革的突破口与制高点。现代教育技术与传统教育技术一起，成为整个教育系统中必不可少的要素，亦成为教育系统变革中最活跃的因素。

目前，国内教育信息化发展如火如荼，教育技术的发展方兴未艾，中小学信息技术基础设施也越来越好，信息技术与课堂教学深度整合的物质条件已基本具备，教师运用现代教育技术的能力也越来越强。然而，就在这种形式下，有不少研究者发出了“教学技术化”批判的声音，对教学中的“技术主义”(这一概念是否成立暂且不论)和教育技术的应用提出了质疑。有学者对“教学技术化”进行了界定，认为：“课堂教学技术化指的是教学实践过程中涌现出的程控、机械、标准等技术特征，从而将技术泛化为教学的基本程式和最终目的。它可细分为器物形态技术化(表现为教学手段的现代化、教学环境的虚拟化)、工艺形态技术化(主要指教师对教学模式、方法等的运用)和智能形态技术化(教学管理与评价上的齐一性和强制性以及课堂教学中的工具性和策略性)。”这一界定与教育技术的概念高度吻合。“教育技术就是人类在教育教学活动过程中运用的一切物质工具、方法技能和知识经验的综合体，它分为有形(物化形态)技术和无形(观念形态)技术两大类。”

从现代信息技术的发展来看，教育技术的教学运用就是使教学手段现代化，教学环境虚拟化，同时也特别强调教学方法、策略等智能技术的推广运用。从这一点看，教育技术似乎可以等同于课堂教学技术化。该学者还指出，课堂教学技术化的价值悖论在于其将技术置于一种尴尬境地，教学活动中的师生主体不但没有因为技术的使用获得应有的解放，反而陷入被技术控制的状态。但在笔者看来，“教学技术化”是被杜撰出来或被想象出来的概念，因为中国人特别喜欢“化”，如信息化、现代化、绝对化、产业化、市场化。但并不是任何现象都可以用“化”来概括，也不是任何带“化”的概念都是科学的、符合实际的，“教学技术化”就是其中一例。有人指出，“教学技术化危机”正是技术主义背景下“教学”与“技术”本末倒置的体现，即认为教学中的所有问题都可以通过技术来解决，它把技术看作规定一切教学的唯一尺度，是否符合客观的、机械的、中立的技术尺度成为评价技术效果的决定性因素。是谁认为教学中的所有问题都可以通过技术来解决？是谁把技术看作规定一切教学的唯一尺度？又是谁将技术视为推动教育改革和发展的根本动力，过分夸大了技术对教育的作用？事实上，没有人会这么认为，就连最坚定的技术乐观主义者也不会认为技术能改变教学的一切，这样提出“教学技术化危机”实在是夸大其词，也毫无实际依据，是“不合时宜”的过虑。

二、对“教学技术化”的批判

对“教学技术化”的责难是多方面的。有人认为，“只见功利不见本体的教学‘唯技术化’倾向使得教师在对技术的追求中被工具化，仅仅被看作是功能性的存在，而教师也是有独特情感、丰富内心与健全人格的生命体，作为本体性价值的生命价值是先于其工具价值存在的，其‘生命驱动’和‘自主驱动’的力量远超‘技术驱动’和‘外在驱动’。”在该学者看来，技术的应用使得教师仅仅被看作功能性的存在，技术似乎与独特的精神、丰富的内心、健全的人格是背道而驰的。“教育技术成为现代教学过程的重要特征，教学活动越来越技术化，程序化的东西越来越多，情感的投入越来越少，这种社会对教学的功利性追求的教学活动，使得教师和学生都无法真正体验到教学生活的自由和幸福，这本质是上教学活动的异化。”教育技术的广泛应用是一种功利性追求，而且使学生和教师不能真正体验到教学生活的自由和幸福，并导致了教学活动的异化。“教育的技术化直接导致教育中人的技术化、物化，人成为技术的奴隶，人在教育活动情景中失去了他作为一个特殊且独立的个体的意识，而成为被教育的技术所支配、控制的对象，人不再是作为目的而存在。”“教师在教育教学过程中不需要一种创生性的教育智慧，只需要按部就班，一个一个地抖出教育的技术性包袱，教育教学过程就成了一个一个的教育技术不断轮换的标准化流程。教育过程的操作化作为教育技术主义的典型实践形态就成了一种必然现象。”这种观点也从技术导致教育的异化层面分析了“技术化”的“种种弊端”，认为教育的技术化直接导致了人的异化，使人成了技术的奴隶，并认为技术就是标准化的、操作化的，是不需要创生性的教育智慧的。

以上罗列了几位研究者对“教学技术化”的批判，归纳起来有以下 3 点。

第一，教学活动被技术化了或越来越技术化了。

第二，“教学技术化”是一种与教学本体相对的异化，包括人的异化和教学活动本身的异化。

第三，教育技术的广泛应用是一种功利性追求，是对教师一种工具化、标准化，是与生命、精神、自由、幸福、人格等教育中最美好的东西相对立的。

这些批判和责难是合理的吗？是实事求是的吗？存在“教学技术化”吗？教育技术的应用真的带来了这种恐怖的后果吗？教育技术会导致教学活动的异化吗？教育中诸如生命、精神、自由、幸福、人格等最美好东西的丧失是“教学技术化”使然吗？把教学中出现的种种问题归结于技术的应用，那实在是打错了板子，找错了根源。

三、对“教学技术化”批判的回应

对任何事物的过度应用都保持警惕、怀疑是有必要的，然而，把一些并不存在的现象作为批判的靶子，只会带来认识上的混乱，带来观念上的模糊不清。教学需要手段、工具、技艺，这不是一种外在的驱使，而是教育自身的需要，教育技术的产生不是外力作用的结果，而是教育的内在需要。教学中运用了大量的技术，无论是计算机、投影仪、电子白板等物化的技术，还是各种教学方法、模式、策略等智能形态的技术，都适应了教育的某种需要，不只是形式上的，更是本质上的。为何会有对“教学技术化”的批判呢？与其说这是一种善意的担忧，还不如说这是一种对教育技术的误解，更进一步说，是对技术本质的误解。

"教学技术化"的批判者一开始就是错的,因为他们都是从"物的角度"去理解技术,把技术仅仅当作一种工具,一种实现功利化目标的手段,因而把作为"物"的技术与人对立起来,与生命对立起来。从"物"的角度去理解技术,只看到了技术的表象,而没有看到技术的本质,只有从"人"的角度去理解技术,才不会对技术产生那么多误解和错解。马克思无疑是从"人"的角度去解读技术的伟大思想家,其在《1844 年经济学哲学手稿》中明确指出:"全部人类活动迄今为止都是劳动,也就是工业","自然科学通过工业日益在实践上进入人的生活,改造人的生活……工业是自然界同人之间,因而也是自然科学同人之间的现实的历史关系",而"工业的历史和工业已经产生的对象性的存在,是一本打开了的关于人的本质力量的书,是感性地摆在我们面前的人的心理学……"

事实上,作为人的本质力量对象化的产物,技术不仅展示了人与自然的能动关系,也展示了人类社会生活关系的直接生产过程,它是人类社会生活关系形成、存在和发展的根本力量和度量尺度。在马克思看来,技术和劳动以及人的本质有着内在的一致性。技术乃是人的智慧的创造,它不过是人的本质力量的外化。马克思进一步指出:"在人类历史中(即在人类社会的形成过程中)生成的自然界,是人的现实的自然界。因此,通过工业——尽管以异化的形式——形成的自然界,是真正的、人本学的自然界。"教育显然不是物质生产,但教育与教育技术的关系却类似于自然界与工业的关系。真正的、人本学的教育也离不开教育技术的应用,因为教育技术是人的自我实现的手段,是人的本质力量在教育活动中的展开和确证。

"教学技术化"的批判者恰恰没有从人的本质的角度来正确理解教育技术,仅仅从物的表象来理解教育技术。对教育技术的这种误解,导致了对教育技术错误的批判。我们应该对教育技术有一种客观的、全面的认识。

(一)从关系的角度来认识教育技术

教育技术的本质不能仅仅从教育技术自身去寻找,因为不可能存在一个孤立的、与人的世界相分离的教育技术。有研究者指出:"教育技术哲学的基本问题不是教育技术而是人与教育技术的关系问题,也就是把主体同教育技术的'关系'作为对象进行'反思''审视''思辨'。"也有人认为:"教育技术哲学的本体论所要探讨的是教育与教育技术的关系问题,在二者关系的分析基础上可以得出教育技术产生的必然性及发展的一些规律性,看出教育技术的本质。"这种看法无疑是正确的。从教育技术与人的关系、教育技术与教育的关系及教育技术与技术的关系来探究教育技术的本质,进而把握教育技术发展的基本规律,是研究教育技术本体问题的基本视角。其实,也只有在这些复杂的关系中才能看清教育技术的复杂本质。

(二)从实践的角度来认识教育技术

马克思在《关于费尔巴哈的提纲》的第一条开宗明义地指出:"从前的一切唯物主义——包括费尔巴哈的唯物主义——的主要缺点是对对象、现实、感性,只是从客体的或者直观的形式去理解,而不是把它们当作人的感性活动,当作实践去理解,不是从主体方面去理解。"这就涉及认识论问题。实践的观点是马克思哲学首要的观点,是马克思哲学超越旧哲学的独特魅力所在。在认识论上,我们也要坚持把实践的观点作为教育技术本体论研究的首要观点。在以往的关于教育技术本质的研究中,要么脱离丰富的教育技术实践去讨论教育技术的定义和范畴,要么进行纯粹概念式的学术论争。我们要抛弃这种认识方式,从教育技术的实践活动出发来理解教育技术的本质,并把教育技术作为人的一种主体性活动去理解。

（三）从生成论的角度认识教育技术

传统的本体论认为，本体就是终极的存在、初始的存在。这种本体成了一种预设的、固有的、永恒不变的原点，整个哲学内容和理论体系就是由此展开而来的。然而，教育技术的本质是固有的、预设的、永恒不变的吗？整个教育技术理论体系是由这个不变的、固有的本体演绎出来的吗？马克思说：“整个所谓世界历史不外是人通过人的劳动而诞生的过程，是自然界对人来说的生成过程。”整个教育技术的世界和历史是在人的实践活动中生成的，也随着人的超越本性而不断超越着、变化着。所以，虽然我们需要寻找教育技术的本质，但是要反对给教育技术找一个绝对抽象的、静止不变的、唯一的本质。教育技术的本质存在于教育技术的历史之中，存在于教育技术的发展过程之中。

（四）从人的角度来认识教育技术

我国哲学家高清海先生认为：“‘人是哲学的奥秘’，只有抓住人，从对人、人的本性、人的历史发展的理解中，才能揭开、解开哲学理论中的一切秘密。”具有国际性影响的技术哲学家芒福德(Lewis Mumford)也指出：“如果我们不能深入洞察人的本质，就不可能理解技术在人类发展中所发挥的作用。”因此，我们不可能站在人的世界之外来看待教育技术和研究教育技术的本体问题。一方面，教育技术的价值指向就是人的发展，具体来说，就是学生的发展，教育技术是为学生的发展而存在的；另一方面，教育技术是人的本质力量的充分体现，凝聚了人的超越本性和创造本性。不从人的角度去理解，或不能正确地理解人，我们就不可能揭开、解开教育技术哲学理论中的一切秘密，也不可能深入洞察教育技术在人类发展中所发挥的作用。

（五）从美的角度来认识教育技术

人们往往因为过分关注教育技术的应用价值，而忽略了教育技术的美学价值。在技术哲学领域，已经有很多学者在关注着技术的美学问题。其实，这不令人奇怪，因为“人也按照美的规律来构造”。审美是人的天性，是人之所以为人的标志。教育技术一方面作为人的创造物；另一方面也是教育使人作为人而成为人的实现工具，难道不也应该是按照美的规律来构造的吗？教育技术哲学作为教育技术实践的形上关怀，肯定要探讨教育技术的美学价值，从而揭示出教育技术中的“美的规律”。虽说教育技术的过度应用会导致教师教学活动、学生学习活动的异化，但是至少在中国，还没有什么证据能表明教学过度应用了教育技术。也就是说，教学并不存在技术化倾向。从实际的情况来看，教育技术在教育中的应用还远远不够，特别是对于偏远农村地区来说，充其量也就是处于初级阶段，即硬件建设阶段，离教育技术与课程的深入融合相关甚远，远没有走到“最后一公里”，教育技术的实践力量还没有在教师的手中充分发挥出来。对此，我们有什么理由去责怪技术呢？教育技术的有效应用不仅与教育技术本身的性能有关，更与使用教育技术的教师和学生的能力有关。我们自身驾驭教育技术的能力还不成熟，甚至还不具备驾驭教育技术的能力的时候，最好不要去批判教育技术。教育技术不是强加在教育身上的一件外衣，它是实现教育目的的手段，无论是功利性的目的，还是生命体的内在目的，教育技术都是不可或缺的。也可以说，教育技术就是教育的固有活动，课堂教学中所使用的各种工具，构成了教师和学生得以构建其丰富生命世界的技术。

教育技术在教育中的应用有正面的影响，也肯定会有负面的作用。有不少教师因为教育技术的负面功效而排斥教育技术，甚至反对在教育中使用教育技术，他们认为教育技术的应用引起了教育和人的异化。但我们需要思考，技术在教育中的负面效应是由于技术本身引起的，还是教师的不当设计与操作造成的呢？是可以通过适当的改进弥补呢，还是无法逾越的鸿沟呢？教育信息化的普及给教育带来勃勃生机，让作为有生命的人有了更多的自由选择，让教师有了一个新的广阔的发挥空间。

有的教师就对此深有体会："作为教师，只有专业化成长了，才会拥有幸福的职业生涯，信息化的建设和应用不仅为我们提供了加快发展的广阔平台，更为我们带来了全新的教育理念。"

有的校长也道出了教育技术应用的真谛："按标准配齐的'班班通'已全部投入使用，课堂教学的效率、容量和信息量空前提高，教师的角色从知识的传授者向知识的引导者转变，学生由被动学习到主动学习的转变，深受师生的欢迎。"我们相信，这绝对不是个例。

第七章

计算机应用技术环境下教育信息资源建设

第一节　计算机应用技术教育信息资源的类型

一、什么是教育信息资源

教育信息资源是教育领域中被开发和利用的信息资源。正如在介绍信息资源的概念中所强调的那样，信息资源如果被狭义地理解为信息，则具有纷繁复杂，无法反映资源的使用价值这一本质特征。因此，应将信息及保障信息能在具体社会活动中被充分利用和创造社会价值的相关信息活动因素和机制均纳入信息资源的范畴。这无疑对指导人们开发和利用教育信息具有积极的现实意义。因此，我们提倡以广义的视角来理解教育信息资源。教育信息要实现其发展功能必须依靠一个有效的机制，这个机制就是以教育信息为核心的、包含教育信息发挥其发展功能的密切相关要素共同构成的一个有机体系。因此，作为一个有机体系，教育信息资源由以下要素构成。

（一）核心要素

教育信息是教育信息资源中的核心要素。前面提到，教育信息包括教育内容信息和教育本体信息两大基本类型。这些类型的信息都是教育系统发挥其基本功能——促进个体发展进而促进社会发展的直接决定因素。因为，教育内容信息塑造未来公民，是决定个体发展方向的最直接因素。教育本体信息又包括教育系统状态、规律信息和调控信息，均是保障教育系统朝着既定目标有序运行、最终实现教育系统发展功能的必要条件。如果没有教育本体信息，教育主体（包括教育者和受教育者）、教育内容和教育物资（其中包括教育媒体）等系统要素将无法形成合理的关系，人们就无法在教育实践活动中达成预期的目标，教育系统的输出——受教育者的身心塑造就无法满足社会发展对未来公民的各项要求，教育也就无法促进社会健康、可持续地发展。

（二）保障条件要素

要实现教育信息的发展功能，必须具有相关素质的人力资源等因素的保障，这些相关的保障条件要素具体如下。

1.教育信息化人力资源

在信息化教育中，人的因素是首要的因素，没有具备一定信息素养，拥有适应教育信息化要求的教与学的观念、方法和技能的教师和学生，教育信息资源体系中的其他要素就无法被运用到教育过程中，教育信息资源的核心要素——教育信息也就无从发挥其教育价值。

我国学者杨晓宏指出："为了实现教育信息化，需要培养大量掌握信息技术基础知识，具备信息技术应用能力的教育信息化人才……"

教育信息化人才有两层含义：

一是通识型教育信息化人才，这是对在教育领域从事教育、教学、管理及其他服务的各类人员而言的，是对该领域全体人员信息技术知识、能力和素质的共同要求。

二是专业型教育信息化人才，主要是指专门从事教育信息物态化技术和智能形态技术的研究与开发、教育信息化建设、教育信息化应用和维护的专门人才。

一般来说，对通识型教育信息化人才的要求是应具备基本的获取、分析和加工信息的能力，而对专业型教育信息化人才的要求更高，分工更细，可以是高级软件人才、网络工程师或微电子技术专业人才等。

2.教育信息技术、设备和设施

教育信息技术、设备和设施是指当前开展信息化教育的各种信息技术平台所涉及的技术、设备和设施，不仅包括各种数字化、网络化技术和设备，还包括各种基于模拟技术和光学技术的设备，如幻灯机、投影机、电影、VHS录像机等；不仅包括单机设备，还包括各种系统和平台，如多媒体课室、校园网、校园双向闭路电视网、数字图书馆等。

3.教育信息管理机制

早在30多年前，美国学者奈斯比特(John Naisbitt)在《大趋势——改变我们生活的十个新方向》(美国1982年出版)中就曾预言："失去控制和组织的信息在信息社会里不再构成资源，相反它成为信息工作的敌人。"近十年来，我国教育信息化发展迅猛，目前已经开发出大量的诸如多媒体课件、网络课程等经专门设计的教育信息资源。此外，还有海量的诸如国家图书馆数字资源、互联网资源等非设计的教育信息资源。面对信息的海洋，如何保障教师和学生能高效、快捷地查找到当前教学中需要的信息，从纷繁复杂的信息中甄别出优质教育信息，是一个非常重要而紧迫的课题。这就涉及如何建立和健全适合我国教育实际情况的教育信息管理机制问题，即如何形成一个将教育信息组织成有序而优化的信息系统所涉及的相关立法、政策、标准、技术和方法等体系。

二、教育信息资源的基本类型

从上述讨论表明，广义的教育信息应包括"用于教育的信息"和"关于教育的信息"两大基本类型。

(一)作为教育内容的教育信息

第一大类教育信息是"用于教育的信息"，即作为教育内容，也就是作为待传承内容的社会文化信息。我们可称之为教育内容信息或教学内容信息。

《中国大百科全书·教育》中对"教学内容"的解释："学校给学生传授的知识和技能、灌输的思想和观点、培养的习惯和行为等的总和，也叫课程。"事实上，按目前的主流看法：课程就是"课业及其进程。广义指所有学科(教学科目)的总和，或指学生在教师指导下各种活动的总和；狭义指一门学科"(《中国大百科全书·教育》)。可见，教学内容只是课程的一个方面。但是，面对浩如烟海的人类社会文化知识，早在战国时期庄子就发出了“吾生也有涯，而知也无涯。以有涯随无涯，殆已！”（《庄子·养生主》）这样的感叹。因此，如何从广博的人类社会文化知识中选择适当的内容作为教学内容是课程设计中无法回避的问题。教学内容的选择是教育者进行社会控制的基本手段，它反映出教育者想要将受教育者塑造成什么样的人的取向。在历史上，教学内容的选择曾有过如下3种基本取向。

1.教学内容即学科知识

课程目标主要着眼于满足学科发展的需要时，学科知识就成为课程的主要内容。历史上形形色色的要素主义教学学者（他们把传递文化要素作为教育的基本使命）、永恒主义教育学者、结构主义课程论者以及当今世界各国的教育实践都主张把学科知识作为课程的主要内容，即要从科学、技术、艺术、道德等学科知识中选取恰当的内容作为教学内容。

2.教学内容即当代社会生活经验

当课程目标主要着眼于满足当代社会生活的需求时，当代社会生活经验就成为课程的主要内容。人是具有社会性的人，教育是具有社会性的教育。因此，选择当代社会生活经验作为课程内容也就顺理成章。问题是社会生活经验是纷繁复杂、优劣并存的，选择哪些社会生活经验作为教学内容呢？这就涉及如何看待学校课程与社会生活的关系的问题。历史上曾有过被动适应论、主动适应论和超越论3种基本取向。被动适应论认为，教育只是社会生活的准备，学校课程是使学习者适应当代社会生活的工具。因此，主张把当代社会生活经验作为主要教学内容。但这种取向忽略了教育功能的滞后性，把当前成人生活的经验作为十几年后才担负成人角色的儿童的课程内容，而且把成人生活等同于社会生活，忽视了儿童与成人的差异，无视儿童的生活权利。

主动适应论认为，个人与社会是互动的、有机统一的，教育与社会是互动的、有机统一的，学习课程不仅适应社会生活，而且还不断改造社会生活。因此，主张学校课程应该是经验课程，而经验课程的基本形态是主动作业。主动作业就是把社会生活中的典型职业（如烹调、缝纫、木工、金工、纺织等）加以提炼概括，使之成为学生在学校中从事的活动。学生在从事主动作业的过程中，在与教师和其他学生进行互动合作的过程中，会不断产生社会情感、社会态度和社会价值观。

超越论认为，教育是教育者与受教育者这两类主体通过交往而形成的学习共同体。教育是社会的一种群体主体，它和社会其他群体主体（如政治、经济、文化等）之间的关系是主体与主体之间的关系——“交互主体的关系(Intersubjective Relations)”，而不是客体与主体之间的关系——工具与工具的使用者之间的关系。教育当然要承担对社会的责任和义务，但这是主体的责任和义务，是与主体的权利整合为一体的责任和义务，而不是仰人鼻息、亦步亦趋地被动适应社会。既然教育是社会的一种主体，那么学校课程就不是对社会生活经验的工具，学校课程不是被动地传递某些流行的社会生活经验的工具，学校课程是社会生活经验。儿童在生活，教师也在生活，儿童与教师的交往是整个社会生活经验的有机构成。学校课程有权利也有义务在时代精神的建构中贡献自己的力量。当教育及课程的主体地位真正确立起来之后，学校课程与其他社会生活的关系就是一种对话、交往、超越的关系。学校课程主动选择社会生活经验，并不断批判与超越社会生活经验，而且还不断建构新的社会生活经验。

3.教学内容即学习者的经验

当课程目标主要着眼于满足学习者的需要时，学习者的经验就成为课程的主要内容。历史上，凡提倡经验课程的课程理论流派，如卢梭的浪漫主义经验课程论、杜威的经验自然主义经验课程论、当代人本主义经验课程论等，大都把学习者的经验置于课程内容的核心或重要地位。其共同观念如下：学习者是主体，教学内容的选择必须真正尊重学习者的个性差异；学习者是课程的开发者，不是接受别人提供的现成课程，而是根据自己的需要和目标，与教师和其他学习者一道开发自己的课程；学习者并非仅仅是文化知识的接受者，同时也是知识与文化的创造者；学习者创造着社会生活经验。总之，学习者是课程的主体和开发者，学习者在与同伴交往中所形成的社会经验是教学内容的基本构成。

(二)作为关于教育现象本身的教育信息

第二大类教育信息是“关于教育的信息”，即关于教育现象及其本质规律性的信息，因此，可称之为教育本体信息。教育本体信息既是教育这种社会现象的客观征象——本体论意义上的教育本体信息，也是教育现象在人们意识中反映的主观表征——认识论意义上的教育本体信息。因此，我们可按内容的不同，将这类教育信息分为教育系统状态信息、规律信息和调控信息三大类。

1.教育状态信息

所谓教育状态信息，就是教育系统中的主体——教育者和受教育者所把握的关于教育系统各要素性质、系统结构、系统状态等方面的信息。状态信息主要表现为教育主体理性把握的教育事实。这里所说的教育事实，是指通过统计调查、教育实验等严谨的科学认识方法获得的对各级教育系统的要素，在某种特定时空条件下所展开的教与学活动过程中的相互关系和行为状态，进行客观描述。例如，全国教育信息资源库的数目、学习者课前掌握准备知识的状况……当然，状态信息也表现为教育主体的感性体验，即教育者和受教育者在教育实践中通过观察、体验获得的关于教育系统结构和过程状态的直观、感性的认识。例如，教师在课堂观察到的学生的课堂反应，学生在学习过程中所体验到或所意识到的自己听讲是否集中精神等。

2.教育规律信息

所谓教育规律信息，就是教育系统中的主体——教育者和受教育者所把握的关于教育系统在特定社会环境条件下的共同性质和发展变化的规律。规律信息包括观念和理论两种基本形式。教育观念是指教育主体意识中关于教育现象中的事物、现象及其规律性的看法，是通过教育主体的行为表现和折射出来的关于教育问题的思想观念和精神追求，如价值观、人才观、质量观、知识观等；教育理论是系统化的教育观念体系，是人们通过哲学思辨和科学研究方法获得的关于教育现象及其规律性的理性认识。在这里，教育观念信息强调的是教育主体的个体意识中的教育理想、观念、理念、理论等，是指导教育主体行为的思想意识；教育理论信息强调的是作为社会意识的那部分教育理想、观念、理念、理论等，通常以客观化信息形式（即本书形式）存在，它只有内化为教育主体的教育观念时才能发挥作用。

3.教育调控信息

所谓教育调控信息，就是为了让教育系统中的主体——教育者和受教育者为实现特定的教育目的而自觉制定的规范系统各要素行为的各类调节、控制信息，如教育政策、教育法规、教学规程、课堂纪律、课堂教学管理等。教育调控信息对教育活动主体——教育者和学习者的行为进行规范和调控，以有效地实现教育系统的目标。当然，上述教育信息分类只是从逻辑上进行划分的。在实际中，人们习惯使用“教育管理信息”“教育科研信息”等。前者既包含部分状态信息，也包含部分调控信息；而后者既包含规律信息，也包含状态信息。

另外，教育本体信息中的状态信息、规律信息和调控信息三者是密切相关的。状态信息和规律信息被主体——教育者和受教育者所掌握，在此基础上形成指导、规范、调节、控制主体教育行为的调控信息。

第二节　计算机应用技术教育信息资源的建设方式

根据教育信息资源的广义理解，教育信息资源的建设方式当然也应广义理解。因此，教育信息资源的建设方式主要包括以下几个方面的内容。

一、教育信息本体资源的开发

这是教育信息资源开发的核心内容，主要包括教育内容信息的设计与制作，教育本体信息的获取，教育信息(包括教育内容信息和教育本体信息)的整序、组织、存储、检索、重组、转化、传播、评价、运用等方面。通过这些环节不仅可增加教育信息资源的数量和类型，更重要的是可提升教育信息资源的质量、完善教育信息服务、方便教育信息资源的利用，从而挖掘教育信息资源的潜在价值和显在价值。

二、教育信息技术、设备和设施资源的开发

信息技术和设备的普遍应用，具有电子化、网络化、智能化、集成化等特征的信息化设施和环境，是支撑着我国信息化教育的重要物质基础。当前，信息化教育基础设施主要由设备和教室、机房等组成，设备包括计算机、网络设备、卫星地面接收机、有线电视、DVD 播放机等。

经过近十年的建设，我国教育信息基础设施建设取得了极大的成就。截至 2015 年底，逾 90%的高校、约 6%的中小学(38 000 多所)、约 35%的中职学校(近 6 000 所)基本建成校园网。全国农村地区的 6 万多个小学教学点装备了光盘播放系统，16 万多所小学装备了卫星教学收视系统，3 万多所初中装备了多媒体计算机教室。另外，农村中小学现代远程教育工程配备教学光盘设备 291 631 套、卫星教学收视系统 167 113 套、计算机教室和多媒体设备 25 389 套、覆盖农村小学教学点 67 258 个、农村小学 168 793 所、农村初中 30 239 所，包括贵州、新疆、新疆生产建设兵团、西藏、青海和吉林延边、湖南湘西、湖北恩施地区，以及中西部其他省区的部分地区。(参见《中国信息化发展报告 2016》)

我国第一个下一代互联网(CNGI－CERNET2)主干网建成开通并试运行，接入了近 70 所高校。中国教育科研网格(China Grid)取得重大进展，聚合计算能力超过每秒 15 万亿次，存储能力达到 150TB，发布了世界领先水平的网格中间件系统(CGSP)，应用日益广泛和深入。

网络教育稳步发展，已成为我国高等教育和终生学习体系的重要组成部分。截至 2015 年底，网络高等教育累计注册 420 多万人。从 2003 年开始网络教育规模年增长近 100 万人，占当年全国高等教育招生总数的 15%以上。设置了 153 种网络教育专业，覆盖十大学科门类，涵盖高中起点专科、高中起点本科、专科升本科、第二学士学位等学历教育及各种非学历教育。67 所普通高校设置了 3 000 多个校外学习中心，中央电大现代远程教育公共服务体系 800 个校外学习中心为 20 多所试点高校开展支持服务，共有 2 800 多个教学中心(站)参与试点工作。在远程职业教育领域，已建成国家级现代远程职业教育试点学校 4 所，其省级分校为 130 所，地(市)级

分校为 668 所，县级分校（站点）为 5 291 个。已审核批准了 10 多家企业开展基于互联网的非学历职业教育和培训，涉及会计、IT、企业管理等专业领域。（参见《中国信息化发展报告 2016》）

三、教育信息化人类资源的开发

在任何事业中，人才都是至关重要的因素。在信息化教育中，没有具备相当信息素养水平的教师和学生队伍，再丰富、再优质的教育信息资源也无法被运用到日常教学中，教育信息资源也就无法发挥其作用。

因此，在我国的实践中，有 3 个层次的人力资源对教育信息化至关重要。

一是在日常教学活动中运用信息技术产品进行教与学活动的学科教师和学生。

二是在教育信息资源设计、开发、维护和管理中扮演技术专家角色的教育信息化专业技术人员。

三是引领教育信息化发展的管理者。

我国教育主管部门非常重视教育信息化人力资源的开发，早在 20 多年前就规定各级师范院校将现代教育技术作为师范技能教育的必修内容，2014 年底教育部更是正式颁布了《中小学教师教育技术能力标准》。信息技术教育课程也在近十年来陆续在全国城乡中小学普遍开设，该课程的目标旨在培养中小学学生的信息技术能力。但是尽管如此，实际工作中还有许多不尽如人意的地方。例如，2014 年中小学计算机覆盖率已达 36%，但却只有 16%的教师接受过信息技术培训；地区之间差距较大，2011 年上海地区学生人数和计算机数量的比例为 16.7∶1，而云南地区的比例则达 186∶1。中央政府已制定了到 2020 年要实现 90%的中小学校接入互联网的目标，并且每个学校都要提供至少一门信息技术课程。

另外，农村中小学现代远程教育工程建立了由教育专家、信息技术专家、工程技术人员和一线教师组成的培训队伍，采取了集中培训与送培下乡相结合、培训骨干教师与全员培训相结合的方式，把培训送到县、乡、项目学校，先后对 5000 多名一线教师进行了信息技术教育应用培训。

第三节 计算机应用技术教育信息资源共建机制

建立优质教育信息资源的开发、遴选、集成、整合与共享保障机制，提高资源开发质量与共享服务水平，是有效地推进我国信息化教育必不可少的因素。经过十多年的建设，我国教育信息资源共享服务体系已初步形成。据《中国信息化发展报告 2016》的数据统计："大学数字博物馆建设工程"已建成 18 家大学数字博物馆，并在网上公开发布，初步形成高效的共享机制和统一的共享平台，数字化藏品资源总量超过 10 万件，对高校教学、科研和社会科普起到了很好的支持服务作用。"中国高等教育文献保障体系"是"211 工程"的公共服务体系之一，参加项目建设和获取服务的成员馆已超过 500 家，联合目录数据库数据总量达到 180 万条，馆藏总量近 700 万条。"中国高校人文社会科学文献资源保障体系"集中收录了 2 796 种外文期刊和 37 万种外文图书；"高校人文社会科学外文期刊目次数据库"建成并投入使用，包含 112 万条目次数据。"中国高校人文社会科学文献中心（CASHL）"面向全国高校开展文献传递服务，高校成员馆的读者可通过 CASHL 主页检索文献和提交文献传递请求，注册用户近 4 000 个，成员馆超过百家。"高等学校仪器设备和优质资源共享系统"进展顺利，2015 年全国运行维护中心和上海、武汉两个区域资源共享中心硬件建设基本完成；56 所高校的 561 台仪器设备基本信息已经上网，实现了设备网上申请评审、浏览查看、设备预约、作业调度、计费管理、评估考核、统计分析等功能；4 个高校分析测试中心实现网络化试运行，计量认证样品和测试数据实现网上传递，测试结果可在线查询。实验教学示范中心网站建设已完成，支持国家级实验教学示范中心的网上申报和网上评审，其他学校可以共享借鉴这些实验教学中心的信息资源。

第四节　计算机应用技术教育信息资源价值评价模型

一、波普尔的三个世界模型

著名科学哲学家波普尔（Karl Popper）和著名神经生物学家、诺贝尔奖得主埃克尔斯（J.C. Eccles）的三个世界划分对我们理解人类实践中信息运动的概况有着重要的启示作用。前面提到，波普尔和埃克尔斯将宇宙现象划分为世界 1（物理世界）、世界 2（精神世界）和世界 3（文化世界，波普尔等原用“客观知识世界”这一名称）三个世界。从信息运动的角度看，这三个世界的关系正好反映了人类实践中信息运动的特点和总体规律。我们知道，波普尔和埃克尔斯将世界 1 称为物理世界，其中“物理”等同于辩证唯物主义中与意识相对的“物质”——“不依赖于意识而又能为人的意识所反映的客观实在”（《中国大百科全书 · 哲学》“物质”条目），是对自然界、社会中不同的物质形态都具有客观实在性这一共性所做的最高概括。具体而言，就是指物理对象和自然状态，包括无机界的宇宙物质和能量，生物界的所有生命体的结构和活动（包括人脑），人造物品，如人类创造性、工具、机器、书本、艺术作品和音乐物质基础等（约翰 · C · 埃克尔斯《脑的进化——自我意识的创生》）。

世界 2 则是“意识”的主观世界——观念世界或精神世界，是指“与物质既相对立又相对统一的精神现象”（《中国大百科全书 · 哲学》“意识”条目）。具体而言，就是个体意识和社会意识。意识表现为个体意识和社会意识。

个体意识是指个人对外部现实的反映过程和意识活动，是个人对外部现实的观念的关系。社会意识是指整个社会或一定社会集团的精神生活过程和观念的关系，它具有复杂的结构和不同的水平，包括不同的形式。政治、法律、道德、宗教、艺术、哲学等观点和科学理论，以及不同阶级、不同社会集团、不同民族的心理和精神生活习俗、传统等，都是社会意识的组成部分。（参见《中国大百科全书 · 哲学》“意识”条目）。个体意识无疑就是存在于每个个体头脑中的观念，社会意识就让人感到有点“玄”，不知道它居于何所。其实，社会意识并不神秘，它就存在于每个个体头脑中的观念世界里。由于观念世界源于实践，而实践并不是单独个体的实践，任何实践都具有社会性。因此，每个个体的观念世界中就自然包括两部分内容：一部分是由个体的个性及其实践活动的特殊性所决定的个体意识；另一部分则是由个体作为人的共性及其实践活动的社会性所决定的社会意识（一定社会中每个个体所共有的）。也就是说，“社会意识不是脱离个体意识或与个体意识绝对对立的抽象的东西。社会意识通过个体意识发展，个体意识客观化的成果通过社会交往的中介而转变成为社会意识的内容”（《中国大百科全书 · 哲学》“意识”条目）。换言之，某人个体意识中的一部分信息被客观化（物化或外化）为论文、书籍、艺术品、web 站点、多媒体信息服务系统、虚拟现实系统等有形的文化产品，或口头言语、行为举止、动作技能等无形的文化产品，并通过社会交往——作为人们之间信息交流的传播是交往的主要构成方面，被其他社会成员所接受并成为其个体意识的一部分，从而形成社会意识。可见，世界 2 是由人类社会的每个具体个体中的观念世界构成的，是每个具体个体的观念世界或精神世界的全集。在每个具体个体的观念世界（个体意识）中，既有属于其个人所特有的内容，也有与其他社会成员相同的内容，后者的全集构成了社会意识（对全部社会精神生活成果的总概括）。

世界 3 是客观化的世界 2，虽然波普尔和埃克尔斯曾具体罗列了世界 3 的内容，即"客观意义上的知识（包括哲学、神学、科学、历史、文学、艺术、技术等记录在案的文化遗产）和理论系统（包括科学问题和批判辩论）"（约翰·C·埃克尔斯《脑的进化——自我意识的创生》），但又明确指出"世界 3 包括了人类文明的每一个方面"，是"文化世界"（约翰·C·埃克尔斯《脑的进化——自我意识的创生》）。我们知道，"文化"是指"人类在社会实践过程中所获得的能力和创造的成果"（《中国大百科全书·哲学》"文化"条目），也就是说，文化包括人类物质生产和精神生产的能力（包括知识和技能）、物质的和精神的全部产品，在这里需要重点阐述以下 3 点。

（一）世界 3 的"物质产品"和世界 1 的"人造物品"的关系问题

如果从上述"文化"的定义看，世界 3 与世界 1 似乎是有重叠的，因为世界 3 中的"物质产品"似乎就是上面提到的世界 1 的具体内容中的"人造物品"。但实际上，两者是各有侧重点的。例如，都江堰被联合国教科文组织列为"世界文化和自然遗产"，这涉及两个概念，即都江堰作为客观存在的堤坝，虽然是人为构筑的，但其本身应属于世界 1 的范畴。如果将其作为发挥水利功能，其中蕴含着丰富的系统工程思想的水利系统，都江堰就是文化产品，就属于世界 3。同样，长城如果作为那堆土砖看，它是世界 1 的成员；如果作为中华民族文化精神的载体看，它就属于世界 3。

（二）有形文化产品和无形文化产品的关系问题

从文化的定义可知，世界 3 不仅包括有形的物质或精神的产品，还包括这些产品背后的能力——人类制造这些产品所掌握的知识和技能。这些创制产品所需要的知识和技能就是无形的文化产品。此外，无形的文化产品还包括人类社会的生活方式、口头传统、表演艺术、社会实践、仪式礼仪、节日庆典、民间知识、手工技艺等。这里借助世界文化遗产保护中的一些概念，可为我们进一步厘清这些概念间的模糊界限。我们知道，在世界文化遗产保护中，有"物质文化遗产（Physical Cultural Heritage）"和"无形文化遗产（Intangible Cultural Heritage，原为非物质文化遗产（Nonphysical Cultural Heritage））"之分。

例如，长城是被联合国教科文组织列入保护名单的物质文化遗产，古琴艺术则是被列入保护名单的无形文化遗产。这里，"古琴"是有形的文化产品，而"古琴艺术"——生产制造古琴的工艺、演奏的知识、技能等就属于无形文化遗产。联合国教科文组织的 *Convention for the Safeguarding of the Intangible Cultural Heritage*（《保护非物质文化遗产公约》）明确规定："The 'Intangible Cultural Heritage' means the practices, representations, expressions, knowledge, skills as well as the instruments, objects, artefacts and cultural spaces associated therewith—that communities, groups and, in some cases, individuals recognize as part of their cultural heritage."译为"'非物质文化遗产'，指被各社区、群体，有时是个人，视为其文化遗产组成部分的各种社会实践、观念表述、表现形式、知识、技能以及相关的工具、实物、手工艺品和文化场所。"可见，无形文化产品侧重于人及其所属的社团在各项社会实践、社会生活中以人的行为为载体的文化成果。例如，口头历史（如《荷马史诗》）是典型的无形物化产品，而史籍（如《史记》）则是典型的有形文化产品。

(三)世界2与世界3的联系和区别

世界3所携带的信息源于世界2,但这些源于世界2的信息必须通过“客观化”才能转换为世界2。

“客观化”的途径有两个:一是“物化”,通过建筑物等实体来体现世界2的观念和精神,这类文化产品就是上面提到的有形文化产品(即物质文化产品或文物);二是“外化”,通过言语、行为动作等来表达或表现世界2的观念和精神,这类文化产品属于上面提到的无形文化产品。

在一些具体表现形式上如何区分世界2和世界3,埃克尔斯本人也存在模糊和谬误。例如,他在《脑的进化——自我意识的创生》中把口头历史看作存储在人们记忆里的,“起初,涉及文学和历史的世界3存储在人们的记忆里。

例如,苏美尔人在5000年前发明文字以前吟游诗人的吟诵(约翰·C·埃克尔斯《脑的进化——自我意识的创生》,P238)。而在1973年出版的《理解大脑》(*Understanding of the Brain*)(英文版)第215页的脑内部神经系统信息处理模式示意图,明确将大脑内部记忆存储(Memory Stores)部分标为世界3的一部分——WORLD3b。显然,埃克尔斯认为人头脑内部的信息也是世界3的一种具体形式。这是错误的,当“文学和历史”信息还在吟游诗人的头脑里时,它们不属于世界3,只有当这些信息被“吟诵(外化)”出来时,它们才构成世界3的一部分。

需要指出的是,从信息的角度看,世界3本质上是世界2的,正如埃克尔斯指出的,“重要的是要认识到,尽管世界3是编码记录在诸如纸墨等物质基础上,但其本身是非物质性的,其本质上是艺术家、思想家、说书人以及随后的哲学家和科学家的创造性思维的总和”(约翰C·埃克尔斯《脑的进化——自我意识的创生》,P238)。可见,世界3的物质外壳是次要的,世界2的内容信息才是其实质。但正是由于其“客观化”使得个体世界2得以摆脱“人”这种载体的局限性,不仅使得范围更广的人们能够分享某个个体世界2的信息,而且更重要的,是使得不同历史时期的人们也能分享某个个体世界2的信息,这就人类文化,及个人智慧以越来越快的速度进化提供了可能。

二、波普尔三个世界的关系

从信息运动的角度看,波普尔三个世界的关系如下:世界1是客观实在的,其中包含作为其本身的客观征象的本体论信息,本体论信息中的一部分被实践中的主体所接收,而开始了主体对客体的反映,最终在主体观念(世界2)中形成关于世界1的图景。另外,主体又会根据这个图景进行目的性的实践,从而改造世界1。此外,主体观念世界(世界2)的内容信息通过生产和交往等符号活动“客观化”为文化世界(世界3);而主体又通过学习和交往等符号活动将世界3内化为其世界2中的社会意识,从而“社会化”。下面对三个世界间的信息运动规律进行详细探讨。

(一)世界2与世界1之间的信息运动规律

辩证唯物主义认为,实践是“人们能动地改造和探索现实世界的一切社会的客观物质活动”(《中国大百科全书·哲学》“实践”条目),也就是说,实践包含认识和改造(改造也习惯称为实践)两个辩证统一的方面,是二者的动态统一的过程。唯物主义认识论中,采用反映这一术语来概括作为认识主体的人与认识客体的关系。主体反映客体的过程和结果都称为意识。另外,实践又是主观见之于客观、意识反作用于物质的能动活动。人们为了自身生存的需要,通过实践能动地改造外部世界——包括自然和社会的世界1。这种改造主要有两种基本形式:生产和阶级斗争。

前者以改造自然使自然能更好地满足人类的生存和发展需要为目的;后者以调整和改革人与人之间的社会关系,以便人们能更有效地从事生产活动为目的。

从信息运动的角度看,反映是一个在世界1中客观存在的,作为世界1中的客观事物的征象的本体论信息,不断被主体内化为观念、意识(世界2中的认识论信息)的过程,这是一个世界1中的本体论信息转换为认识论信息,并以符号工具在世界2中构筑其关于世界1的图景的意义建构过程;改造过程则是一个主体观念(世界2中的认识论信息)不断外化为主体的行为动作反作用于世界1,最后以本体论信息的形式在世界1中留下人类印记的过程。反映和改造所对应的信息内化和外化是紧密联系的,一方面,内部的心理活动是以外部的实践活动为基础的,离开了外部的实践活动,就不可能形成任何内部的心理活动,通过外化又不断地检验和校正内化的结果。另一方面,外部的实践活动又总是受内部心理活动的调节,内化使人的外部行为具有目的性、计划性和预见性。外化是以内化为前提的,随着个体的心理发展,外化不断地为内化所充实。

内化的概念最早是由以涂尔干(又常译为迪尔凯姆)为代表的法国社会学派提出来的,其含义较为狭窄,仅指社会意识向个体意识的转化。皮亚杰强调内化在"运算"形成中的作用,他认为运算就是动作的内化,把内化看作思维发展的自然结果,没有说明非心理现象如何转化为心理现象。苏联心理学家维果茨基提出新的内化概念,他认为人的一切高级心理功能最初都是作为外部交往的社会形式表现出来的,只是到了后来,由于内化才变成心理过程。可见,内化是一个外部实践活动转化为内部意识的过程。内化的结果是,主体借助符号在其世界2中形成关于世界1的图景。例如,通过以牛顿力学及其一系列基本假设为基础解释一切自然现象的理论体系,从宏观层次形成关于世界1的力学图景;通过以电磁理论统一地解释一切自然现象的理论体系,从宏观层次形成关于世界1的电磁图景。

外化与内化相反,是指内部意识动作向外部实际行为动作的转化。外化的含义很广,言语反应、行为表现、计划或方案的实现、产品的制成等都是外化的结果。因此,外化是个人所积累的知识经验的客观化。

(二)世界2与世界3之间的信息运动规律

我们知道,人是符号的动物。德国哲学家恩斯特·卡西尔(Ernst Cassirer)在分析人的本性及其在宇宙中的地位问题时,指出无论把人看作政治动物、理性动物,还是制作工具的动物,都只是从人的实践活动的结果或特性去研究人,把人性看成静态的本质。而人认识世界和改造世界,尤其是在实践中创造文化的过程是一个动态过程。因此,应从人创造文化这一功能过程出发认识人的本质。从功能的角度看,人的结构(卡西尔用了"功能圈"这一术语)不仅包括动物适应环境所必需的感受系统和反应系统,而且还包括符号系统,后者是其他动物所没有的。(注:巴甫洛夫学说则从科学的角度证明,人确实存在两个信号系统。)符号系统使人从动物的物理世界进入一个更为宽广的新世界,即文化世界。动物对外界刺激的反应是直接而迅速的,但人却要通过符号化的过程,不但延缓了对外界的反应,而且还改变了外界刺激的作用。符号给予外界刺激以普遍的指称意义,给予直接的感性对象以多方面的联系和抽象的结构形式。经过符号处理的感受对象不再是物理世界,而是符号化的世界。换言之,人类并非直接面对自在自然,而是生活在自己创造的物质世界之中,正如卡西尔指出的,"人不再能直接地面对实在……人的符号活动能力进展多少,物理实在似乎也就相应地退却多少。在某种意义上说,人是在不断地与自身打交道,而不是在应对事物本身"(卡西尔《人论》)。但人化了的自然却不同于自在的自然,它不仅是人们生活的物质前提,而且还是人类独有的精神世界的一种十分重要的表现形式。也就是说,人化的自然是一个符号化的世界，就是波普尔的世界3。在卡西尔看来，世界3(文化世界)与世界2(人的观念世界或精神世界)是通过符号活动联系在一起的：一方面，世界2通过生产或交往中的符号活动实现观念或精神的“客观化”，或者说意义的外化，而这种外化活动的结构就构成了世界3；另一方面，世界3是人类的文化世界，个体通过学习或交往中的符号活动将客观化了的人类精神财富内化为自己的精神财富，将社会意识内化为个体意识，从而构成一个“社会化”了的世界2。

三、教育信息资源价值评价的环境模型

数字教育资源共享系统的环境主要包括政府政策支持及法律法规的保障作用，相关社会经济发展水平、文化和意识形态，计算机和网络及通信技术的创新，国内外同行的竞争等。本节介绍了对这些环境因素进行甄别以选出主要影响因素的方案，在此基础上构建了一个环境模型，并进行了分析，以供决策参考。

我们可以根据这5个主要环境因素(以下简称要素)的组合，构建一个数字教育资源共享的环境模型，用来协助政府分析形势并采取正确的宏观调控措施，帮助企业制定和调整适应不同环境的经营策略。环境模型中的每一个要素发生变化，都会使数字教育资源共享的环境发生变化，导致整个数字教育资源共享生态系统产生不平衡。我们首先假设5个要素均可以量化，且每个要素的度量范围可按从弱到强的程度分为1～5级。这5个要素组合中的任意一个发生变化，都会产生一个新的环境。这样由5个要素按变化组合，可以产生若干个环境，每个环境都有自己的特性。组合中的要素发生变化，组合就会发生变化，组合所代表的环境也相应发生变化。这种变化也会影响生存于其中的数字教育资源共享系统，使其表现出不同的特征和演变趋向，进一步影响系统中的主体，迫使其做出相应调整，以适应环境的变化。

下面对环境模型的4种特殊状态进行分析，探讨各种要素在这些环境下的特点，以及该环境下的主体适应措施。

(一)最优型环境

在最优的环境中，中央和地方各级政府大力支持，区域内、区域之间、中央和地方之间资源共享的行政机制完善，没有任何障碍；资源共享相关利益者对资源共享思想认识深刻，各种资源共享的行业组织发挥着专家团队的专业影响力，有很高的威望，社会认知程度高；在资金投入方面，由于总体经济环境稳定，中央及各级地方政府资金投入充分，资金使用科学合理，同时也吸引了众多企业和风险资金加入，资源开发、维护及共享的资金充裕且可持续；在技术环境方面，网络带宽、信息安全等互联网环境优异，教育资源开发维护所需要的技术人才、工具软件等技术资源可按需获得；在教育资源用户方面，用户需要的资源可以非常方便地获得，用户体验度高，用户自身的技术能力也能保证其高效地使用这些资源，且在很多情况下，这些用户在消费资源的同时对资源进行改造再生，从而自己也成为资源生产者。

在这种环境下，政府、资源共享者、资源消费者、平台提供商、交易商、基础设施提供商等主体围绕着资源共享这个核心价值，各取所需，进行高效的分工合作，是一个和谐而充满生机的教育资源共享大环境。当然，在该环境下，各种服务提供企业要注意加强核心竞争力的建设，作为资源共享者要随时收集消费者需求并做出迅速的反应；资源消费者也要不断提高自己的应用能力并及时主动提交自己的需求；互联网运营商、交易商、技术支持商等技术支持服务者要不断进行技术创新和服务改进，以提高服务质量和用户体验；平台提供商也应积极与资源交易双方进行沟

通交流，改进交易环境，提升交易体验感。

（二）最劣型环境

在最劣的环境中，中央和地方各级政府态度冷淡，对资源共享漠不关心，地方之间、区域之间、中央和地方之间资源共享的行政壁垒重重；资源共享相关利益者为眼前利益所蒙蔽，对于资源共享认识肤浅，资源共享的行业组织根本不存在或形同虚设，社会对资源共享的认同度接近零；在资金投入方面，资源建设开发无资金来源，已开发的资源无法保障更新和维护升级，共享更无从谈起；在技术环境方面，网络带宽、信息安全等互联网环境恶劣，根本无法保障教育资源在互联网上进行使用和交流，教育资源开发维护所需要的技术人才、工具软件等技术资源获取途径单一且价格高昂；在教育资源用户方面，用户根本不知道从哪里可以获得需要的资源，或者历经艰难获得的资源却不是自己想要的，用户体验非常差，还有一部分用户信息技术能力非常差，甚至连上网都成问题，更不用说使用教育资源了。

在这种环境下，教育资源贫乏，共享无从谈起，前景黯淡，最多只能说是数字教育资源的萌芽期或起始阶段。这种环境是我国教育信息化起步阶段的情形，在该环境下，政府要积极引导，大力加强互联网基础设施建设，鼓励企业和风投用有限的资金来投入试点，培训用户。

（三）趋优型环境

在趋优型环境中，各种环境要素在向好的方向发展。中央和地方各级政府对资源共享的态度由冷淡开始变得积极起来，开始制定政策支持地方之间、区域之间、中央和地方之间的资源共享行为，消除行政壁垒；资源共享相关利益者开始关注资源共享问题，对其重要性的认识有所加深，资源共享的行业组织开始形成，社会也日益关注资源共享问题；在资金投入方面，由于宏观经济环境变好，政府开始逐步加大资金投入，以支持数字教育资源的开发和共享，这也引起了企业和风险投资者的关注，先期进入的企业获利，将吸引更多的资金进入；在技术环境方面，网络带宽、信息安全等互联网基础环境逐步得到改善，各种法律法规也在逐步健全，教育资源开发维护所需要的技术人才、工具软件等技术资源获取途径逐渐丰富且价格也呈下降趋势；在教育资源用户方面，随着各种数字教育资源共享网站的出现，用户查找、使用教育资源的频率在增加，用户体验感逐步变好，随着互联网的普及，用户的信息技术能力逐步提高，甚至有部分用户在消费资源的同时尝试着对资源进行改造和再生。

在这种环境下，教育资源生产、交易、消费和共享环境都在发生改变，且向着有利于资源共享的方面改变。这是一个活力逐步增加且充满机会的环境。对企业来说发展潜力非常巨大，但由于环境变化太快，要时刻关注新技术、新政策等环境因素的改变。这种环境相当于我国教育信息化大发展阶段的情形，在该环境下，政府要加强重大资源共享工程建设，监控资金的使用，注意避免资源重复建设，加强区域内外资源共享的协调，消除行政壁垒，加强对教师和学生等一线用户的信息技术能力的培训等。

（四）趋劣型环境

在趋劣型环境的模型中，各种环境要素在逐步变坏。地方各级政府对资源共享的态度由积极变得冷淡或消极起来，有些区域甚至会出于自身利益考虑，开始设置行政壁垒，阻碍数字教育资源共享。资源共享相关利益者对资源共享问题的兴趣开始下降，对其重要性的认识逐渐淡薄，资源共享的行业组织由于得不到活动经费保障和会员流失而开始消亡，社会对资源共享的关注度也在下降，甚至出现大量有关资源共享的负面报道。在资金投入方面，由于宏观经济环境的改变，政府大幅减少资金投入，企业、风投也由于行业竞争的加剧，获利迅速减少，而逐步退出教育资源开发和共享。在技术环境方面，网络运营商、通信服务商、交易服务商等的服务价格越来越高，教育资源开发维护所需要的技术人才、工具软件等技术资源的获取价格呈上升趋势。在教育资源用户方面，用户对数字教育资源的消费比较成熟，要求也越来越高，随着竞争越来越激烈和成本的高企，部分数字教育资源共享网站提供服务的质量开始下降，资源消费价格不断提高，免费资源越来越少，越来越多的资源共享网站或企业由于环境恶劣而退出经营，资源消费者对资源进行改造的兴趣也在下降，对改造后的资源要求收费后才能消费。

在这种环境下，教育资源生产、交易、消费和共享环境都在发生改变，是大发展后的一种自我调节，对企业来说既有威胁也有机遇。行业内企业要加强自身核心竞争力的建设，降低成本，保存实力，争取活下来，同时也要积极探索其他盈利模式，进行差异化竞争，行业外企业要谨慎进入；在该环境下，政府对相关企业要加强监管，制定政策淘汰不合格资源共享者，避免无序竞争，加强对教师和学生等消费者的权利保护。

以上构建的环境模型，对不同的主体来说，有着不同的含义。这里从政府、企业和个人 3 个角度进行分析。

政府在数字教育资源共享生态系统中处于外部环境，通过其政策、法律法规的制定，甚至资金投入对该生态系统产生作用。对政府来说，通过该模型可以帮助其制定宏观调控政策，即政府通过模型来判断该系统处于什么状态，何时应该通过信息披露和政策法规来进行干预以及应该用多大的干预力度。对企业来说，通过该模型可以帮助其明确自己当前所处的环境，找到自己在该生态系统中的定位，从而制定相应的策略来获得竞争优势和达成企业经营目标。对个人(这里主要是指资源消费者)来说，可以在该模型的帮助下，分析当前我国数字教育信息资源评价处于什么样的发展阶段，应该采取怎样的消费策略，要不要参与及何时参与到教育资源的改造和再生活动中去。

第八章

计算机应用技术教育信息资源共建共享云服务体系结构研究

云计算作为一种计算机应用技术的运算模型，使超级计算能力通过互联网自由流通成为可能，企业与个人用户无须再投入昂贵的硬件购置成本，只需要通过互联网来购买、租赁计算力。这项新技术革新无疑会给互联网带来意义深远的影响，它是互联网基础设施架构的一项革命性变革，必然对互联网的应用和发展产生巨大的推动作用，对处于网络生态环境中的数字教育资源共享生态系统的影响也将是非常显著的。本章以云计算为例，探讨技术创新对数字教育资源共享生态系统的影响。在分析云计算的发展现状后，对云计算环境下的数字教育资源共享新特性做了分析，并结合当前的资源建设现状提出了利用混合云技术来架构一种新型的共享平台，实验证明，这种方案是可行的。

第一节 云计算环境下教育信息资源共建共享模式

连接设备、实时数据流、SOA 的采用以及 Web2.0 应用的急剧增长，推动了对云计算环境的需求。数字元器件性能的提升使 IT 环境规模大幅度增大，从而进一步加强了对由统一的云进行管理的需求。该思想是互联网基础设施架构的一次革命性变革，必然对互联网的应用和发展产生巨大的推动作用，对网络生态系统的影响也非常显著。

一、云环境下数字教育资源共享新特性

云计算是一种新兴的共享基础架构的方法，可以将巨大的系统池连接在一起以提供各种 IT 服务。它本身就是一种大共享的思想，是对互联网基础设施架构的一种革命性变革。云计算作为网络生态系统环境因子中基础设施的一种新架构模式，对包含于其中的数字教育资源共享这样一个小生态环境来说，是一种外界影响因素，但同时也是其自身的环境因子中的重要组成成分，所以说又是一种内因。这种内外环境因子的作用必然对数字教育资源共享生态系统产生干扰，从而为其带来新的特性。下面从 Deep Web 共享生态中 3 类主体因子的角度进行介绍。

（一）云计算能给资源消费者带来更好的用户体验

1.更丰富的资源，更好的兼容性

消费者在一个平台上能共享的资源数量会更多，且由于云计算平台支持的文档格式标准相对统一，消费者不用为资源格式兼容性和操作系统兼容性花过多的心思。目前，在不同操作系统之间共享数据非常麻烦，但对于云计算平台来说，重要的是数据而不是操作系统，用户可以通过

任何操作系统连接到云服务的共享文档和数据。

2.更高的效率

云计算以用户为中心,让数据和服务围绕着个人。借助云计算平台强大的计算能力,消费者可以轻松地获取所需的数据,不必再为面对大量的数据而不知所措。快捷的数据检索、智能的数据处理技术、人性化的服务,将有效地提高学生的学习效率。

3.更低的消费成本,更佳的性能体验

消费者不需要购买非常高端的计算机来运行云计算的 Web 应用程序,因为这些应用程序在云上面,而不是在本地运行,所以计算机就不需要具备传统桌面软件所要求的处理能力和存储空间。因为大部分的软件都在云上面运行,所以消费者的计算机就可以节省更多的资源,从而获得更好的性能。此外,由于云中的服务只用支持单一环境,因此运行更快。

4.即时的软件更新

消费者不用再面对陈旧的软件和高昂的升级费用,基于 Web 的应用程序都会自动更新,用户每次使用这个程序,得到的都是最新的版本。

5.随时随地消费资源

通过云计算,消费者不需要将资源随身携带,可以随时随地进行资源获取。所有的数据都在云中,只需要一台计算机和网络连接就可以获取。

(二)云计算能给资源生产者带来更好的生产环境

1.解放生产者,更多地关注质量

现在资源生产者在生产资源的同时不仅要考虑互联网基础环境的支持,还要考虑将来的运营维护。在云时代,资源提供者要做的只是将本地的教育资源上传到云计算平台,转化为云服务,而不用考虑环境支持与否和将来的运营维护,不必再花费大量的时间来管理数据,可以把更多的精力投入课程的设计和资源开发当中。

2.增强数据安全性

在计算机上,硬盘崩溃可能损坏所有有用的数据,但在云计算环境下,有全世界最先进的数据中心来帮你保存数据,有强大的技术管理团队来帮你管理提交的数据和程序。云里面一台计算机的崩溃不会影响到存储的数据,因为云会自动备份存储的数据。而且,云计算环境对数据有更严格的授权管理,以保证你的数据版权和隐私。

3.改善文档格式的兼容性

由 Web 应用程序创建的文档可以被其他任何使用该应用程序的用户读取,当所有人都使用云进行文档和应用的共享时,将不存在格式的兼容性问题。生产者也不用考虑格式的兼容问题。

4.简化团队协作

通过共享文档可以进行文档合作。对许多生产者来说,允许众多生产者非常容易地进行文档和项目的合作,这是云计算最重要的优点之一。简单的团队合作意味着可以加快大多数团体项目的进度,同时也让分布在不同地理位置的团队之间的合作变得可能。

(三)云计算能给共享服务提供者带来更强,更完善的基础环境支撑,从而大幅度提升其服务能力

1.更大的灵活性和更好的伸缩性

虚拟化是云计算的最主要特征。虚拟化技术实现了软件和硬件的分离,共享服务提供商只需要在虚拟层运行自己的软件,而不需要考虑后台硬件的实现。虚拟化还允许数据平台在服务器上迁移,当一台服务器超载时迁移到另一台服务器上,就可以解决有的服务器过载而有的服务器闲置的问题,且随时可以轻松地根据自己的需求增加或减少云存储空间、计算能力和带宽,以适应资源访问量的变化。理论上,云提供事实上无限的存储能力和计算能力。

2.降低IT基础设施投资

共享服务提供者可以通过向云迁移降低成本,通过利用云的计算和存储能力替代内部的计算资源,可以减少初期投资。对于那些需要处理高峰负载的服务提供者来说,也不再需要购买设备应付负载峰值(在平时闲置),这种需求可以通过云计算轻松处理。

3.减少维护问题

云计算能够为各种规模的组织显著地降低硬件和软件的维护成本。硬件都由云计算提供者管理,所以基本上不用再进行硬件维护,系统软件等也是同样的情况。

4.减少软件开支

由于各种成本的降低,一般基于云计算的服务收费都要比传统的软件要低,而且许多公司(如Google)都免费提供其Web应用程序。基于以上云计算下的共享优势,任何互联网用户都可以轻松地获取别人的教育资源,也可以非常方便地将自己的资源与别人分享,实现教育资源的更大开放和共享。

(四)云计算环境下的共享在体现出其独特优点的同时,也不可避免地有一些缺点

1.必须要有高速、持续的网络连接环境支持

因为用户需要通过互联网来连接应用程序和资源,假如没有网络连接,用户将什么都不能做。Web应用程序都需要大量的带宽进行下载,特别是教育资源含有大量的视频等多媒体内容,所以在低网络环境下,Web应用程序页面加载是很困难的,更遑论利用其丰富的特性了。换句话说,云计算环境下的资源共享更需要高带宽网络的支持。

2.反应慢

即使有相当快的网络,Web应用程序也可能比桌面应用程序的反应要慢得多,因为从界面到数据都需要在客户端和服务器之间不断传递。

3.功能有限制

虽然这个问题在将来必然会改善,但是现在的许多Web应用程序与其对应的桌面应用程序相比,功能缩水很多。以Google文档和Microsoft Office为例,它们的基本功能差别不大,但是Google文档缺乏许多Office的高级特性。这会大大影响资源消费者浏览共享资源的体验。

4.数据的安全性难以保障

云计算基于虚拟化,用户在使用云计算服务时往往不知道自己的数据存放的物理位置,这样会带来用户对信息安全的担心,所以需要设计一种可靠的方案确保信息资源的安全。另外,如果

把数据都保存在云中，由于云的公共获得性，无法确保数据不会被其他用户窃取，特别是隐私数据。

5.不能保证数据不会丢失

理论上，保存在云中的数据是冗余的，不会存在丢失的问题，然而现在大部分云计算提供者都没有服务水平协议（SLA），也就是说，如果你的数据不见了，他们并不负责。这也是资源生产者利用云服务时需要考虑的一个风险。

6.知识产权和利益难以保障

由于通过云计算平台进行了更大范围的共享，资源生产者的知识产权和利益可能会受到侵犯，此问题需要通过一定的机制加以解决。

7.需要更多的投入

如果将所有的教育资源都上载到云平台上，那么原有的硬件投资处理、大量资源上载和格式处理等工作也需要更多的投入。

综上所述，云计算作为一种新的基础设施架构，给互联网环境带来了革命性的影响，也给数字教育资源共享生态系统带来了改变，赋予其一些新特性。但是，同时也带来了一些问题。主要原因是，云计算作为一个发展中的计算模型，在技术、政策、标准等诸多方面还有很多问题需要解决。

万利平和陈燕（2010 年）提出，将本地的教育资源上载到云技术平台（如 Google Docs）转为云服务，以实现教育资源的开放和共享。

该方法对国内中央和地方投入大量资金构建的众多海量教育资源库来说不具备太大的吸引力。因为这些资源库要解决的是提高资源利益率的问题，而不是废弃已有的大量软硬件投入将资源迁移到云平台上；成本对这些已构建的资源库来说已经不重要，且大部分成本已经发生，属于沉没成本。

本章综合考虑数字教育资源共享的现状，提出利用云计算平台搭建共享门户，对已构建的 Web 上的资源库进行索引共享的解决办法，本书中暂称为混合云资源共享技术。也就是说，利用云计算平台搭建 Deep Web 数字教育资源共享云服务，通过对资源更大范围的整合和发布提高资源的利益率。下面将详细阐述其技术思路和实现方法。

二、混合云资源共享技术

在近几年我国的“造库运动”中，中央及地方投入巨资构建了大量教育资源库，这些资源库由于各种原因利用率普遍不高，进行更大范围内的资源共享是实现资源价值、发挥其社会效益的有效手段。这些资源库大都用存储服务器集群和负载均衡技术构建了高容量、高性能的基础服务设施，这些设施自成体系，可以实现负载的自动分配和容错管理等，且都有各自的资源查询接口。大部分应用服务器及数据都采用了多机热备模式，服务响应动态分配给不同的应用服务器，带宽也根据访问量进行动态调整，数据中心可以根据各个应用的需要在设定的范围内动态调整其存储容量。由于其也处于单位防火墙之内，由用户自己进行细粒度管理，只通过被严格保护和监控的 Web 端口和一些媒体端口对互联网用户提供访问，有点类似于非严格意义上的私有云结构。目前国内绝大部分教育资源库都采用与此相似的架构，具体的差别可能只在所采用的服务器硬件型号和系统软件上。

即使将来云计算被广泛应用，作为我国数字教育资源建设的主体，政府出于对知识产权保护或投资价值体现等的考虑，在很大程度上仍会采用私有云技术来构建自己的资源管理平台。这就需要我们考虑如何共享这些处于私有云上的资源。下面提出了一种利用 Deep Web 集成技术在公共云上架设共享服务平台来共享处于私有云中的资源的混合云解决思路。

（一）基本原理及流程

1.基本原理

混合云资源共享技术的基本思路是通过在云平台上搭建共享资源管理平台，对处于单位防火墙内部的各资源库中的资源内容进行索引编目并共享在互联网上，资源消费者在共享平台上找到想访问的资源时，被云平台自动导引到内网的资源服务器上。也就是说，资源本身还在内网，原有结构和管理方法不变，只是多了一个供互联网上的资源消费者访问资源的平台。这种解决办法将内网的私有云和外网的公共云结合起来解决资源共享问题，也被称为混合云。

利用云平台开发环境如(Google App Engine)开发一个资源共享服务架构在云基础架构上，各个资源库(私有云)将其查询接口地址、查询模式及结果模式通过共享服务接口发布到该服务的调度服务器上，调度服务器按一定的策略将这些私有云的查询接口和模式进行分析归并到其资源集合中，用户只要查询该共享服务即可访问资源集合中的所有资源，而无须知道资源究竟由哪个资源库提供，且通过用户对查询结果中相应资源的点击，共享服务系统可以按一定的策略进行自动学习，调整其查询结果展示模式，按资源发布日期和点击量进行排序。

通过对各个资源库的查询接口的集成，并在类似 Google 的云服务平台上发布，可以在更大范围内共享资源，并成为一个资源日益丰富、容量日益增加的资源共享服务平台的组成部分。这是一个基于私有云的公共云服务解决方案，是一种混合云模式的应用。

2.架构组成

其技术架构由云客户端、私有云、调度服务器 3 部分组成。

云客户端是互联网上访问资源共享云服务的用户，也就是共享生态系统中的资源消费者。

私有云是拥有大量优质数字教育资源并已在互联网上提供 Web 服务的资源服务商，目前各高校的网络学院和中央及各省市政府自建的资源库被称为私有云，这些架构大都拥有自己的大容量存储和有集群容错能力的机器，但由于对特定的人群提供相对封闭的服务而利用率不高。其由资源服务器和共享服务器两部分组成。资源服务器在一般的资源库架构中是指流媒体和课件等多媒体资源服务器，而共享服务器一般指 Web 应用服务器，是对外资源查询访问的接口。这部分包括共享生态系统中的资源生产者、基础环境运营商及基础环境因子等。

调度服务器直接面向云客户端，接受客户端的资源查询访问请求，根据调度策略选择共享服务器，将客户端查询请求按一定策略分配给被选择的共享服务器接口，并对共享服务器反馈的查询结果进行归并处理后反馈给客户端。这部分包括共享生态系统中的共享服务提供者及基础环境等。

3.主要流程

这种混合云共享技术方案包括如下 8 个主要的服务流程。

(1)发布服务。私有资源云服务商访问共享云服务平台提供的资源发布接口，通过一定的程序将自己拥有的 Web 教育资源查询接口发布到云服务平台上。

(2)请求服务。客户端通过资源共享云服务网站的 Web 查询界面向调度服务器提交自己的资源查询请求。

(3)调度策略。调度服务器对接受的查询请求进行分析,按查询的资源学科类别等策略选择相应的资源共享服务器。

(4)提交查询。调度服务器根据选择的共享服务器在发布时提供的接口参数,生成对应的查询请求,提交给相应的共享服务器查询接口。

(5)反馈结果。共享服务器查询接口收到调度服务器的查询请求后,将查询请求以Web方式提供给后台Web数据库,Web数据库将查询结果通过Web方式提供给共享服务器,反馈给调度服务器。

(6)归并呈现。调度服务器对各共享服务器反馈过来的Web网页方式的查询结果进行提取和分析,并进行去重归并等处理后以Web页面的方式呈现给客户端。

(7)浏览资源。客户端根据调度服务器最终反馈来的Web页面数据,访问查到的资源。

(8)存活检测。调度服务器按设定的周期自动轮询检测各共享服务器的相应速度,并维持一张相应时间表,供调度时参考。

以上8个流程涉及的共享生态系统中的相互关系如下:

(1)第(1)步发布服务是资源生产者生产行为中的重要环节,其实质是在互联网中发布资源,是生产者与资源发生的关系。

(2)第(2)步请求服务和第(7)步浏览资源是资源消费行为,是资源消费者享受共享资源云服务,是消费者与资源发生的关系。

(3)第(3)、(4)、(5)、(6)步是共享服务提供者对资源进行二次改造的行为,包括索引、整理及再生等,是共享服务提供者与资源的关系。

以上3个关系都围绕共享的资源进行,通过与资源发生关系,资源生产者、资源消费者、共享服务提供者三者之间也发生关系,三者之间相互依存、彼此促进,维系着一种动态的平衡。

(4)第(8)步实际上是基础环境因子自身内部的一种平衡和自我调节机制。

(二)关键技术

原有资源库即私有云的查询接口,特别是其接口参数的获取,涉及查询提取模式的一致性。很多资源库的查询接口有很多隐含的参数和客户端处理模式,这需要在资源生产者发布服务时有一定的技术基础或者对其私有云的资源查询接口的技术参数非常清楚才行。

接口的基本参数有3个:Place是隐含参数,默认值是SEARCH;Simple Keywords是输入型参数,由接口界面文本输入框输入查询关键词,不能为空;mode是二选一输入性常量,由接口界面的Radio Button选择获得常量值and或者or。

这三个参数必须有一定的HTML脚本常识,或者从技术上分析FORM提交后的URL才能获得。

云平台本身所提供的应用环境也是一个非常重要的技术因子。由于目前没有统一的云标准,各个平台所提供的云平台的技术环境及接口都是特定的,且各种平台的限制条件也不一样。这要花一定的精力去熟悉和了解。例如,GAE中对Python和Java的支持,由于对基础设施安全封装的考虑,有很多操作目前是不支持或部分支持的,这与标准的Python及Java编程有很大的区别,需要花时间去探索。

集成查询界面获得资源消费者的查询请求后如何按规则要求,将查询请求进行变换,组成适应相应查询接口需要的查询条件。从查询接口数据库中根据规则库定义的规则取出相应的查询接口地址URL,从接口参数库中取出关键词输入框名称、隐含参数对数组(hidden=value;

hidden1=value1;hidden2=value2;...)和查询提交方式(method=Post/Get),与集成界面所获得的关键词一起组成查询Form或查询地址,并自动提交给相应的资源共享服务器。

查询结果的分析和处理是一个非常关键的要素。查询结果的页面一般都是由表格组成的半结构化的数据树,尽管借助于HTML Paser和HTML Dom树等工具可以将表格分离出来,但还需解决表格的嵌套及真正结果数据的识别和获取等问题。该问题在第四章中已详细讲解了解决思路。

查询结果数据获取后,来自多个数据源的数据集的归整也非常重要。对Deep Web查询结果的识别,或者说对Deep Web实体的识别技术研究目前主要有两个方向:一个方向是通过对获取结果的属性文本特征进行分析识别,主要集中在研究文本相似函数(定义、选取及阈值设定)、属性权重的设定及相关优化方法等方面;另一个方向是采用语义识别技术,通过对基于上下文语义信息或特定领域知识的分析来进行实体识别。

第二节 教育信息资源共建共享云服务体系

一、数字教育资源共享系统的组成

数字教育资源共享系统由主体、环境及关系组成。

主体是指在数字教育资源共享活动中的生物成分,包括数字教育资源共享者和消费者,以及相关的价值链、基础设施供应商、交易服务商。相关的价值链包括资源生产者、合作伙伴、技术支持者、渠道代理、直接用户、风险投资者等。消费者包括教师、学生、科研工作者等个人,以及学校、企业、家庭、政府组织等,还包括再生资源生产者。基础设施供应商主要包括网络运营商、软硬件提供商、通信业务运营商、平台提供商等。交易服务商包括电子支付、结算银行等金融服务商、信用服务商、快递公司等物流服务商。

环境是指对资源共享活动起支撑辅助作用的各种非生物非物质的成分,主要包括政府的政策支持及法律法规的保障作用,相关社会经济发展水平、文化和意识形态、人们的认知水平、计算机和网络及通信技术的创新,国内外同行的竞争等。

关系是指系统各组成成分之间的相互作用。数字教育资源共享系统主要包括三大类关系,分别是主体之间的关系、主体和环境的关系、子系统之间的关系。这些系统关系的核心内容是信息流、资金流和能量流的交换。

数字教育资源共享系统的结构中,资源共享者和资源消费者的目标是达成共享,实现资源消费。在资源收费的情况下,形成一种资源买卖交易,这就要依赖于交易服务商的服务;资源交易双方还要进行货款的支付,必然涉及电子支付和结算等金融服务;双方如果涉及大额交易,在初次交易的情况下,可能还会要求第三方信用服务商的参与;如果交易涉及光盘、磁盘等载体,就涉及物品的空间转移,则需要快递等物流服务。

资源共享的前提条件是资源的数字化、交易的电子化。数字化是资源共享者和消费者达成消费行为的必要手段,交易的电子化是其主要工具。对这一切提供技术和物质支持的是提供运算能力和存储能力的硬件提供商、提供操作系统及应用系统的软件提供商、提供网络通信服务的网络运营商和通信运营商,以及提供资源共享服务的平台提供商。

二、数字教育资源共享系统的主体

数字教育资源共享系统包括以下5个方面主体。

(一)资源共享者

资源共享者和资源消费者构成了数字教育资源共享系统的核心主体。资源共享者可以是资源生产者、资源再生者、资源代理商以及任何拥有资源且有共享出来供大家使用的意愿的组织或个人。

需要说明的是,本书中所讲的教育资源都是指数字化的、通过网络传播的教育资源。

资源共享者的共同特征如下:

(1)拥有以数字形式存在的教育资源,这些资源是合法拥有或在已有资源的基础上经过再加工而形成的再生资源。

(2)具有将自己拥有的资源共享给众人使用的意愿。

(3)通过网络实施共享。

(4)基于教育资源社会效益和经济利益的最大化。

(二)资源消费者

资源消费者是数字教育资源共享系统的核心主体之一。这个主体包括的群体最广泛,即教师、学生、科研工作者等个人,以及学校、企业、家庭、政府组织等,还包括再生资源生产者。这个群体中的很多成员既是资源消费者,同时又可能是资源共享者,因为其中的很多资源消费者在消费资源时又对这些资源进行改造,形成再生资源并共享到网络上。这方面最典型的例子就是维基百科,其让所有网民参与的志愿者分级协作创作模式,使其成为互联网分享精神的偶像。

(三)基础设施供应商

由于数字教育资源共享系统的共享者和消费者分别来自不同的行业、不同的业务领域,他们要达成资源共享,前提条件是应用电子化(数字化)手段,但由于这两类群体的专业分工和技术能力等限制,必须依靠一系列专业的服务商来获得资源共享服务。这些专业的服务商构成了资源共享价值链中的核心要素,这些服务商跨行业跨部门,通过互联网生态系统被组织起来,在资源共享价值链中扮演着不同的角色,发挥着提供资源共享所需要的基础设施或技术环境的作用。基础设施供应商可以分为如下几类:

(1)平台提供商,如K12、国之源、中基软件等各种资源管理平台生产企业,或E-Learning平台提供商等。有些资源生产者同时也是平台提供者。

(2)网络运营商,如电信、网通、联通、长城宽带、移动等。

(3)硬件设备商,如IBM、HP、DELL、富士通、联想、浪潮、SUN、Cisco等。

(4)解决方案提供商,如Oracle、IBM、微软、HP以及一些国内的集成商等。

(5)软件供应商,如Oracle、Red Hat Linux、微软、Apple、Redflag Linux等。

(四)交易服务商

在资源共享服务中,特别是有偿共享中,离不开信息流、资金流和物流。这些流组合在一起形成了一个价值链,最终实现资源共享,从而发挥资源的社会价值,创造资源的经济价值。这些流构成了该系统的主要要素。这类交易服务商可能包括以下几类。

(1)支付、结算:各大银行、中国银联、支付接口开发商如支付宝、财付通、网银在线等。

(2)安全认证、信用:CA 中心、阿里巴巴等电子商务认证中心。

(3)物流服务商:中国邮政 EMS、小红帽、FedEx 等快递公司。

(4)咨询机构:AMT、Accenture 等互联网技术、市场分析咨询机构。

(五)平台提供商

1.平台提供商的概念

在互联网生态下,平台提供商在电子商务中被经常提及,也被称作电子交易市场,其概念是在互联网通信技术和其他电子化通信技术的基础上,通过一组动态的 Web 应用程序和其他应用程序把买卖双方集中在一起的虚拟市场交易环境。在数字教育资源共享生态下,平台提供商的概念和电子商务系统中的很相似,他主要是通过互联网 Web 手段将各行各业的数字教育资源共享者和消费者吸引到一个虚拟的环境中,将资源共享者的资源信息发布给消费者或将资源消费者的需求发布给共享者,让资源需求和供给双方在同一个空间中进行信息交流,促成和组织资源共享和资源消费行为。平台提供商在资源共享系统中扮演的是一种中介组织的角色。正是因为有了这类中介组织,才使得教育资源的网络共享和资源再生成为可能,简化了教育资源消费的过程,有利于促进教育资源的共享和再生,从而更大地发挥教育资源的社会效益和经济效益。平台提供商可以说是数字教育资源共享的催化剂。

2.平台提供商的特征

(1)在数字教育资源共享生态中是核心要素,起"酶"或"催化剂"的作用。

(2)是该生态系统中子系统的领导者。

3.平台提供商的作用

(1)开发并维护资源共享平台。

(2)培养和引导教育资源拥有者通过平台共享教育资源。

(3)吸引教育资源消费者进行资源消费,鼓励和促进资源再生行为。

(4)建立公平公正的教育资源交易规则。

(5)是构成资源共享价值链的关键环节。

4.一些主要的平台提供商

主要包括如下 3 类。

(1)由政府直接投资支持或间接支持的平台提供商。

1)中央电化教育馆和各省市电教馆,这些单位是我国基础教育资源开发和建设的生力军,国家和地方政府的大量投入就是通过这些单位来完成的。它们在生产大量基础教育资源的同时,也开发了一些资源管理平台。

2)CNKI 项目所产生的一些优秀平台,主要包括 CNKI 网络知识管理平台和 CNKI 网格资源共享平台。

网络知识管理平台主要有知识仓库及信息库管理平台,网上实时信息采集系统(RIG),自动推送系统(PUSH),分布异构式知识仓库建库、发布平台,网页发布管理系统,网络视频会议平台(TNC),网上协同工作平台(CO—WORK),个人数字图书馆(IDL)等。

CNKI 网格资源共享平台包括操作系统层和应用系统层。操作系统层由清华同方分布异构跨平台跨库智能检索系统(USP)平台和《中国知识资源总库》各种数据库的检索元数据、全文索引及知识元库、知识导航系统、知识推送系统组成。应用系统层利用操作系统、网络会议(NM)、个人数字图书馆(IDL)、专业数据库建库发布(TPI)、互联网网页资源整合(3I)、自动推送(PUSH)、智能参考咨询(IR)等先进技术,提供学习工具及知识管理、知识服务、网络出版和系统管理等应用工具,为数字图书馆、学习中心、资源信息中心等充分开发利用知识资源,建设个性化知识服务平台,更好地为读者服务提供了强有力的技术保障。

(2)企业。K12、国之源、清华同方思科分布式教育资源管理系统、第一课件网、12999 数学网、中国课件网等。

(3)还有一些区域性组织、协会或爱好者开发的。平台。例如,中国开放教育资源协会(CORE)网站、VERYCD、电驴和一些个人或组织的网站或 BLOG(如清风资源网、文库等)。当然,像 VERYCD、电驴等网站由于是提供公共资源共享的,其对数字教育资源共享的管理和组织比较简单,量也不大,不成体系。

以上这些平台和其供应商都是关键核心主体要素。

三、数字教育资源共享系统的环境

数字教育资源共享系统的环境包括政策、法律、技术、商业、文化、社会基础设施和制度安排等。数字教育资源共享在很大程度上依赖于良好的系统外部环境。如果法律对教育资源的数字版权没有保护作用,则互联网信息安全无法保证,市场机制缺失,数字教育资源共享就不会被广泛接受。

特别是教育行业是个社会公益行业,这也就决定了政府在我国数字教育资源共享系统中的主导作用。

(一)政策及法律法规

1.政府的主要作用

由于教育是个比较特殊的领域,是一个社会公益行业,所以该行业政府的主导作用非常大。数字教育资源共享也不例外,作为解决教育公平和均衡问题的一个重要手段,数字教育资源共享越来越受到政府的重视。国家基础教育资源网、国家现代远程教育资源网、农村中小学现代远程教育工程(又称"农远"工程)等,都是由国家主导,投入了大量经费,开发了大量资源,而且都是免费提供给社会广泛使用。这些都极大地促进了我国教育资源的建设和共享,推动了教育信息化的大发展,也间接地推动了我国的教育现代化。基于以上国情,政府在数字教育资源共享中的作用主要如下。

(1)资金支持,直接促进资源生产、开发和共享,鼓励资源再生。

(2)制定互联网知识产权等相关法律法规并监督实施。

(3)制定相关数字教育资源共享政策并落实。

(4)监督并检查政府资金投入建设的资源应用和共享情况。

(5)规划、引导、协调教育资源建设行为,避免重复建设,节约社会资源。

(6)规划并组织基础设施建设,提供良好的互联网应用环境。

2.我国出台的主要政策法规

近几年,我国教育资源建设方兴未艾,大量教育资源库和企业、平台涌现,政府也陆续出台了一些鼓励政策和管理规范以及法律法规。

建立开放灵活的教育资源公共服务平台，促进优质教育资源普及共享。创新网络教学模式，开展高质量高水平的远程学历教育。继续推进农村中小学远程教育，使农村和边远地区师生能够享受优质教育资源。《国家中长期教育改革和发展规划纲要(2010—2020年)》第二十一章第六十六点"组织实施重大项目"中指出："教育信息化建设。提高中小学每百名学生拥有计算机台数，为农村中小学班级配备多媒体远程教学设备；建设有效共享、覆盖各级各类教育的国家数字化教学资源库和公共服务平台；基本建成较完备的国家级和省级教育基础信息库以及教育质量、学生流动、资源配置和毕业生就业状况等监测分析系统。"这些提法都把教育资源建设和共享放在非常重要的地位和高度。

2008年4月，商务部出台了一些关于电子交易的具体规定。

2007年6月，国家发展改革委、国务院信息化工作办公室联合发布了《电子商务"十一五"规划》。

2015年4月，《中华人民共和国电子签名法》正式实施。这是我国电子商务、电子政务等发展的里程碑，大力推动了我国信息化的发展。

此外，各地也相继出台了一些政策法规，如《上海市数字认证管理办法》等。

2016年2月，新的《中华人民共和国著作权法》颁布后，人民法院对网络纠纷案件的判决给互联网知识产权保护提供了参考。

(二)行业和标准化协会

1.行业和标准化协会的主要作用

(1)信息共享。

(2)提供政府制定相关法律法规的建议。

(3)积极建设行业标准和规范。

(4)行业自律和促进行业内企事业单位的健康发展。

2.我国在行业规范方面所取得的成绩

2010年5月12日，中国教育技术协会技术标准委员会成立大会在清华园宾馆举行。中国教育技术协会技术标准委员会由中国教育技术协会高校理工科专业委员会和高等学校教育技术协作工作委员会联合发起，秘书处设在清华大学电教中心。中国教育技术协会技术标准委员会立足于信息技术、现代教育技术在教学环境与教学资源建设领域的应用，推进教育技术行业的标准化、规范化和现代化；联合教育技术行业产学研多方面的力量，制定教育技术行业工程建设(规划、设计、设备选型与系统集成等方面)的标准或相关条例；指导各级各类院校更好地将现代教育技术应用于相关工程建设，促进教学模式、教学手段的改革，从而提高教学效率、提高教学环境管理运行水平、促进教学资源共享，最终达到促进教育质量提高的目的。

教育部于2000年10月由科技司组织力量研制现代远程教育技术标准，并于2001年初成立了现代远程教育技术标准化委员会，2002年12月正式更名为全国信息技术标准化技术委员会教育技术分技术委员会。该委员会承担全国教育技术相关标准的研制、认证和应用推广工作。到目前，已经颁布了CELTS系列标准，其中3个标准已经发布为国家标准。

中国开放教育资源联合体(China Open Resources for Education，CORE)于2003年10月成立，系非营利机构，是一个以部分中国大学及全国省级广播电视大学为成员的联合体。CORE

的宗旨是促进国际数字教育资源共享,提高教育质量。

CORE引进以美国麻省理工学院为代表的国外大学的优秀课件、先进教学技术、教学手段等资源,应用于中国的教学中;同时,将中国高校的优秀课件与文化精品推向世界,搭建一个国际教育资源交流与共享的平台。CORE始终坚持公益的原则,大力推崇资源共享的理念,为中外学习者提供高质量的、免费的教育资源,让更多的学习者享有平等的学习机会。CORE网站是提供优质免费教育资源的双语网站,为广大的学习者提供了方便和机会,受到中国大学师生及社会学习者的欢迎,目前网站年点击量达1000万次。

CORE有近百所会员大学,其中包括13所试点大学,它们是北京大学、清华大学、北京师范大学、北京交通大学、大连理工大学、中南大学、浙江大学、西安交通大学、中央广播电视大学、四川大学、对外经济贸易大学、上海交通大学及东北农业大学。这些试点大学积极参与了CORE的项目,并与CORE密切合作,共同努力,做出了一定的成绩。除大学外,CORE的志愿者已达2500多名。CORE为促进国际交流和开放数字教育资源共享事业做出的贡献,得到了中国的大学和社会的认可与肯定。

3.我国在标准制定方面所取得的成绩

我国的教育技术标准的研究工作是从2000年6月在教育部科技司组织成立中国远程教育技术标准委员会(简称标委会)时开始的,国内8家单位的10位教授为主的研究组对网络教育技术标准的研制。经过1年多的研究,具有中国特色的网络教育技术标准体系(Chinese－Learning Technology Standards,CELTS)逐步形成。最初,大部分标准内容是关于网络教育的。2005年下半年,中国远程教育技术标准委员会更名为中国教育信息化技术标准委员会,研究范围也更广泛,除标委会研究制定的网络教育技术标准外,教育部下属的基础教育司、高等教育司、教育管理信息中心等部门也研究制定的系列标准,经过调整后也纳入了这个标准体系中,如教育资源建设规范(CELTS－41)、基础教育资源元数据应用规范(CELTS－42)。目前CELTS中的10个子标准已经进入国家标准发布程序,2006年上半年已发布了其中的3个。

四、数字教育资源共享系统的关系

数字教育资源共享系统的关系分为3种,即主体之间的关系、主体和环境的关系、子系统之间的关系。

(一)主体之间的关系

主体之间的关系主要是合作和竞争的关系。

1.合作

“建设性合作伙伴关系”“战略合作关系”“伙伴合作关系”等是在我国国际外交上经常听到的名词。本书所说的合作关系是指供应链合作关系。供应链合作关系是指在供应链内部两个或两个以上独立的成员之间为保证实现某个特定的目标或效益而形成的一种协调关系。建立供应链合作伙伴关系的目的在于,通过提高信息共享水平,减少整个供应链产品的库存总量、降低成本和提高整个供应链的运作绩效,快速响应市场,提高客户满意度,最终的目的是增强自身的核心竞争力。

资源共享主体之间建立合作关系的主要动力有如下两个方面。

首先,是为了建立核心竞争力的需要。特别是资源共享企业,为了在资源共享服务中取得优势地位，实现利益最大化，需要和供应商、代理商、资源消费者建立密切的伙伴关系，以共享彼此的技术和服务网络，降低服务成本和新技术开发成本，形成完整的互利互惠的价值体系。这在资源共享相关的企业间特别明显，企业主体之间形成了相互依赖、竞争与合作的互动关系，最终形成了一个共生共存的价值关系，这是数字教育资源共享生态系统中的一个子生态系统。

其次，是来自外包战略的动力。外包战略在资源共享者相关的价值链中体现得最为完美，在我国的资源共享者中，特别是具有政府背景的事业单位，如全国各省市电教馆体系中的单位，拥有政府的资源建设投资，同时又具有电教技术能力，为了发挥资源更大的社会效益，一般都会选择一些在资源建设方面实力较强的企业或系统内单位建立比较密切的合作关系，如江浙沪三地电教馆成立的长三角优质教育资源共建共享联盟、电教馆和资源建设企业的合作等。而围绕一些资源建设的大企业如清华同方、北大方正等，与其发展的代理商、专家教师的应用及需求开发团队、技术支持企业、资源开发生产外包企业等的关系，都是合作关系。值得一提的是，随着我国出版社系统对数字出版的认识越来越深刻，大量的出版社加入教育资源的共建共享开发中，这类企业拥有大量优质的非数字形态的教育资源，但由于信息技术力量较弱，常会选择一些能力较强的信息技术企业进行合作，共同开发其教育资源。这也是一种数字出版形态下的合作关系。

由于数字教育资源共享生态系统是互联网生态系统下的一种子系统，其内部主体之间的这种合作关系又表现出与传统合作关系不同的一些新特性。

(1)互联网把合作关系推向了一个新高度，合作伙伴的选择范围进一步扩大，可以扩大到全球。

(2)合作关系的主体之间的信息共享程度更高、更迅速，协作反应更快。

(3)外包的概念深入人心。

2.竞争

早在1907年，德国法学家罗伯在其著作中就对竞争做过这样的解释：竞争是各方通过一定的活动来施展自己的能力，为达到各方共同的目的而各自所做的努力，而且竞争行为仅存在于同类商品的供应之间。综合各家学说，可对竞争赋予一个一般性定义：竞争主要是两个或两个以上的主体(有意识的个体或群体)在特定的机制、规则下，为达到各方共同的目的而做的较量，并产生各主体获取不同利益的结果。竞争可分为正式竞争和非正式竞争。

在资源共享生态中，在市场有限的情况下，相同类型的资源(主要是产品内容及表现形式等)共享者(这里主要是企业)，为了获取更多的市场份额，获得利益最大化，必然会和对手展开竞争。

按美国著名战略学家迈克尔·波特的说法，基本竞争战略包括总成本领先战略、差异化战略、目标集聚战略。

这在许多管理学书籍中都有详细阐述。竞争的最终结果表现为以下3种形式。

一是竞争双方都通过竞争完善了自己的核心竞争力，在竞争中双方形成了共同进化、共赢的局面。

二是竞争双方在竞争中彼此消耗，两败俱伤，而第三方乘虚而入，取得优势地位。

三是在竞争中一方落败一方胜出，胜者成为领域领导者甚或取得垄断地位，败者逐渐退出。

但在互联网生态下，竞争又有其特点，从传统的充分竞争演化到合作竞争和创新竞争。在传统经济理论中，更多的是强调竞争这根主线。而在网络经济时代，合作竞争和创新竞争将成为主流。所谓合作竞争，是指单个企业在面对日益变化的外部环境和激烈的市场竞争时，通过与供应商、顾客以及竞争对手合作，实现合作双方的“双赢”，以获取更大的经济份额。创新竞争则是指单个企业竞争方式的改变，通过加速各种创新活动，尤其是技术创新，提高产品的差别性，更好地满足消费者个性化需求。这两种竞争新形式，前者是共同把蛋糕做大，后者是竞争方式的变化，它们与强调充分竞争的原理则很大的不同。

（二）主体和环境的关系

数字教育资源共享系统的主体和环境之间时刻发生着信息、能量和物质的交换。政府根据主体反馈的数据信息来制定相关政策法律法规，甚至投入资金来调控整个系统的有序而高效率地运行。主体也同时受到环境的影响，根据对环境优劣的判断，来决定对共享的投入程度。

最先采用更先进的技术、共享理念的平台提供商在竞争中取得优势，获得更好的发展，反过来继续投入更多的资金进行新技术的研发，从而加速技术创新的速度。

同样，社会经济发展水平和文化意识形态等也和主体形成了互动关系，如在不同的经济发展水平和不同的社会文化或意识形态下，人们对知识产权的认识和保护意识也有区别，这也将影响到主体的共享行为。另外，经济发展的水平不同，其社会基础设施的建设水平也不同，这也将影响到社会对互联网的普及程度，从而间接影响资源共享的发展。

（三）子系统之间的关系

生态系统是个相对的概念，不同的界定标准就形成了不同的生态系统。在一个生态系统内部，还可以根据一定的标准划分成若干个子系统。自然生态系统中的物种和种群就是这种概念的体现。在数字教育资源共享系统中，不同业态的企业围绕核心共享者提供相应的配套服务，构成一个有机的整体，也就是我们常说的价值链，这也可以看成是一个子生态系统。

子生态系统之间也存在类似于主体之间的那种竞争和合作的关系，而且一个主体可以属于多个子系统。可以把资源生产者和平台提供商分成两个子生态系统，如国之源，既提供资源，又提供平台，分属于两个子系统。

第三节　教育信息资源共建共享云服务平台架构

一、系统层级结构

数字教育资源共享系统具有层次性。该系统按不同的标准可以划分为不同的层次，如从其组成上分层次，从下到上可分为交易系统、物流系统、软硬件提供系统、基础设施系统、供应商和代理商体系等；从其收费与否又可以分为收费共享与免费共享系统等；再如，从对象年龄段上分，又可以分成基础数字教育资源共享系统、高等数字教育资源共享系统和继续数字教育资源共享系统等。在系统中，不同层次的子系统具有不同的特征。

无论收费与否，在本质上，数字教育资源共享系统作为一个电子交易平台，也是电子商务系统的一种，其层级结构同样适用于网络经济的层级结构。美国得克萨斯大学电子商务研究中心研究认为，网络经济包含4个部分：网络基础设施领域、网络基础应用领域、网络的中介服务领域和网上的商务活动。

第一层级：网络基础设施层

主要由IT设备提供商和服务商组成，该层是为其他各层提供技术环境的，是资源共享的先决条件，如IBM、Cisco、SUN（曾被甲骨文收购）、HP、电信、移动、网通等企业。

第二层级:网络应用层

该层建立在网络基础设施层之上,主要是为实现在线商务活动提供技术和其他服务的生产商和解决方案提供商。例如 Microsoft、Adobe 等工具软件提供商,SAP、Oracle 等应用软件提供商,IBM、HP 等系统集成商企业。

第三层级:网络媒介层

该层主要是那些为网络上的交易双方提供各种便利条件,而使电子交易更有效率的中介。媒介层是交易过程的催化剂,通过媒介层才能将在基础设施和应用层上的投资变成商业交易,从而取得服务价值。主要包括交易平台提供商、电子银行等。

第四层:网络商务层

网络商务层在网络上直接向消费者和商家提供产品和其他服务。例如,各个教育资源生产商或供应商,清华同方、北大方正等提供科技文献等数据资源的企业。

二、系统开放性

数字教育资源共享系统是一个开放的系统。主体和外界不断交换物质、能量和信息,如商务信息、资金、人才、知识、设备、资源,等。正是这种时刻进行的交换和流动,使得整个系统不断调整优化,不断适应演化,也使得整个系统充满生机,活力盎然。

系统主体的开放性和整个子系统的开放性,保障了整个生态系统的自我更新和健康成长。

三、系统内部的相互作用

前面提到,主体之间、主体和环境之间、子系统之间互相作用和互相适应,主体和整个系统共同演化发展。这种共同演化的方式也有多种类型,具有网络生态下的特性,主要表现为合作竞争和创新竞争的方式。

四、非线性关系

资源共享子系统相互之间的作用是非线性的。资源共享系统由大量进行非线性相互作用的部分组成,子系统之间的影响不是简单的累加,系统中每一个部分的行为和行为模式都依赖于其他部分的行为和行为模式。各部分根据自身的行为规则、环境的规则进行子系统内的交互作用。这种非线性作用来源于内因,即主体或子系统的自适应能力。

比如,教育类出版社将其纸质教育资源进行数字化加工提升供资源共享网站给资源消费者分享,而资源共享网站的发展,反过来又为出版社提供了比传统发行更便捷有效的出版资源销售手段。再如,资源共享网站根据资源消费者的需求,不断向资源消费者提供丰富的商品——教育资源,满足了消费者的需要,而消费者也就愿意掏出更多的钱来购买教育资源,从而增加了网站的收入,为网站发展提供了经济保障。以上这些作用,都不是用简单的线性相加就能构成的。

五、自主均衡性

资源共享系统的主体之间一直根据环境的变化,不断调整自身行为,适应环境。这种不断的变化和调整,本质上就是旧平衡被打破后主体自动调整适应以构建新的平衡态,同时也是为下一次失衡后的适应调整做准备,是一种远离平衡态的表现。系统中的任何主体都不存在唯一的稳定状态,一直处于"不平衡—平衡—不平衡"的动态自主调整中,而复杂适应系统的活力就在于非平衡。

比如，资源共享网站根据资源消费者的需求，调整网上教育资源的组成和价格策略及共享方式、支付方式等，满足了消费者的需求后，消费者愿意为资源掏更多的钱；而网站有收入后，会投入更多的钱来改善用户的体验，刺激新的需求；消费者付出更多的钱来购买资源服务，同时对资源服务又提出了更高的要求。这样循环往复，一直处于"满足需求—刺激新需求—满足需求"的动态平衡中。

六、自组织和自适应性资源共享系统

在一定范围内，具有自组织、自学习、自适应和进化的功能，所有的个体共处于一个大环境中，但各自又根据自身所处的局部小环境，并行地、个性化地进行着各自主动的学习和适应。这些个体为了生存的需要，不断地调整自己，以求更好地适应环境的需要。大量个体的适应性行为反过来又不断地影响和改变环境。如此往复，个体和环境就处于一种永不停歇的相互作用、相互影响、共同进化的过程中。当内部结构不能适应外部环境的变化时，系统就会发生崩溃。

第四节　教育云应用案例分析

本节主要通过分析解读远程教育和信息化教学两个案例，对教育云应用进行系统分析。

一、远程教育

我国远程教育的现状除利用电视、卫星媒体外，几乎都是通过互联网来进行教学的现代远程教育模式，它们建有自己独立的系统及独立的教学、教务管理，已经积累了许多经验，各自形成了一个远程教育系统。由于都是通过远程进行教学，都花费了大量的人力、资金、物资在建立各自的远程教育系统上，存在资源重复建设、共享性差、系统扩充能力弱、可配置性差、成本昂贵等不足。

而云计算的远程教育系统在教育服务能力、资源共享性、可配置和伸缩性方面都有较大的进步，可以保障大规模远程教学活动。云计算技术可以通过网络以按需、易扩展的方式获得所需的资源（硬件、平台、软件），并且具有随时获取、按使用付费、成本低廉等优势。我们可以建立云计算技术的新型远程教育系统，彻底摆脱远程教育的困境。

（一）建立云计算远程教育系统的意义

当前，国内外的远程教育系统都采用传统的模式设计，这种 Browser/Server 结构的远程教育系统，只适合在范围比较小、学习者比较少的情况下使用。

基于云计算的远程教育系统可以提供传统系统所没有的强大能力，非常适合大规模的远程教育市场，主要体现在以下 5 个方面。

1.提供强大的教育服务能力

云计算远程教育系统可以充分发挥云计算的特点，能够统筹使用各系统软、硬件资源，从而提供强大的远程教学能力和资源提供能力。例如，中国的中、西部不发达地区，普遍存在着软、硬件建设滞后的现象，而且这个问题也不可能在短期内得到解决。通过基于云计算的远程教育系

统，可以整合东、西部各地和全国的软、硬件资源，统一为各地提供强大的服务支撑。

2.有效避免资源重复建设

传统模式的远程教育系统由于结构上的问题，难以建立统一的系统，各地远程教育中心各自建设自己的资源，造成大量重复建设，带来不必要的浪费。基于云计算远程教育系统便于建立全国统一的系统，各地远程教育中心进行统一部署建设资源，有效地避免了资源重复建设。

3.实现高效资源共享和就近访问

云计算的远程教育系统建成以后，可以实现高效的资源共享，资源访问者不需要知道资源在何处的服务器上，系统统筹管理全部的资源，使用统一的资源列表提供最合理的服务，不再受地域、时间的限制。对于任意一个资源访问者，系统可以自动分析 IP、确定路由，寻找离他最近的资源并建立好连接，提供最快、最好的访问。

4.云计算的可配置和伸缩性

可配置和伸缩性对于不同用户、系统可以做功能上的定制而非代码级定制，不需要独立部署，提供灵活的自定义功能，组织机构、工作流程、文件管理体系和访问权限等均可由用户自定义，能够很好地满足不同学校的教学需求。系统还可方便地进行调整，以支持单位的变化与发展，达到按需使用和随处可用；在用户数剧增的情况下，无须更改应用架构，仅需增加硬件设备的数量，就可以支撑应用规模的增长，这一点也适合于远程教育蓬勃发展的中国。

5.成本低廉

基于云计算的远程教育系统不再强求高性能的服务器，由各地普通的服务器组成云来提供高质量的服务，节约了硬件投资；云的通用性使资源的利用率较之传统系统大幅提升，远程教育单位也无须再负担高昂的数据中心管理费用。

（二）云计算在远程教育中应解决的问题

1.云计算数据库资源发现

在云计算开发环境下，大量云计算数据库资源共存且完全独立于应用，云计算数据库对外界发布共享的数据，运用找到适合的数据源依赖于一套资源注册和发现机制，这也是云计算为所有类型资源提供的一个共有的基本功能。

2.云计算数据融合

面对多个异质、分布、自治的数据资源，需要对其进行整合，形成一个统一的数据视图，也称为虚拟数据库。

3.云计算的海量数据处理

远程教育教学资源是数据密集型的，在其运行过程中会产生海量数据，这就需要数据库尽可能地保证数据的安全性和存取的效率。

4.云计算的容错性控制

云计算环境下的数据库访问链接受到网络、站点局部控制、突发事件等因素的制约。因此，云计算必须负责实时监控数据库状态，处理异常情况，保证数据操作的正确性和效率。

5.建立云计算学习系统，可以向学生提供租用计算资源等形式的服务

它以消费为基础来计算，也可以像现在 69 所高校网络教育收费收看教学资源，买学习卡、输

入密码就可以进入系统进行学习。云计算数据库技术应用到远程教育领域有较大的理论意义和应用价值。云计算存在的形态将会是一个个如同Google、Amazon这样的营运和服务中心，可以简单地将它视为数据中心+计算中心+界面/接口，通过界面或者接口，普通用户将可以利用以往只能为少数人所拥有的庞大的数据和处理能力来获得自己所需要的信息。

云计算数据库应当被看作云计算的一种应用，即数据库服务。

（三）云计算在远程教育系统中的逻辑结构

基于云计算远程教育系统的逻辑结构，由于网络环境不理想，集中式访问对网络和服务器的压力太大。我国的远程教育单位通常建立多台校外学习中心分流服务器，都采用Browser/Server的网络结构。校本部建立中央教学资源服务器，省级和地市级学习中心也各自建立资源服务器，都安装上课件供学生上网使用，学生就近访问学习中心的资源。

从使用情况看，这种模式有两个明显的缺陷：

一是由于学习资源种类繁多且体积庞大，在现有的条件下传输困难，导致各服务器的资源更新不能同步，部分学习中心的资源残缺或滞后，学生经常无资源可用。虽然有的学校采用了先进的卫星广播方式传输，但这种方式代价昂贵不利于推广，而且广播的单向性也不方便分类选择下载。学生使用这种远程教育系统学习，在市级学习中心资源服务器上找不到资源就要访问省级学习中心，再找不到只有访问中央服务器，使用不方便且容易造成网络阻塞。

二是要求学生多次注册，即一个学员要在中央服务器、省级学习中心服务器和地市级学习中心服务器进行3次注册，非常烦琐。云计算就可以解决这些问题。云计算在远程教育中实际上是服务器虚拟化技术和基础架构相结合，其核心是将中央电大远程教育、普通高校网络教育和其他远程教育的教学、教务管理中心的计算资源虚拟化后，向每个学习中心和学员用计算资源提供服务。简单地讲，就是将很多台同一地点、不同地点的计算机集合起来为每个远程教育学习中心和每个学员提供教学、教务服务。

云计算的工作模式如下：

(1)基于互联网，也就是以浏览器为基础。

(2)数据存储在云端，应用也存储在云端，随时向学生提供优质的教学资源。

(3)云计算强调服务，学生按需要服务，按使用量付费。

远程教育主要是通过网络教学，实现优质的教学资源共享，提供灵活、开放，不受时间、地域限制的学习形式，同时还可以让学习者根据自己的知识结构来安排学习计划和学习进度，实现传统教育无法做到的“个性化教育”和“自主学习”。在我国远程教育中，远程教育系统有中央电大的在线学习平台、67所普通高校的网络教育平台、各省电大的教学平台及其他远程教育平台（如中国教育电视台的教学平台）等。这些虽然从流量分布的角度来说是必需的，但客观上存在很大的教学资源重复建设和资金的浪费。如何更好地为求学者提供更便宜、便利、优质、全方位的服务，如何发挥系统优势，整合资源、资金建立一个更为有效的、使用经济的教学系统是设计建立我国远程教育云计算教育系统的根本和目的，也是云计算数据库系统必须考虑的问题。利用云计算的优势整合我国远程教育，让所有需要学习的人都可以找到自己想学的知识。我们设想远程教育应该进行整合形成一个云计算系统。

首先，我们设计一个云计算的远程教育平台的逻辑结构图，各远程教育学习中心的资源组成云，远程教育系统应能够自动搜索新的资源并选择最佳路径来传送数据，当一台服务器发生故障时，能自动转向其他服务器；其次，各模块的设计实现高效的资源共享，资源访问者不需要知道资源在何处、在哪台服务器上，使用统一的资源列表就可以任意访问，不再受地域、时间的限制；再次，实现教学资源的就近访问，对于任意一个资源访问者，系统可以自动分析 IP，确定路由，寻找离他最近的资源，并建立好连接，从而提供最快、最好的访问；最后，实现一次注册，全部资源服务器共享注册信息的功能，不需多次注册。这种系统能充分利用云中的软、硬件资源，以提供强大的服务能力。

(四)云计算远程教育系统的整体结构设计

云计算远程教育系统的整体结构应该包括 3 层：基础设施层(Infrastructure Layer)、服务层(Service Layer)和应用层(Application Layer)；

此外，还有 4 个模块：监测模块(Monitoring Module)、策略模块(Policy Module)、仲裁模块(Arbitration Module)和供应模块(Provision Module)。

基础设施层(Infrastructure Layer)是远程教育系统的资源池，硬件、软件和虚拟技术都可以用来确保基础设施层的可靠性和稳定性，基础设施层为高层提供计算能力和存储容量，它是整个远程教育系统的能源。

应用层(Application Layer)包括远程教育系统的核心模块和工具，核心模块可以分成 7 个子模块：管理子模块、访问控制子模块、工作流子模块、电子签名子模块、文档管理子模块、数据抽取和查找子模块、生命周期支持子模块。应用层也为用户和其他程序提供功能和交互式接口。

服务层(Service Layer)主要包括远程教育的各种服务，如 Web 文件系统服务、数据库服务、Web 服务，等。除此之外，还为高层提供了标准界面和应用程序接口。这一层提供的云服务可以归类为计算的资源(Computational Resources)、数据存储(Data Storage)和通信(Communication)。

1.计算的资源(computational resources)

提供计算的资源给云用户的最普遍的形式是虚拟机，当用户对虚拟机获得超级用户访问权时可以得到更好的灵活性，能够通过虚拟机定制软件栈(stack)获得更好的性能和效率。这样的服务通常称为基础设施即服务(1aaS)，这一部分云通过虚拟化技术来实现。用户通过配置自己的设定，获得前所未有的灵活性。超虚拟化(Para-virtualization)和硬件辅助虚拟化(Hardware-assisted virtualization)两种新型虚拟技术的应用为这种服务提供了支持。

2.数据存储(data Storage)

第二个基础资源是数据存储，它允许用户在远程磁盘中存储他们的数据并且可以在任何时间、任何地方访问这些数据。这种服务通常被称为数据存储即服务(Data-Storage as a Service，DsaS)，它使云应用能很容易地提供超出本身服务限制的规模。数据存储系统在维护用户的数据和信息时有严格的要求，包括高可用性、可伸缩性、可靠性、可复制性和数据一致性等。由于这些要求之间存在自然冲突，因而没有一个系统能全部实现它们。例如，可用性、可伸缩性(Seal · Ability)和数据一致性是 3 个相互冲突的目标。普通的数据存储系统都不能同时满足这几个方面的要求，通过各自的 SLA 指示，可以自由选择某个偏好的方面去实现系统。

3.通信(communication)

出于对保证云系统不断增长的网络通信服务质量(QoS)的要求，通信成为云组成中的一个极为重要的部分。云系统必须提供一些面向服务的、可配置的、可调度的、可预见的和可靠的通信能力。为了这个目的，通信即服务(communication as a service，CaaS)的理论被设计为支持这些要求,它为独立通道和专用带宽(traffic Isolation or dedicated Bandwidth)动态提供虚拟覆盖,从而保证网络安全、信息延迟、通信加密和网络监视。这个结构中的监视模块监视指定的执行过程,实时配置信息和特定资源的使用水平,包括CPU、内存、输入输出等的健康状况。监视模块得到的数据可以调节整个系统的平衡。策略模块建立并维护教学方式、运行时间和资源安排的方法,按照从监视模块和自身获得的数据,策略模块建立特定的解决方案,并调度供应模块。

可以预先制定策略,指定各种资源的优先级,保证关键资源的供应。仲裁模块修订、调整并改善资源的分配和管理,它根据用户不同的学习方式、学习参数和认识水平动态建立使用模式,并提供给策略模块作为新的解决方案执行。仲裁模块是策略模块的补充,它的策略特权高于策略模块。供应模块执行策略模块和仲裁模块制订的资源分配方案,及时为用户或对象部署资源。远程教育系统的资源访问有一些规则,如80%的访问集中在20%的资源上,访问需求的高峰往往在考试之前。基于这些规则,策略模块能够预测这些访问负载,并且在访问高峰之前自动预调热点内容和应用资源以保证并发访问的性能,这样可以减少资源冗余,保证服务质量。

有些情况系统无法预测,但从监视模块获得的系统平均应答时间是否变长可以获得报警。一旦监控数据到达临界点,策略模块将作为危机报警,它建立相应的解决方案,调度供应模块分配可利用的资源给目标位置以减轻危机。电子学习系统中调度处理的发生,不会影响用户正常的使用。通过预警机制,电子学习系统能处理资源需求的高峰,并且优化资源的分配。系统为了保证高效地使用资源,建立了进化功能。从监视模块处获得数据后,如果一些资源的访问量较低,其附属的资源将被减少。当一些资源的访问量降到最低的临界点时,仲裁模块将标记其为消亡,不再提供对这些资源的服务。

(五)系统的核心模块设计应用层

采用软件即服务(software as a service,SaaS)多租户模式(multi-tenant model)设计,核心模块的子模块有7个,分别是管理模块、访问控制模块、工作流模块、电子签名模块、文档管理模块、数据抽取和查找模块、生命周期支持模块。每个模块都有确定的租户并且功能由租户ID号来驱动,每个租户ID号通过安全和元数据服务传递给这些模块,所有模块配合元数据服务去检索中央租户元数据数据库要求的租户元数据。管理模块用于SaaS提供者或应用管理者为每个租户安装和配置系统的关联参数,也用作租户管理者按照租户ID号安装和配置电子文档的关联参数。访问控制模块用3个类别来区别用户:SaaS提供方或应用程序管理者、租户或组织管理者和用户。按照它们的租户ID号和在组织中的角色,通过认证和授权去执行特定的文档管理任务。为了能广泛地向各种客户提供服务,SaaS应用必须能够满足不同工作流程的需要。工作流程模块中的工作流程配置工具支持机构内部和系统内部的工作流程。电子签名模块记录并存储电子文档签名信息,它生成一个可见格式的电子文档签名文件(如PDF文件)和签名信息的水印,这些签名信息也归属特定用户并且都基于租户的元数据。文档管理模块上传、下载、存储和恢复所有的电子文档和关联文档,这些文档都存储在使用租户ID号的共享数据库的同一个表中,在租户之间它们是隔离的。

数据提取和查找模块从电子文档中采集数据,为用户提供元数据和关键字查找能力。可以去数据库或其他存储位置查找电子文档和关联文档,查找时也按照租户ID号并使用元数据服务进行。生命周期支持模块是后台服务程序,它自动执行一系列预定的电子文档管理任务,如激活签名文档,清理被拒绝文档,删除到期文档。所有参数被元数据服务存储或检索。

云计算的发展也是IT信息产业发展的趋势,正如互联网应用的蓬勃发展一样,随着我国教育事业的飞速发展，远程教育这种新型的教育模式越来越显现其重要性，云计算在远程教育中的应用是可以为学习者提供更好的服务的一种新的IT模式，可以说云计算本身带来的是一种新的远程教育的革命。云计算虚拟化技术的广泛使用，为数据中心和应用部署带来了新的管理与部署方式，虚拟化技术的使用，将提供高效便捷的管理，提高资源的利用率，解决远程教育容量大、空间大、受众面广、共享性强的问题。同时，把我国三大分散的远程教育系统整合成一个云系统，将会节省大量的人力和重复建设资金，会取得费省效宏的效果。因此，我们必须从思想上认识到云计算在远程教育上的视在和潜在的效力，可将其列为未来远程教育发展的一个重要战略之一，或许云计算的到来会开启远程教育的一个新时代。

二、信息化教学

（一）信息化教学的定义与特征

信息化教学就是以现代教育媒体及教育信息资源为中介，师生双方共同进行的教学活动。信息化教学特指教育者和学习者借助现代教育媒体、教育信息资源和方法进行的教学活动，是教育技术在教学活动中的运用。它既是师生运用现代教育媒体进行的教学活动，也是基于信息技术在师生间开展的教学活动。信息化教学的特征是什么？我们可以分别从技术层面和教育层面加以考察。

1.技术特点

从技术层面上看，信息化教学具有如下基本特点。

(1)数字化。从广义上讲，信息技术古而有之，但我们现在所说的信息技术，主要是指以计算机为基础的数字化技术。数字化使得教育技术系统的设备简单、性能可靠和标准统一。

(2)多媒化。以计算机为基础的多媒体技术使得信息媒体设备一体化、信息表征多元化、真实现象虚拟化。

(3)网络化。当今的数字化信息网络做到了“天网”(如数字卫星通信系统、移动数字通信系统)和“地网”(目前以互联网为主)合一。网络化的优点是资源共享、时空不限、多向互动和便于合作。

(4)智能化。人工智能将成为信息化教学系统的核心技术，智能化将使得系统能够做到教学行为人性化、人机通信自然化、繁杂任务代理化。

2.教育特点

从教育层面上看，信息化教学具有以下特点。

(1)教材多媒化。教材多媒化就是利用多媒体，特别是超媒体技术，建立教学内容的结构化、动态化和形象化表示。已经有越来越多的教材和工具书多媒体化，它们不但包含文字和图形，还能呈现声音、动画、录像以及模拟的三维景象。例如，有一个关于英语词汇的儿童多媒体学习软件，有一幅画面把常用的动作名词和图片汇编在一起，当你选择chase(追逐)一词时，计算机会用声音告诉你“追逐”就是在某人或某物后面run(奔跑)的意思。如果你在两个小孩的画面上点一下，他们就会飞快奔跑起来；如果你还想知道奔跑的确切含义，你再在run上面点一下，计算机又会呈现关于run的声音解说和动画。在这样的多媒体学习材料中，各画面之间好像有无形的链条互相串联，这种无形的链条被称为超链，这种带超链的多媒体又称为超媒体。俗话说，书是死的，人是活的，但有了超媒体电子书，活人读死书的时代将一去不返，因为多媒体教材本身就是活的书。如何把“活书”设计好？如何把“活书”学好？这是信息化时代教师和学生面临的新问题。

(2)资源全球化。利用网络，特别是互联网，可以使全世界的教育资源连成一个信息海洋，供广大教育用户共享。网上的教育资源有许多类型，包括教育网站、电子书刊、虚拟图书馆、虚拟软件库、新闻组等。对于我国教育来说，面临的一大问题是网上中文信息资源的严重不足。开发网上教育资源，不但是教育部门的任务，也是社会各部门以及知识者的义务。美国的网上基础教育资源体系就是依靠社会各界的协同努力建立起来的。

(3)教学个性化。利用人工智能技术构建的智能导师系统能够根据学生的不同个性特点和需求进行教学和提供帮助。为了做到这一点，进行学生个性的测定，特别是认知方式的检测，将成为教育研究的重要课题。

(4)学习自主化。由于以学生为主体的教育思想日益得到认同，利用信息技术支持自主学习成为必然的发展趋势。事实上，超文本/超媒体之类的电子教材已经为自主学习提供了极其便利的条件。

(5)任务合作化。要求学生通过合作方式完成学习任务也是当前国际教育的发展方向。信息技术在支持合作学习方面可以起重要作用，其形式包括通过计算机合作(网上合作学习)、在计算机面前合作(如小组作业)、与计算机合作(计算机扮演学生同伴角色)。

(6)环境虚拟化。教育环境虚拟化意味着教学活动可以在很大程度上脱离物理空间和时间的限制，这是电子网络化教育的重要特征。现在已经涌现出一系列虚拟化的教育环境，包括虚拟教室、虚拟实验室、虚拟校园、虚拟学社、虚拟图书馆等，由此带来的必然是虚拟教育。虚拟教育可分为校内模式和校外模式。校内模式是利用局域网开展网上教育，校外模式是指利用广域网进行远程教育。在许多建设了校园网的学校，如果能够充分开发网络的虚拟教育功能，就可以做到虚拟教育与线下教育结合，校内教育与校外教育贯通，这是未来信息化学校的发展方向。

(7)管理自动化。我们熟知的计算机管理教学(CMI)包括计算机化测试与评分、学习问题诊断、学习任务分配等功能。最近的发展趋向是在网络上建立电子学档，其中包含学生电子作品、学习活动记录、学习评价信息等。利用电子学档可以支持教学评价的改革，实现面向学习过程的评价。

(二)信息化教学模式

1.信息化教学模式的含义

要解释信息化教学模式的概念，需要首先认识和解释教学模式的概念。

(1)什么是教学模式。

一般来说，人们可以将某种规范化、系统化并具有相对稳定性的东西看成模式。模式是指以简化的方式来表达或模拟真实的事物和现象，它是一个复杂的过程或系统简化了的代表物，具有方法论的意义。模式常以简化的方式来表达真实的事物，它概括并提供了真实事物的结构和发展顺序。模式通常将不能直接观察的现象变成可观察的(或较具体化的)东西。例如，教学活动是一个复杂的系统和过程，人们很难对其进行直接的观察，也很难在自然状态下把握它的各种要素及各种关系。利用教学模式就可以降低其复杂性，抽取出主要因素和环节，让我们在一个较为简化的框架上对其进行探讨和研究。

(2)什么是信息化教学模式。

信息化教学模式是指在现代教学思想和理论指导下，师生之间应用现代信息技术而形成的较为稳定的教学活动结构框架和活动程序。

信息化教学模式在本质上与一般的教学模式并无差别，作为一套完整的方法论体系，它们都要以某种教学思想和理论为指导，通过较稳定的结构程序来综合协调教学活动中的各种因素，提出适当的操作要领，以保证活动按规定方式展开，发挥其特有的教学功能，实现预定的教学目标。

信息化教学模式是教学模式在信息化时代条件下的新发展，是基于信息技术的教学模式。由于信息技术的应用，使信息化教学模式与一般的教学模式相比有了新的含义，产生了一系列的变化：在教学目的上，由重知识传授转向重能力培养；在教学内容上，从单学科转向跨学科交叉；在教学方法上，从重传递、接受教学方法的运用转向重启发、探究、协作教学方法的运用；在师生关系上，由主宰与听从的师生关系转为主导、主体、平等的师生关系；在教学评价上，由重视学习结果的评价转向重视学习过程的评价等。

2.信息化教学模式的基本组成要素

信息化教学模式一般由教学思想和理论、教学目标、技术环境、教学策略和人机关系等若干要素组成。与一般的教学模式不同，信息化教学模式多了技术环境和人机关系等要素，有了自己的特色。

(1)教学思想和理论。

这是信息化教学模式赖以形成的思想基础。在不同教学思想和理论的指导下，会形成不同的信息化教学模式。教学思想和理论制约着教学目标的制定、技术手段的应用、教学策略的安排以及师生角色的扮演等。例如，在强调知识学习的教学思想的指导下，就会形成以传授知识，强调以最终检验结果为特色的教学模式；若在强调培养学习者的独立性、主动性的教学思想指导下，就会形成以注重学习过程、发挥学习者主动性为特色的教学模式。可以说，教学思想和理论是信息化教学模式的灵魂。

(2)教学目标。

这是信息化教学模式所追求的预期的教学结果。它是信息化教学模式运行的指南，也是一定教学思想和理论的具体化表现。一般来说，一种类型的信息化教学模式大致有同样性质的教学目标，不同类型的模式就有不同性质的教学目标。如问题学习模式的教学目标一般着眼于培养学习者发现问题、解决问题的能力和技能；而探究学习模式的教学目标一般重在培养学习者研究和发散思维的能力等。

(3)技术环境。

这是信息化教学模式赖以运作的物质条件。与一般的教学模式相比，技术环境这个要素在信息化教学模式中显得十分重要，它体现了信息化教学模式的特色。以信息技术为主的物化技术为信息化教学模式提供丰富的信息资源，创设逼真的学习情境，搭建便捷的交流平台。

(4)教学策略。

教学策略是指信息化教学展开的步骤、过程、方式和方法的总和，它是教学模式具有稳定运作结构的外在表现。特定的教学模式就表现在它具有独特的操作程序、教学方法和措施上。

(5)人机关系。

人机关系是构成信息化教学模式的重要因素，也是信息化教学模式不同于一般教学模式之处。“人”指教育者和学习者，“机”指媒体设备等技术环境。人机关系包括师生之间的关系和师生与媒体之间的关系。在教学中，教师、学生扮演不同的角色就形成了特定的师生关系，同时，也与所使用的媒体形成了不同的相互作用关系。师生关系和人机关系的交融就构成了特定的信息化教学模式。

3.信息化教学模式

(1)个别授导。

个别授导(tutorial)是经典的CAI模式之一,此模式试图在一定程度上通过计算机来实现教师的指导性教学行为,对学生实施个别化教学,其基本教学过程如下:计算机显示与提问—学生应答—计算机判别应答并提供反馈。在多媒体方式下,个别授导型CAI的教学内容显示可变得图文并茂、声色俱全,并可使交互形式更为生动活泼。

(2)操练与练习。

操练与练习是发展历史最长而且应用最广的CAI模式,此类CAI并不向学生教授新的内容,而是由计算机向学生逐个显示问题,学生在机上作答,计算机给予适当的即时反馈。运用多媒体,可将许多可视化动态情景作为提问的背景。应当注意,从严格意义上说,操练(drill)与练习(practice)之间是有一定概念区别的:操练基本上涉及记忆和联想问题,主要采用选择题和配伍题之类的形式;练习的目的重在帮助学生形成和巩固问题求解技能,大多采用短答题和构答题之类的形式。

(3)学习监测。

此模式本质上属于CMI(计算机管理教学)范畴,用于检验与调控学生的个别化学习进程,包括提供事前测试、分配学习任务、提供事后测试以及进行测试分析和提供分析报告。

(4)教学模拟。

教学模拟是利用计算机建模和仿真技术来表现某些系统(自然的、物理的、社会的)的结构和动态,为学生提供一种可供他们体验和观测的环境。建立教学模拟的关键工作是建立被模拟对象(真实世界)的模型(数学的、逻辑的、过程的),然后用计算机程序描述此模型,通过运算产生输出。这些输出能够在一定程度上反映真实世界的行为。计算机化模拟允许学生通过改变输入数据的范围来观测系统的变化状态。

(5)教学游戏。

教学游戏与计算机模拟有密切关系,多数教学游戏本质上也是一种模拟程序,只不过在其中刻意加入趣味性、竞争性和参与性的因素,做到“寓教于乐”。在教学游戏中利用多媒体技术,不但可使模拟的现象变得更加逼真,而且可创造在现实世界中难觅的虚拟现实情境。教学游戏往往还与一种称为“案例研习(Case Studies)”的CAI模式相联系,埃林顿(Ellington,1981)等提出了一个模拟、游戏、案例研习三者之间的关系模型,有助于我们澄清概念。罗密佐斯基(Romiszoski,1984)则进一步刻画了它们各自本质的区别。

(6)智能导师。

严格地讲,智能导师也是个别授导的一种,因为它需要借助人工智能技术来实现,因此又称为智能导师系统。智能导师系统(Intelligent Tutoring System,ITS)是利用人工智能技术来模拟“家教”的行为,允许学生与计算机进行双向问答式对话。一个理想的智能导师系统不仅要具有学科领域知识,而且要知道它所教学生的学习风格,还要能理解学生用自然语言表达的提问。然而,世界上迄今所建立的此类系统能达到实用水平的屈指可数。

(7)问题解决。

问题解决(Problem-Solving)是一个十分广泛的概念,但作为一种CAI模式,是专指利用计算机作为解题计算工具,让学生利用计算机的信息处理功能解决学科领域的相关问题。

通常有两种不同的做法:

一是让学生利用某种计算机语言来编制解决问题的程序,如PASCAL、BASIC等,LOGO

语言也可当作适合于儿童的问题求解语言。

二是向学生提供问题求解软件包，如力学计算程序、化合分析程序、社会科学统计软件包(SPSS)、通用数学计算程序 Mathematica、工程数学计算程序 MAT LAB 等。就 CAI 范畴而言，后一做法现已成为主流，因为它可使学生将精力集中于问题求解的方法而非编程细节。

(8)微型世界。

微型世界(Micro World)是利用计算机构造一种可供学习者自由探索的学习环境，大多数微型世界是借助计算机化建模技术构造的，它和教学模拟与教学游戏有密切的关系。微型世界的基本特点是学生对模拟的环境可操纵、可建构。例如，有一个名叫“交互性物理(Interactive Physics，IP)”的软件系统允许学习者构造属于经典力学系统的大部分实验。还有一种供儿童学习的 LOGO 语言，也被认为是一种微型世界，因为它提供的“图龟”世界允许学习者进行操纵并观察其反应。随着网络和通信技术的发展，网络支持的微型世界应运而生，由美国科学探索网络开发的学习化学酸碱度知识的“pH 酸碱度”就是一个很好的例子，它为学习者学习酸碱度知识提供了一个良好的网络学习环境。在这个微型世界中，学习分为 7 个步骤，即 7E 模式。7E 是指趣味(Excite)、探索(Explore)、解释(Explain)、扩充(Expand)、延伸(Extend)、交流(Exchange)以及测验(Examine)，这 7 个步骤的英文名词都是以 E 开头。这些学习步骤可以顺序进行，也可以各自独立，学习顺序完全由学习者决定。有兴趣的学习者可以通过 www.sci-ctr.edu.sg\sln\phfactor\ph0.html 访问到这个网上微型世界。当然，“pH 酸碱度”微型世界的学习形式还比较单一，模拟逼真程度还不高，但是它已经可以极大地促进学习者的学习，网上微型世界作为一种正在兴起的网络学习形式，必将会有更大的发展。

(9)虚拟实验室。

虚拟实验室，实际上是利用虚拟现实技术仿真或虚构某些情境，供学生观察与操纵其中的对象，使他们获得体验或有所发现。有一个名叫“虚拟青蛙”的解剖实验室，学生可以做非常逼真的青蛙解剖实验，既可以剥去青蛙的皮肤和肌肉，使骨骼清晰可见，还可以解剖其眼睛和大脑。

(10)情景化学习。

情景化学习(Situated Learning)是当前盛行的建构主义学习的主要研究内容之一。它是利用多媒体计算机技术创设接近实际的情境进行学习，利用生动、直观的形象有效地激发联想，唤醒长期记忆中的有关知识、经验和表象，从而使学习者能利用自己原有认知结构中的有关知识与经验去同化当前学习到的新知识，赋予新知识以某种意义。情景学习模式的主要方法有认知学徒、抛锚式学习等。认知学徒模式是从传统的师徒传技授艺模式中得到启发而形成的。

情景学习论者认为，就像一个手艺人不会用预先准备好的稿子教学徒一样，教学环境和教师应该着重于用实际的方法解决真实世界的问题，而不是简单地运用预先准备好的教学顺序进行教学。教学者应该是一个指导者，是解决问题策略的分析者。

教师的作用也可由智能代理实现，或在网络上由教师通过适当的教学通信工具来提供示范、教练和帮助。抛锚式学习模式(Anchored Learning)的实质是将教学“锚接”于(即安排在)有意义的问题求解环境中，这些有意义的问题求解环境被称作大环境(Macro Context)，因为它包括复杂的环境要素，要求学生系统地解决一系列相关的问题。每个环境能够支持学生进行持续的探索，学生能够在几个星期甚至几个月时间内从多种角度对其中的问题进行持续的求解，而且各个“锚点”(及其伴随的教学事件)都能够提供多课程的延伸。

抛锚式学习环境“杰斯珀探险”系列就是一个典型的情景化学习环境的例子。它的故事主线是主人公及其朋友的一系列探险活动。探险活动覆盖复杂的旅行计划、统计和商务计划、地理和几何等领域。每个探险活动都提供非常丰富的环境，产生“解决问题、推理、交流的多种可能，并且产生与其他知识领域（如自然科学、社会科学、文学和历史等学科）的链接”。这个学习环境将电视与计算机两种媒体结合起来，由视频媒体叙述杰斯珀及其朋友的探险活动，从而提供故事情景，在此基础上，学生能够利用计算机介入并参与其中的探险，对其中产生的问题提出自己的解决方案，进行发现式学习和积极的问题求解。更为可贵的是，故事的发展是由学生对问题的解决所决定的，不同的解决方法将产生不同的故事结果。

(11)案例研习。

案例研习(Case Studies)系统为学生提供一种丰富的信息环境，系统中包含从实际案例中抽取的资料，让学生以调查员的角色去调查案情（犯罪案件、医疗事故、道德伦理问题等），通过资料收集、分析和决策，得出问题的结论。

(12)基于资源的学习。

基于资源的学习(Resources-Based Learning)由来已久，不是信息化教育特有的。学习资源的概念非常广泛，基于资源的学习就是要求学生利用各类资源进行自学。在信息化教育的范围内，基于资源的学习从量与质两个方面来说都不可同日而语。现代信息技术，特别是多媒体与计算机网络技术的应用，为学习者提供了极为丰富的电子化学习资源，包括数字化图书馆、电子阅览室、网上报刊和数据库、多媒体电子书等。互联网上蕴藏着无穷无尽的信息，学习者只要掌握了一定的网络通信操作技能，就可以通过各种网上检索机制，方便快捷地获取自己所需要的知识从而进行高效的学习。

除信息资源外，人力资源也是极有价值的学习资源。此处所谓的人力资源，是指可能有助于学生学习和使学生感兴趣的人。通过计算机网络，学习者可以不受时间、空间的限制，接触到世界各地的人才，他们在不施加任何压力的情况下给学习者提供帮助，向学习者介绍自己所拥有的知识、经验，以及特定的技能和能力。

(13)探究性学习。

探究性学习(Inquiry Learning)，本质上是数据库系统和情报检索技术的教学应用，能按照学生的提问从学科数据库中检索出有关信息，如历史、地理、生物等涉及大量数据的领域。学生利用系统的信息服务功能，通过信息收集和推理之类的智力活动，得出对预设（通常由教师所给）问题的解答。探究性学习与案例研习、基于资源的学习的相似之处是都涉及信息检索技术的应用，但它们的数据组织与范围是不同的。探究性学习的数据库通常按学科范围组织而成，案例研习的数据库是围绕有一定实际背景的事例来组织的，而基于资源的学习通常无预定范围。

(14)计算机支持合作学习。

计算机支持合作学习(Computer-Supported Cooperative Learning 或 Computer－Supported Collaborative Learning，CSCL)是与传统的个别化 CAI 截然不同的概念。个别化 CAI 注重于人机交互活动对学习的影响，CSCL 强调利用计算机支持学生同伴之间的交互活动。在计算机网络通信工具的支持下，学生可突破地域和时间上的限制，进行同伴互教、小组讨论、小组练习、小组课题等合作性学习活动。

(15)虚拟学伴。

虚拟学伴系统(Virtual Learning Companion System，VLCS)是利用人工智能技术，让计算机来模拟教师和同级学生的行为。关于人工智能在 CAI 中的作用，存在一个认识不断发展的过程。20 世纪 80 年代初提出智能导师系统的概念，即企图用计算机模拟教师的行为；80 年代中期提出让计算机扮演学习者的角色，而不是当教师；80 年代末期更进一步提出让计算机同时模拟教师和学生（多个或至少一个）的行为，从而形成一个虚拟的社会学习系统，台湾学者陈德怀是目前研究虚拟学伴系统方面的代表人物。

(16)虚拟学社。

虚拟学社的名称是我们创造的，指利用网上群体虚拟现实工具 MUD/MOO 支持异步式学习交流的形式。MUD/MOO 是 20 世纪 90 年代中期才开始在互联网上流行起来的多用户异步通信系统，MUD(Multi User Dimension)代表虚拟的多用户空间。

MOO(Multi user dimension Object－Oriented)是由 MUD 发展而来的，是一种面向对象的 MUD，它通过对由各种 MOO 对象构成的核心数据库的共享来向用户提供虚拟社会环境。每一个用户通过自己的客户机程序进入 MOO。MOO 提供实时的在线通信，它引入房屋空间隐喻的概念，使在实际地理位置上处于分离状态的用户能够在一个共同机制中进行交互和协作。MUD/MOO 原本是为支持网上虚拟社会中的交际活动而设计的，但近年来，MUD/MOO 越来越多地被应用于教育和研究工作中，它给网上合作学习提供了新颖而有效的手段。一个教育 MOO 有一个学术主题，它利用 MOO 提供的各种通信工具，如电子邮件、电子报纸、文档、电子白板、虚拟教室等，来支持各种学习活动和校园文化。

(17)协同实验室。

网上协同实验室(Collaboratory 或 Collab)是对真实实验环境和虚拟实验平台的集成，它实现了基于网络的问题求解过程。在协同实验室中，学生可以同学习伙伴一起设计实验，并通过模拟软件观看到实验结果。直到他们认为方案成熟，就可以转移到真实的实验环境中完成实验，以验证真实的情形。学生的所有行为都会被系统记录，以供进一步研究找出最佳学习路径或分析实验中的交互行为。网上协同实验室中的学生组成一个个学习小组，所有学习小组构成一个学习型社会。在实验过程中，只有组长能够控制实验器材，获取实验数据。其他成员只是向组长提供想法和观察实验结果。当然，组内的每一名成员都进行了明确的分工，他们各司其职。教师在整个实验过程中监控每一个成员的表现和实验结果。

(18)计算机支持讲授

计算机支持讲授(Computer-Supported Lecturing)包括计算机多媒体在课堂教学中的多种应用，如电子讲稿制作与演示，用网络化多媒体教室支持课堂演示、示范性练习、师生对话、小组讨论等。计算机在课堂教学中的应用使传统的教学形式得到新生，并且有助于教师在信息化时代的教学过程中继续发挥其应有的作用。

(19)虚拟教室。

虚拟教室(Virtual Classroom，VC)是指在计算机网络上利用多媒体通信技术构造的学习环境，允许身处异地的教师和学生互相听得着、看得见，不但可以利用实时通信功能实现传统物理教室中所能进行的大多数教学活动，还能利用异步通信功能实现前所未有的教学活动，如异步辅导、异步讨论等。

(20)认知工具。

关于认知工具的概念与主要类型已在前面做过介绍。值得一提的是，有一种概念映像(Concept Mapping)工具，是专门用来建立概念地图的。概念地图实际上是语义网络的可视化表示方法，图中有许多节点，节点与节点之间的关系用加语义标记的连线来表示。例如，有一个名叫灵感(inspiration)的概念映像软件很受教师欢迎，可以让学生把课程中所学的知识元素按语义建立关联，有助于知识的系统化。

第九章

翻转课堂的基础与发展

第一节　翻转课堂的兴起与发展

一、什么是翻转课堂

翻转课堂有很多名称，诸如颠倒教室、翻转教学、颠倒课堂、翻转学习等，其实意思都一样。到底什么是翻转课堂呢？这是从英语 Flipped Class model 翻译过来的术语，一般被称为翻转课堂教学模式。在传统课堂教学模式中，教师在课堂上讲课，讲完后布置课后作业，让学生在课外练习。与传统课堂教学模式不同，在翻转课堂教学模式中，教师创建教学视频，学生在课外观看视频中教师的讲解，主要在课外完成知识的学习，课堂则变成了教师与学生之间、学生与学生之间互动的场所，课堂上教师主要通过组织答疑解惑、交流讨论、知识运用等活动，帮助学生完成知识的学习，从而达到更好的教学效果。通过图 9-1 的教学结构变化比较，能更清晰地看到翻转课堂与传统课堂的区别。

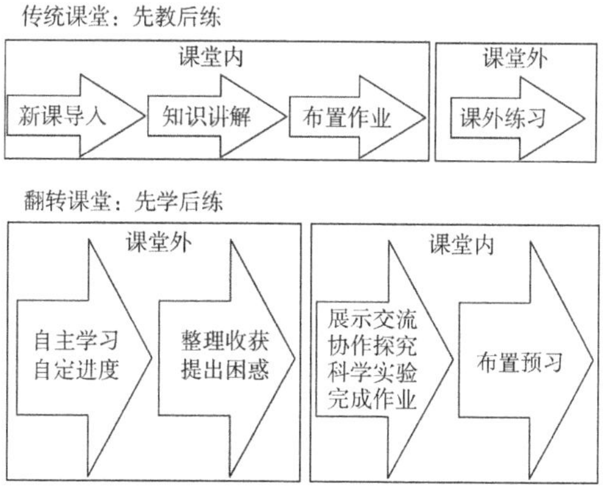

图 9-1　教学结构变化比较

因此，所谓翻转课堂，就是教师创建教学视频，学生在课外观看视频中教师的讲解进行学习，回到课堂上与教师、同学面对面地交流和完成作业这样一种教学形态。

乔纳森·贝格曼和亚伦·萨姆斯通过下面的问答使我们更加准确地理解翻转课堂的含义。

(一)翻转课堂不是什么

(1)翻转课堂不是在线视频的代名词。翻转课堂除教学视频外,还有面对面的互动时间,学生与同学和教师一起发起有意义的学习活动。

(2)翻转课堂不是视频取代教师。

(3)翻转课堂不是在线课程。

(4)翻转课堂不是学生无序学习。

(5)翻转课堂不是让整个班的学生都盯着计算机屏幕。

(6)翻转课堂不是学生在孤立地学习。

(二)翻转课堂是什么

(1)翻转课堂是一种手段,增加学生与教师之间的互动和个性化的接触时间,是让学生对自己的学习负责的环境。

(2)翻转课堂教师是学生身边的教练,不是讲台上的“圣人”。

(3)翻转课堂是混合了直接讲解与建构主义学习。

(4)翻转课堂是学生缺席课堂,但不被甩在后面。

(5)翻转课堂是课堂的内容得到永久存档,可用于复习或补课。

(6)翻转课堂是所有的学生都积极学习的课堂。

(7)翻转课堂是让所有学生都能得到个性化教育的课堂。

二、翻转课堂的兴起

翻转课堂起源于热衷于创新的美国。早期的翻转课堂实践和研究主要是在高校中进行的。最早开展翻转课堂研究工作的是哈佛大学的物理教授埃里克·马祖尔。为了让学生的学习更具活力,他在20世纪90年代创立了同伴教学法(Peer Instruction)。

埃里克·马祖尔认为,学习可以分为两个步骤:第一步是知识的传递;第二步是知识的吸收内化。

传统的教学重视知识的传递,却往往忽视了知识的吸收内化。实验证明,同伴教学法恰好可以促进知识的吸收内化。在传统的讲授式教学过程中,知识信息的流动是单向的,既缺乏师生之间的互动,又缺乏学生之间的交流。而同伴教学法讲述的是同类人(即学生之间)的学习互助,马祖尔将此法应用于物理教学,通过小组内学生对物理概念意义的讨论,使学生参与到教学之中,成为积极的思考者,以此促进学生对基本概念的理解以及问题解决能力的提高。随着信息技术的发展,出现了计算机辅助教学形式,知识传递的问题已经很容易解决了,所以马祖尔认为,教师的角色完全可以从演讲者变成教练,从传授者变为指导者,教师的作用侧重于指导学生的互助学习,促进学生对知识的吸收内化。

2000年,莫林拉赫、格伦·普拉特和迈克尔·特雷格拉发表了论文《颠倒课堂:建立一个包容性学习环境的途径》。文中谈到了美国迈阿密大学在开设“经济学入门”课程时采用翻转教学(当时称为“颠倒教学”或“颠倒课堂”)模式的情况,并着重谈到了如何使用翻转教学激活差异化教学,以适应不同学生的学习风格。不过,文中并未正式引出翻转教学和差异化教学这些概念。

J.韦斯利·贝克在2000年第十一届大学教与学国际会议上,提交了论文《课堂翻转:使用网络课程管理工具(让教师)成为身边的指导者》。文中提出了让教师成为“身边的指导者”,替代以前“讲台上的圣人”，一时之间这成为大学课堂翻转运动的口号。教师使用网络工具和课程管理系统以在线形式呈现教学内容，将其布置给学生作为家庭作业学习，然后在课堂上教师更多地深入参与到学生的主动学习活动和协作中——这便是贝克在论文中提出的“翻转课堂模型”。

2000年秋季学期，威斯康星大学麦迪逊分校在一门计算机课程中进行了翻转教学改革，使用了e-Teach软件进行流媒体视频(教师讲解与PPT演示结合的视频)演示，以取代教师的现场讲座。放在网上的讲座视频允许学生在有空并且最细心和注意力最集中的时候观看，同时还允许学生和教授用上课时间解决问题，增加师生之间的互动，极大地提高了课程的应用性、便利性和价值。

2007年，杰里米·斯特雷耶在博士论文《翻转课堂在学习环境中的效果：传统课堂和翻转课堂使用智能辅导系统开展学习活动的比较研究》中论述了翻转课堂在大学的设置情况。作者在自己讲授的统计和微积分课程中，把教学内容录制为视频作为家庭作业分发给学生观看，课堂上再利用在线课程系统Blackboard的交互技术，组织学生参与到项目工作中。杰里米·斯特雷耶在论文中谈到学生会控制正在观看的视频，因此能保持机敏的状态接受新信息。

我们可以看出，早期的翻转课堂实践是在高等教育阶段的某一学科内开展的初步尝试，希望借助于视频帮助学生学习知识内容。从另一个侧面来说，早期的翻转课堂实践尝试更多的是一种计算机辅助教学形式。其蕴含着的教育理念——促进学生之间互助互学、增加师生交流互动、促进学生对知识的吸收内化等，与以后发展的翻转课堂的教育理念之间是一脉相承的。

正当这种全新教学模式在大学里不断被创新和实践之时，有一名“业余教师”在辅导表妹的数学功课时，无意间竟掀起了一场轰动世界的翻转课堂革命。

三、翻转课堂的发展

2004年，为了给表妹纳迪亚辅导数学作业，萨尔曼·可汗(Salman Khan)在无意中创建了一种新的教学模式。当年的可汗只有28岁，数学是他的强项。他有美国麻省理工学院数学学士、计算机科学和电机工程硕士，以及哈佛大学工商管理硕士等学位，毕业后一直在波士顿的一家对冲基金公司担任基金分析师。

在可汗帮表妹解决数学难题的过程中，通过叫作雅虎涂鸦的程序，他们可以看到对方在计算机上所写的内容。他们通过电话交流，制定好学习的课程，决定从令表妹纳迪亚烦恼的单位换算开始辅导。

可汗会编写代码，他列出一些练习题，让纳迪亚在网上练习，以检查她的学习效果。在可汗的帮助下，纳迪亚的数学进步神速。纳迪亚在重新参加的数学摸底考试中取得了优异的成绩。后来，纳迪亚的两个弟弟阿尔曼和阿里也要求可汗做他们的家教辅导。再后来，不少亲戚和朋友听说此事，他们又带来了一些朋友，可汗拥有近10名学生。

为了跟踪了解每一个孩子的学习进展情况，萨尔曼·可汗开始将很多概念做成“模块”，并建立了数据库。由于雅虎涂鸦无法让很多学习者同时观看，于是可汗开始制作教学视频，并上传到You Tube网站给大家共享。可汗制作的视频都很短，只有10分钟左右，包含两个方面的内容：黑板上的草图和画外音，结合起来对一些概念进行讲解。在他发布的视频中，孩子们只能看见可汗的一双手在书写、绘图，听到他的讲解，却看不见他的样子，这样就减少了许多不必要的干扰因素。如果在视频中加入人的面部，学生就很容易分神，无法集中注意力在视频讲授的知识内容上，而是更多倾向于观察讲课教师的特征和面部表情的变化，所以，可汗决定在录制视频时不出镜。

可汗的第一段视频是在2006年11月16日上传到YouTube网站的,接下来便一发而不可收。就在他的视频发布不久,在一个有关微积分的视频下开始有人评论:"这是我第一次笑着做导数题。""我也是,我真的是度过了高兴和兴奋的一天。我原来看过矩阵课本,但我更喜欢这里的,好像我学会了武功。"……此后,可汗每天都能收到感谢和鼓励的留言。不到5年,可汗制作教学视频从副业变成了职业,他俨然成了"网络数学教父"。

受到如此好评后,可汗于2006年创办了可汗学院(Khan Academy)。他又招募了艺术和历史方面的两位讲师。可汗学院的视频数量日益增加,从数学的基础核心课程,如算数、几何、代数、微积分等到物理、生物、化学、金融,再到"拿破仑战争""外星人绑架揭秘"……内容非常广泛。如今,可汗正在添加更多领域的教学视频,如会计、信贷危机和GMAT考试等。

为此,他必须先自己掌握这些知识,然后传授给他人。可汗希望以自己的努力来改变人们学习的方式,"让任何人,在任何地方,都得到世界一流的教育"。特别要强调的是,可汗学院的所有视频课程均是免费的,世界各地的人都可以免费观看,这也正是可汗学院得到广泛支持的关键所在,是它打败传统教育机构的独门法宝。可汗学院的使命,就是让地球上的任何人都能随时随地享受世界一流的免费教育。

可汗成为美国业余教育的精英,受到人们的热捧。2011年3月,可汗在加州长滩举行的TED2011大会上应邀发表演讲,全体听众起立鼓掌。比尔·盖茨当场上台,就可汗的项目与之交流。可汗的免费网站得到了越来越多科技领袖的财力支持,这成为它发展壮大的坚强后盾。如今,可汗学院的教学已经通过网络走进世界各地的实体教室。在一些地方,它甚至已经取代了教科书。

2011年11月,加州洛斯拉图斯学区的学校正式与萨尔曼·可汗合作,率先在五年级和七年级引入了可汗学院课程,并在可汗的帮助下开启了一套新的教学系统。学生和教师共同使用可汗学院的网站。学生登录网站观看视频并做练习题。教师作为教练在后台察看全班学生的学习数据:"蓝色"代表这个学生正在学习,"绿色"代表他已经掌握了知识点,"红色"代表他的学习存在问题。教师能通过数据知道学生的真实水平,了解他们每天花多长时间看视频,在什么地方暂停或完全停止观看,以便为学生提供更有效的学习指导。

当学生观看视频发现不懂的地方时,学生可以随时发邮件提出问题,可汗学院会在线回答问题,每秒钟可以回答15个问题。可汗还在网站上设计了一种基于自动生成问题的Java软件:只有当学生全部答对1套(10道)题后,Java软件才会提供更高一级的题目;做到某一步,奖励学生一枚勋章。这种"满十分前进"的模式让孩子们能够循序渐进地快乐学习。改进后的练习系统还能生成一个知识地图,帮助学生做出学情分析,并用图表方式反馈给学生,让学生知道自己哪里薄弱、哪里需要进一步学习和改进。卡温顿小学校长埃林·格林说:"许多学生都热衷于学习数学,这种现象我以前在学校里从未见过,即使在初中也很罕见。他们很投入,很兴奋,真是令人激动。视频课程与学生的学习进度完全合拍。"

从参与可汗学院教学试点项目的学生中,我们惊喜地看到了成果:学生的学习成绩没有下降,反而有了显著的提升。从学习成果看,与前一年相比,七年级学生的平均分增长了106%,七年级顺利毕业的学生人数增长到了原来的两倍,有的学生成绩等级连跳两级。可汗学院的教学方式也改变了学生的性格,学生更加刻苦努力地学习,开始承担属于自己的学习责任。其他新试点项目也取得了类似的结果。

在美国的其他地方,一些一线教师直接把可汗学院的视频加入自己的翻转课堂中,省去了自己录制教学视频的技能困扰。因为录制高质量的教学视频除需要熟悉技术操作外,更需要有高超的教学讲解技能。

可汗的免费在线教学视频迅速推动了翻转课堂的进一步普及。我们可以这样说，翻转课堂是伴随着可汗学院蹿红全世界而被更多教育工作者了解的。现在已经有包括中国在内的越来越多的国家和地区的教师开始了翻转课堂教育教学实践。

第二节　翻转课堂的理论基础

一、翻转课堂的教育理论基础

（一）布卢姆的掌握学习理论

乔纳森·贝格曼和亚伦·萨姆斯在网站上声明，翻转课堂教学模式并非源自新的教育理论，其采用的仍然是我们所熟悉的掌握学习理论。

1.布卢姆的掌握学习理论的基本含义

布卢姆的掌握学习理论的基本含义，是给予学生足够的学习时间和个别帮助以及注意教学的主要变量，学生就能够在掌握一个单元的学习之后顺利进入下一单元的学习，从而达到课程目标。正如布卢姆所说："只要提供适当的先前与现时的条件，几乎所有的人都能学会一个人在世界上所能学会的东西。"掌握学习，即在"所有学生都能学好"的思想指导下，以集体教学（班级授课制）为基础，辅之以经常、及时的反馈，为学生提供所需要的个别化帮助以及所需要的额外学习时间，从而使大多数学生达到课程目标所规定的掌握标准。

"提供了有利的学习条件时，大多数学生在学习能力、学习速度和进一步学习的动机方面变得非常相似。"布卢姆认为，大多数学生都能够进行掌握学习。"在一个掌握学习班上所发生的一切与传统模式有着本质的不同。80%～85%的学生在进行下一步学习之前，都已经达到了掌握的水平，这一比例也不会随着学习任务的增多而下降。"只要给予学生足够的学习时间，在其学习遇到困难时给予个别化的指导，那么几乎所有的学生都能够掌握要学习的内容，完成学习任务，达到学习目标。

2.掌握学习要求

学生能够按照自己的节奏学习课程。学生完成了一个单元的学习后，必须以80%～100%的掌握水平证明他们自己已经学会了内容。证明学生是否已经掌握了学习内容的方法是"退出评估"——包括实验室和书面测试。倘若学生在评估中掌握水平低于85%，他们需要返回再次学习自己理解有偏差的学习内容，并重新进行测试。这样，学生的学习情况是由他们已经掌握的学习内容的多少来决定的。按照布卢姆的看法，在教学中注意影响学习的主要变量，就能够使绝大部分的学生掌握绝大多数的学习内容。

3.掌握学习理论的核心思想和重要变量

掌握学习理论的核心思想是让每位学生都有足够多的学习时间。卡罗尔认为："一位学生的能力倾向是指其掌握一项学习任务所需要的时间量。"这句话可以概括为一个公式——卡罗尔公式：

$$能力倾向 = f(学习速度)$$

卡罗尔公式向我们展示了这样的理念：只要有足够多的时间，每位学生都能够掌握一项学习任务。

根据卡罗尔公式，布卢姆建立了他的学习模型：

$$学业达成度=f(实际学习时间/需要学习时间)$$

布卢姆认为，实际影响学习的时间量有3个变量：

(1)机会，即允许学生学习的时间。

(2)毅力，即学生自觉自愿进行学习的时间。

(3)能力倾向，即在一般情况下掌握某种学习任务需要花费的时间。

布卢姆和卡罗尔都主张，如果有足够多的学习时间，那么绝大多数的学生都能够达到要求掌握的标准。学生自愿投入在学习上的时间受学习态度和学习兴趣的影响。教学的艺术在于让学生花费合适的时间就可以掌握学习内容。

布卢姆认为，在掌握学习的过程中，应该注意把握3个重要变量，即学生的认知准备状态(学生为了完成新的学习任务需要具备的知识和技能的水平)、情感准备状态(学生趋向学习的动机强度)、教学质量(教学适合学生的程度)。具体内容如下：

首先，学生的认知准备状态方面，需要关注学生进行学习之前已具备的知识和技能水平的差异。

其次，学生之前的经历和学生对学习结果的期望都会影响学习任务的完成情况。学生对学习任务所持有的情感状态会决定学生为完成此项学习任务付出努力的多少以及克服困难、学习挫折的程度。学生完成某一学习任务的成败经验会在很大程度上影响学生之后完成类似学习任务的结果。因此，教师应该多给予学生积极的强化，如多鼓励和表扬学生、给予学生更多展示自我的机会等。

最后，教学质量涵盖教师如何提供学习线索或者指导，学生参与学习的程度，教师如何强化学生学习3个方面。

4.掌握学习理论的教学要素和教学策略

教学包含线索、参与、强化和反馈—纠正4个基本要素。

第一，学习线索指的是需要学生掌握什么以及在学习过程中教师需要做哪些具体的指导。由于学生领悟学习线索的能力存在差异，因此教师应该针对不同的学生提供不同类型的线索呈现方式。

第二，学生结合教师提供的针对学习线索的学习提示和学习内容，做出相应的反应或者训练。也就是说，学生需要积极参与到学习活动中来。

第三，强化的类型很多，如物质奖励、精神鼓励等。实施强化的主体可以是教师，也可以是同伴，还可以是学生自己。强化的效果也存在差异。因此，教师在教学过程中可以视具体情况而采取不同的强化方式以达到较佳的效果。

第四，教师能够适时根据学生的学习情况给予恰当的指导。提供给学生适合的学习线索，给予适当的练习机会，及时做出强化和反馈—纠正。这样，学生能够明自己的学习任务得到高效的训练强化，知晓自己学习的结果。整个学习过程始终处于一种可监控和调节的张弛有度的状态。

掌握学习理论的教学策略分为3个步骤：说明学习需要的先决条件，制定实施的程序，评价这种策略所产生的结果。教师需要向学生清楚、详细地说明学习目标以及如何确定已经达到掌握标准。

布卢姆认为，制定一个绝对的掌握标准，促使大多数学生经过努力之后都能够达到它，而不是制定相应标准来评价学生的学习情况，这样可以促进学生的自我发展。

（二）翻转课堂视域下掌握学习理论的教育意义

首先，布卢姆的掌握学习理论有助于全体学生实现学习目标。掌握学习理论强调面向全体学生，不希望任何一个学生在学习过程中没有完成应完成的学习任务，突出了满足每个学生的学习需要。

其次，掌握学习理论关注学生的个别差异。在制定学习目标时，教师充分考虑学生原本存在的个别差异。教师应为不同的学生选择不同的学习材料，采用不同的教学方法，给予个别化的指导和帮助。

再次，掌握学习理论对学生的心理健康也有促进作用。在掌握学习的过程中，教师对每个学生都持有积极的态度，相信每个学生都能够学好。教师对学生的学习能力充满信心，学生也因为教师的期望而获得自信，慢慢激发起学习的内部动机，学习逐渐获得成功。在整个学习过程中，学生对学习内容产生兴趣，享受到学习的快乐，获得学习的成就感和幸福感，学生的自我观念也获得更深层次的发展。

最后，掌握学习理论也主张学生之间的相互合作学习以及师生的交流。在掌握学习的过程中，教师与学生之间的交流与讨论增多，师生情感更深；学生之间互帮互助，培养了合作精神，调节了生生关系。

（三）建构主义学习理论

从整体上来看，建构主义学习理论树立了以学生为中心的教学理念。

1.建构主义知识观

建构主义知识观认为，知识不是对现实的纯粹、客观的反映，而是人们对客观现实的一种解释、推测或者假设。知识不是关于问题的最终结论，它会随着人们认识的深入而出现新的解释或者假设。知识是基于某一具体情境而产生的。真正的知识是学习者根据自身的生活经验和实践经历主动在头脑中积极建构的。知识所含有的意义是由个体赋予的。知识在被个体接受之前，它对个体来说是毫无权威可言的，不能把知识作为预先决定了的东西教给学生，不能用科学家、教师、课本的权威来压服学生，学生对知识的接受只能依靠他自己的建构来完成。因此，知识具有针对性、情境性、个体性、相对性、动态性及发展性等特点。

2.建构主义学生观

建构主义学生观包括以下含义：

第一，学生是发展中的人，学生具有很大的发展可能性和潜能。

第二，学生是独特的人，拥有自己的独特想法。

第三，学生是独立的人，每个学生独立于教师的头脑之外，学习是学生自己的事情；学生是具有主体性的人，具有较强的自学能力。

第四，学生是时代中的人，当前学生所处的时代是知识经济和信息化时代，教育理应考虑学生的时代特征和发展新要求。学习者不是被动地接收信息，而是主动地运用已有知识、经验对新知识、新信息的意义进行建构。这意味着学习是主动的，学习者要主动地对外部信息进行选择和加工，教学应以学习者为中心。

3.建构主义学习观

建构主义学习观认为，学习不是由教师把知识简单地传授给学生，而是由学生自己建构知识的过程。学生不是简单、被动地接收信息，而是在教师的指导和帮助下自己主动地建构知识的意义。这种建构是无法由他人来代替的，需要学生亲自完成。

学习过程包含两个方面的建构：建构知识的意义和改组原有的经验。皮亚杰认为，儿童的发展是儿童主动建构知识意义的过程。建构主义者更加关心学习者原有的认知结构，认为学习是学习者在自己原有的知识、经验的基础上，对新接触的材料重新认识，整合知识结构，主动建构自己独特的理解。知识实际上不是由他人"教会"的，本质上是学习者本身在头脑中主动地形成自己对于知识的领会，建构属于自己的理解。

4.建构主义教学观

在教学观上，建构主义者特别强调学习的主动性、社会性和情境性；同时十分重视合作学习(Cooperative Learning)。建构主义强调的合作学习与维果斯基强调的社会交往在儿童发展中具有重要作用的思想具有一致性。教学要关注学生原有的知识、经验。教学重视学生对知识内容的个性化理解和独特思考。教学以学习者为中心，强调学习者的主体作用。

建构主义者认为，教师是意义建构的帮助者和促进者，而不是知识的提供者和灌输者；学生是学习信息加工的主体，是意义建构的主动者。

5.建构主义教学模式

建构主义学习理论提倡的学习是在教师指导下的、以学生为中心的学习。

建构主义教学模式可以概括为如下 3 点。

(1)以学生为中心，在整个教学过程中由教师起组织者、指导者、帮助者和促进者的作用，利用问题情境、协作会话等学习环境要素充分发挥学生的主动性、积极性和首创精神，最终达到使学生有效地实现对当前所学知识的意义建构的目的。

(2)建构主义学习环境包括情境、协作、对话和意义建构四大要素。创设的情境必须有利于学习者对所学知识意义的建构。协作贯穿于学习活动的始终，包括师生之间、生生之间的相互合作和协助。对话是学习过程中的基本方式，师生或者生生之间的协作需要通过交流讨论相互沟通思想。

(3)意义建构是学习要达到的最终目标。教师要为学生提供解决问题的原型，以促进学生顺利地解决问题；同时还应指导学生进行试探性的探索。教师要提供意义建构所需要的相关材料，同时要给予学生自主建构的充分空间。在教学设计中，建构主义者主张向学生呈现整体性的学习任务，然而整体性学习任务的完成需要完成一系列的子任务。"支架式教学"是一种建构主义教学模式，它是以维果斯基的最近发展区理论为基础的。

6.翻转课堂视域下建构主义学习理论的教育意义

首先，在教育理念上具有一致性，强调学生的主动性和建构性。建构主义者在吸收维果斯基、皮亚杰、布鲁纳等的思想的基础上提出了许多富有创见的教学思想，如强调学习过程中学习者的主动性和建构性。

其次，强调小组合作学习和情境化学习的重要性。建构主义对于学习做了初级学习与高级学习的区分，批评传统教学中把初级学习的教学策略不合理地推及高级学习中，提出合作学习、情境教学等，对深化当前的教育教学改革具有深远的意义。

最后，重视技术在教学中的实际应用。多媒体计算机和网络通信技术可以作为建构主义学习环境下的理想认知工具，这样能有效地促进学生认知的发展，所以随着多媒体计算机和互联网网络教育应用的飞速发展，建构主义学习理论正愈来愈显示出其强大的生命力，并在世界范围内日益扩大其影响。

(四)斯金纳的程序教学法

美国著名教育心理学家伯尔赫斯·弗雷德里克·斯金纳根据操作性条件反射和积极强化的理论,对教学进行了改革,设计了教学机器和程序教学法。斯金纳认为,学习过程是一种循序渐进的过程,在学生学习的过程中,适时恰当地给予学生强化,会促进学生学习。

1.程序教学法的基本含义

程序教学法是指依靠教学机器和程序教材呈现学习程序,包括问题的显示、学生的反应和将反应的正误情况反馈给学生等过程,使学生进行个别学习的方法。其基本思想是把学生掌握知识、技能的过程程序化,使学生按程序进行独立的、个性化的学习。在整个学习过程中,教师的角色是监督者或者中间人,根据学生学习反应的速度、效率、效果等给予相应的反应。即时强化学生的积极学习行为,使学生的学习效果能够得到及时的反馈,这样能够加强学生的学习动力。

2.程序教学法的五大原则

斯金纳的程序教学法包括5个原则:小步子原则、积极反应原则、即时强化原则、自定步调原则、低错误率原则。

第一,小步子原则,即循序渐进原则。将学习内容分割成许多小的学习单位,这些学习单位是相互联系、难度逐级增加的学习内容。学生面对的是一个个难度较小的学习任务,而不是一个很大又很难理解的知识网络。每一个学习单位对于学生来说,通过努力都能够逐步掌握。这样,学生的学习积极性会得到提高。

第二,积极反应原则。教师即时给予学生相应的学习反馈和指导,学生拥有更多的回答问题、交流互动的机会。不再像传统教学模式下那样:教师单纯地讲授,学生只是听讲做笔记,师生之间缺乏必要的交流与反馈。

第三,即时强化原则。斯金纳把他创立的操作性条件反射理论和强化理论应用于学习,强调了强化的作用。在斯金纳看来,学生的行为受行为结果的影响,如果想让学生做出预期的行为反应,那就必须在行为之后进行强化,若是一种行为得不到强化,它就会消失。教师的奖励和肯定会在一定程度上促进学生的学习积极性。强化与学习行为之间的间隔时间不宜过长,否则强化效果将会大大降低。

第四,自定步调原则。学生根据自己的实际情况量体裁衣、循序渐进,按照自己的学习效率和能力水平来合理安排自己的学习进度。

第五,低错误率原则。在教学中应由浅入深,由已知到未知,使学生尽可能做出正确反应,将学习的错误率降到最低限度,提高学习效率。学生自己制订学习计划,在学习每一个小的学习单位时,都能够基本掌握学习内容。因此,学生学会了正确的东西,得到了来自教师的积极强化,从而保持较高的学习兴趣和较强的学习积极性。久而久之,学生会激发出学习的内在动力和潜能,会热爱学习。

3.程序教学法给予翻转课堂的启示

程序教学法思想体现了如何调动学生学习的积极性和主动性并保持学生学习的兴趣,使学生按照自己的步调组织学习。这对于翻转课堂的实施和操作,给予了一定的启示。

二、翻转课堂的心理学理论基础

(一)维果斯基的最近发展区理论

除掌握学习理论和建构主义学习理论外,最近发展区理论也是翻转课堂的重要理论基础。学生在家自主观看视频进行学习,并不是所有内容都能看懂,看不懂的记下来,教师在课堂上可以集中讲解。这种讲解在学生的最近发展区,能够有效地促进学生向着潜在的发展水平发展,从而减少课堂上的浪费。

1.最近发展区和最近发展区理论

维果斯基的最近发展区理论认为,学生的发展有两种水平:一种是学生现在已有的发展水平,另一种是学生可能达到的发展水平。这两种水平之间的差距就是最近发展区。按照维果斯基的解释,最近发展区是指"儿童的实际发展水平与潜在发展水平之间的差距。前者由儿童独立解决问题的能力而定,后者则是指在成人的指导下或是与能力较强的同伴合作时,儿童表现出来的解决问题的能力"。最近发展区阐明了儿童在近期内将有可能达到的发展水平,包含着儿童的发展潜能,表明了儿童发展的方向和趋势。

维果斯基认为,教学应该着眼于学生的最近发展区,这样可以发挥教学的积极性作用。教师应该为学生提供带有一定难度的学习内容,以调动学生的学习积极性,发掘其内在潜能,促使其超越自己的最近发展区而达到其有困难发展到的水平,然后在此基础上进行下一个发展区的发展。

2.最近发展区理论的三层基本含义

其一,教学对发展起着积极促进的作用。维果斯基认为,良好的教学应该走在学生发展的前面。维果斯基的最近发展区理论能够指导学生向更高一级的水平发展,有效促进学生的发展,让学生能够"跳一跳,摘桃子"。教学的目的是促使学生的最近发展区转化为学生的现有发展区,由"不能"变为"能",由"可能"变为"现实",即立足于学生现有发展水平并突破其限制,循序渐进地推动学生向更高层次发展,追求学生自身发展的最大可能性。

其二,儿童是自身发展的主体,儿童需要在社会交往中才能获得发展。儿童是一个独立的社会存在,对自身发展起着主要作用,拥有自我发展的主动权。儿童应勇于承担自己的发展责任。

同时,在社会交往互动中,儿童拥有与成人同样的平等地位,能够独立自主地表达自己的思想和情感。我们应该给予儿童表达自我、展示自我的机会。积极主动地追求发展加上提供给其平等对话的社会环境,二者形成合力,促进儿童发展,即"主动的儿童与积极的社会环境合作产生发展"。

其三,揭示了教学促进儿童发展的条件、途径与机制。

首先,教学促进儿童发展的条件是教学必须走在儿童发展的前面。教师要为学生提供较高层次的、较大难度的学习内容和学习指导。

其次,要想教学促进儿童发展得到真正的实现,需要的途径和机制如下:教师通过在合作式解决问题的过程中帮助儿童搭建最近发展区,为儿童提供恰当的支持以帮助儿童成功跨越最近发展区,实现其潜在的发展能力转变为现实的真实具备的能力。简而言之,在教学中,教师应帮助学生不断地造就和超越最近发展区。因此,儿童能否跨越最近发展区,往往取决于教师的帮助和支持、教师和学生之间的交流互动的质量。

3.最近发展区理论在教学中的应用

维果斯基的社会文化理论提出一个重要的概念——“搭建脚手架”。“搭建脚手架”即围绕当前的学习主题，按照儿童最近发展区的要求，把复杂的学习任务加以分解，建立概念框架。教师一方面要为学生提供促进其发展的、富有挑战性的学习任务(问题情境)，推进学生向更高的智力水平和提出问题的水平发展；另一方面还要在恰当的时机以适宜的方式和方法为学生提供完成这些学习任务的帮助和平台，促使学生发现自身存在的不足，激发出学生解决问题的能力。

第一，建立新型的因材施教观。原有的因材施教观是根据学生现有的发展水平和实际情况，给予学生相应的差异化教育。维果斯基的最近发展区理论要求我们不仅仅局限于关注学生现有的发展水平，还应该为学生提供一个经过努力仍可达到的发展水平，推动学生向前发展，超越目前自身已有的发展水平。也就是说，新型的因材施教观既要立足于学生现有发展水平的基础之上，又要为学生创设经过努力可以达到的发展水平；不再囿于学生已有的发展水平，而是追求学生发展的各种可能性。因此，在实际教学活动中，教育者不仅应该明了学生现有的发展水平，而且需要掌握学生的潜在发展水平，并且能够根据学生现有的发展水平与可能达到的潜在发展水平，寻找其最近发展区，把握“教学最佳期”，以引导学生向着潜在的、更高的水平发展，引导学生全面超越发展。

第二，鼓励学生在问题解决中学习。在维果斯基看来，在真实的问题解决情境中进行学习，能更有效地掌握知识和技能；教学应该为学习者提供问题情境，给予学生更多的思考问题、解决问题的机会。学生在解决问题的过程中成为学习的真正主人，激发好奇心，调动积极性，学会思考，学会探索，学会自我学习，学会通过问题解决来建构知识。美国知名教育心理学家加涅在学习分类中认为，问题解决是最高级的学习活动。

第三，重视交往在教学中的作用。维果斯基的社会文化历史理论提出，儿童在与社会环境(包括成人和同伴)的相互交往中获得社会生存所需要的高级心理智能。建构主义教学流派认为，教学的过程实际上是一种交往的过程。正如尼采所说：“一个人总会犯错误的，两个人就开始认识真知了。”交往的双方通过信息的交换和意见的沟通，彼此能够获得提升。德国著名哲学家雅斯贝尔斯认为，在对话中形成真正的交往，同时交往需要双方彼此的理解。在教学中，师生之间、生生之间通过交往、互动、交流、沟通，共同完成学习目标。师生之间、生生之间的思想摩擦、碰撞，有助于师生的共同提高与成长。只有在交往中，学生才能感受到自己存在的现实性和知识的真实性。

总之，教育的目的必须要通过师生、生生之间的交往实践得以实现。与行为主义者不同的是，维果斯基认为，教学不是单纯的外在知识灌输与被动接受，而是儿童积极主动地转化吸收知识的过程。因此教学需要重视儿童的主动性和发展的独特性，关注儿童发展的心理需求，注意儿童心理发展所需要的中介。学生在交往过程中，能够发现自我，增强主体性，学会与他人交流沟通，学会与他人共处共事，有利于其健康完整的人格的塑造。当前我国开展的素质教育改革非常重视交往在教学中的重要作用。

4.最近发展区理论在翻转课堂中的重要体现

翻转课堂实施的目的在于促使学生的个性化学习真正实现，发掘学生的潜能和创新能力。翻转课堂专注于学生的个性化发展，注重基于最近发展区理论的新型因材施教观。最近发展区理论着眼于发现学生的最近发展区，帮助学生跨越最近发展区，向具有可能性的更高水平发展。除此之外，与传统课堂相比，翻转课堂更加关注每个学生的现有发展水平，制订符合每个学生自身实际情况的学习方案。翻转课堂注重学生的问题意识的培养，让学生学会自主学习，学会发现问题，善于提出问题，体验“发现问题—分析问题—解决问题”的思维过程，锻炼逻辑思维，提升思维品质。翻转课堂也非常关注学生的社会交往能力和自我表达能力的提升。可以说，最近发展区理论强调的教育思想和理念在翻转课堂中得到了充分的体现。

（二）皮亚杰的相互作用理论

皮亚杰的相互作用理论认为，先天的平衡过程是发展的最高原则。平衡过程保证了在同化和顺应之间保持着相对平衡的状态，使发展具有连续性，使成熟因素和经验及社会影响有机地结合在一起，使个体以确定的步伐和顺序向着更高水平的平衡状态发展。

同化原本是一个生物学概念，指生物体把从外界环境中获取的营养物质转变成自身的组成物质，并且储存能量的变化过程。皮亚杰把这一名词借鉴到心理学中，用于描述“把外界元素整合到一个正在形成或已经形成的结构中”(皮亚杰·B. 英海尔德，1980)。

顺应是指同化性的图式或结构受到它所同化的元素的影响而发生的改变，也就是改变主体动作以适应客观变化，也可以说改变认知结构以处理新的信息。顺应是与同化伴随而行的。当个体不能用原有图式来同化新的刺激时，个体便要对原有图式加以修改或重建，以适应环境，这就是顺应的过程。

在本质上，同化指个体对环境的作用，顺应指环境对个体的作用。同化是认知结构数量的扩充(图式扩充)，而顺应则是认知结构性质的改变(图式改变)。认知个体(儿童)就是通过同化与顺应这两种形式来达到与周围环境的平衡的。当儿童能用现有图式去同化新信息时，他是处于一种平衡的认知状态；而当现有图式不能同化新信息时，平衡即被破坏，而修改或创造新图式(即顺应)的过程就是寻找新的平衡的过程。儿童的认知结构就是通过同化与顺应过程逐步建构起来的，这是皮亚杰建构主义认识论的基本观点。

翻转课堂试图以皮亚杰的相互作用理论为根基，以学生已有的知识水平(即已有的认知结构)为教学前提，通过向学生提供合适的新的学习材料(如导学案和微课)，使学生体验到一种平衡或者不平衡的学习状态。学生为了学习新知识，需要改变自己已有的认知结构(即需要同化和顺应)，尽力达到学习目标(即获得认知结构上的平衡)。

（三）奥苏贝尔的认知同化学习理论

奥苏贝尔创设了“有意义学习理论”，这一学习迁移理论是建立在他的认知同化学习理论的基础之上的。同化指新旧知识的相互作用。同化最初由皮亚杰提出，奥苏贝尔赋予同化概念新的内涵，认为学生能否获得新知识，主要取决于学生个体的认知结构中是否已有了有关的概念。

奥苏贝尔强调影响学生学习的首要因素是已有的知识。他的《教育心理学：种认知观》一书中有这样一句代表他的核心思想的话：“如果要我只用一句话说明教育心理学的要义，我认为影响学生学习的首要因素，是他的先备知识；研究并了解学生学习新知识之前具有的先备知识，进而配合设计教学，以产生有效的学习，就是教育心理学的任务。”

认知结构中对新知识的获得和保持的影响因素主要有 3 个：认知结构中对新知识起固定作用的旧知识的可利用性，新知识与旧知识之间的可辨别性，认知结构中旧知识的稳定性和清晰性。

认知结构中的这 3 个因素称为认知结构的 3 个变量。这 3 个变量影响着新知识的获得和保持，同时也影响着知识学习的迁移。有意义学习的心理机制是同化，而同化理论的核心：学生能否习得新信息，主要取决于他们认知结构中已有的有关概念；有意义学习是通过新信息与学生认知结构中已有的有关概念的相互作用才得以发生的。这种相互作用的结果，导致了新旧知识意义的同化。总之，奥苏贝尔非常重视学生已有的认知结构。

为了促进学生更好地进行有效的学习迁移，根据认知同化学习理论，奥苏贝尔提出了“先行组织者”（先行材料）的概念。“先行组织者”就是在向学生传授新知识之前，给学生呈现一个短暂的具有概括性和引导性的说明。

根据奥苏贝尔的学习迁移理论，在翻转课堂实施中，我们试图把握学生已有的知识结构，为学生提供具有引导性的导学案和教学视频，以促进学生搭建起新知识与旧知识之间的内在联系，重新建构新一级的知识结构。为学生提供的具有引导性的导学案和教学视频，在一定程度上起到“先行组织者”的作用，促进学生理解已有知识和新知识存在的内在关联，从而进行有意义学习和高效学习。

第十章

翻转课堂下的教学模式变革

第一节　翻转课堂与传统课堂的对接

随着课程改革在全国范围内全面实施，尤其是素质教育全面深入推进，新课程标准要求进一步培养学生的科学素养，满足全体学生的终生发展需要，在课程实施中注重学生的自主学习，在教学方法上提倡多样化。可见，新课程标准对教师提出了更高的要求和期盼。这就要求教师改变教育观念，改进教学方法，转变角色，促使学生由被动学习转变为主动学习。

翻转课堂在美国流行多年，被认为正在打开"未来教育"的曙光。国内多位顶级教育技术领域的专家也极力提倡翻转课堂，探讨研究信息化环境下的翻转课堂教学实践。但是在国内全面实施翻转课堂并取得重大突破的学校却寥寥无几，这不能不引人反思。

一、翻转课堂与传统课堂的教育理念碰撞

（一）翻转课堂难以摆脱"应试教育"的枷锁

众所周知，在新课程标准要求下，传统的教学方式已不适应当今课堂。但是面对中考、高考的升学压力，基础教育根本没有挣脱"应试教育"的枷锁。

新课程标准要求学生学会自主预习、自主探究、自主总结，同时形成良好的学习习惯和思维习惯；要在教师的指导下具备自主探究的能力以及体验对科学概念和科学规律的探究过程；要在具体的学习中养成实事求是的求知态度，认识到实验是检验科学真理的方法，具备学好科学文化知识将来为祖国做贡献的崇高理想。而现实情况是，在课堂教学中，相当多的教师还是以讲授为主，满堂灌地传授知识，不能够充分顾及每位学生的感受和接受能力，使得学生的主体地位缺失。新课程标准所要求的内容很多不能体现在实际课堂教学中，教师的教学思想还是没有得到根本的转变。

许多学生家长过分看重学生的考试成绩，忽视学生综合素质和能力的培养。于是中考、高考成了教学的指挥棒。例如，如果某高中学校有几个学生考上了清华大学、北京大学，那么社会往往就会认为这所高中教学好，而不去关心学校素质教育开展得如何；这所高中下一年的招生情况会更好，得到的扶持力度会更大，占有的教育资源也会更多。这种情况可能导致学校和教师不考虑学生的全方面发展和终生发展，一味追求升学率，会造成课堂教学仍以知识传授为重，教学机械化，搞疲劳战术和题海战术，于是使学生的知识质疑能力和科学探究能力、学习习惯和解决问

题的习惯等方面存在很大的缺陷。因此，如果不改变这些传统教学观念和方式，包括翻转课堂在内的任何形式的高效课堂都难以进行到底，新课程标准的要求就难以达到。

（二）翻转课堂要求革除传统教育观念与教学方法上存在的弊端

由于长期受应试教育的影响，很多教师在教育观念、教学方法上均存在弊端，这不仅不利于教师专业能力的提升和长远发展，而且还阻碍了学生全面、健康地发展。这些弊端主要表现在：

首先，教师把教学看作达到教育目的的主要手段，教学成为一个控制的过程，成为知识传递的工具，教师只关心达成教育目的的手段的选择，而忽视了对目的本身及教育本质的追问。

其次，教师把教学看作教师的“教”与学生的“学”的简单拼合。教师所谓的“教”只不过是把书本上的既定知识传授给学生，是信息的单向传递；学生的“学”只不过是单纯地接受教师讲解的知识，学生成为被动接受知识的“容器”。

最后，传统教学忽视了学生鲜活的体验，忽视了学生的自主性和能动性，缺乏学生之间的交流与互助。这样，课堂教学就受到了严重影响，教师往往把复杂的教育活动简化为“教书”，似乎把书本上的知识传授给学生就是教育的真谛。这种观念给这些教师带来一种错觉：教师的职责在于“教书”，教得越卖力，对教育事业越忠诚。

基于此，在相当多的传统教学模式下的学校中，依然流行着死记硬背的学习方法和机械灌输的教学方式，阻碍了学生人格的健全发展，使学生成了应试的机器。这样的教育已经与教育最初的目的相背离。

翻转课堂这种新兴的教学模式，首先要求教师改变原来的教育观念。教师是否愿意改变、能否改变，是必须解决的关键问题。这种教学模式还要求教师具有一定的信息技术素养，这样才能录制微课、编辑视频等；如果想要做得更好，还可以做专题网站、开通博客等，这无疑要求教师具有更高的教育技术能力。翻转课堂对教师的综合素质要求很高，教师要有海纳百川的胸襟进行自我充实，要有足够的经验和气场把控和调节课堂的节奏和课程的进度，要有足够宽阔的视野来引导学生探索更广阔的世界。

二、翻转课堂与传统课堂的对接

（一）学校作息时间安排问题

翻转课堂教学模式需要学生在课后花较多的时间自主学习，需要学校在教学时间的安排上做出适当调整予以支持。在翻转课堂教学中，教师不应占用学生过多的课余时间，应该让学生有充足的时间自主学习。对于不上晚自习的学校，教师要严格控制作业量，留给学生课后的主要学习任务是观看教学视频和完成具有针对性的练习。对于需要上晚自习的学校，在晚自习的时间教师也不要讲课和布置大量作业而是让学生完成翻转课堂的前期环节。

（二）学科的适用性问题

目前国外开展翻转课堂教学实验的学科多为理科类课程。理科类课程知识点明确，很多教学内容只需要清楚地讲授一个概念，或一个公式，或一道例题，或一个实验，等，其学科特点便于翻转课堂的实施。而对于文科类课程（如思想政治、历史、语文等），其授课过程往往会涉及多学科的内容，而且需要教师与学生进行思想上的交流、情感上的沟通才能起到良好的教学效果。

那么，如何在文科类课程教学中应用翻转课堂模式？这个问题的解决是对文科教师的一个重大挑战，需要教师提高教学视频的质量，引发学生的深度思考。通过教学视频概括课程中所讲授的基本知识点，阐述相关理论，让学生在课后查阅资料并思考问题，然后在课堂中与教师、同学进行交流探讨，逐步深化理解。举例来说，重庆市聚奎中学在高中语文学科实施了翻转课堂教学，在《短歌行》诗歌鉴赏课中，教师收集了影视作品中的视频片段、名家朗读，制作了针对这一课的导学案，教学视频除了对诗歌内容进行鉴赏，还介绍了曹操招揽、爱惜、尊重人才的一些事例。最终，翻转式教学取得了不错的效果。

因此，对于不同的学科，教师应该采取不同的策略来完成翻转式教学，并根据学生的反馈情况推进教学改革。

(三)教学过程中信息技术的支持

翻转课堂的实施需要信息技术的支持。从教师制作教学视频、学生在家观看教学视频，到个性化与协作化学习环境的构建，都需要计算机多媒体技术的支持。网络宽带和网络速度问题是制约我国众多学校开展在线教学的因素之一。在实施翻转课堂教学时，学校要通过各种途径解决这一问题。例如，配置高性能服务器，增大网络带宽的接入量，有条件的学校实现校园 WiFi 无死角覆盖等。学生在课后需要通过计算机和网络进行学习，对于一些缺乏硬件条件的学生，学校应该提供相应的设备支持。例如，学校机房应在课外时间仍对学生开放，做到让学生在校园内随时可以进行网络学习。

教学视频制作的质量对学生的课后学习效果有着重要的影响。从前期的拍摄到后期的剪辑，都需要有专业人士的技术支持，不同学科的视频设计也应有不同的风格。实施翻转课堂教学实验的学校需要给授课教师提供技术上的支持，并且从视频的设计到制作，再到发布要形成流程，为后续教学视频的制作提供经验。

此外，决定翻转课堂成功与否的一个重要因素是师生、生生之间的交流程度。利用信息技术为学生构建个性化与协作化的学习环境至关重要，其中涉及网络教学平台的支持。通过平台学生可以根据自己的学习能力和需求定制学习计划，教师可以根据学生的反馈设计不同的教学策略。

(四)对教师专业能力的挑战

在翻转课堂的实施过程中，教学视频录制的质量、对学生进行交流讨论合作学习的指导、课前学习任务的设计、学习时间的安排、课堂活动的设计和组织，这些需要教师来做的事情都对学生的学习效果有着重要的影响。

因此，在实施翻转课堂的过程中，要加强对教师的培训。首先是促进教师教育观念的转变和教学理论水平的提升，提高教师的教育专业研究能力，从而促使教师能够在教学中贯彻以学生为中心的教育理念，关注学生的个体差异，给予学生个性化指导。其次是加强对教师信息技术素质的培训，使教师在视频录制技术人员的帮助下，能够录制情感丰富、生动活泼的教学视频，避免呆板、单调的讲述。教师在网络教学平台中要引导学生积极地进行交流。通过基于问题、项目的探究式学习，调动学生的积极性、探究性。课堂活动也需要教师根据学科特点来设计与组织。

(五)对学生的自主学习能力和信息素养的要求提高

学生在课外观看教学视频后，自己完成课前练习并在互联网上查找资料，总结问题，然后在课堂中与教师、同学进行讨论。这一切安排都是建立在学生具有良好的自主学习能力和信息素养的基础上的。学生只有具备较高的自主学习能力，才能够自己通过教学视频进行课程内容的学习，在课前练习中找到自己的疑问，并合理地安排自己的学习时间。学生只有具备较高的信息素养，才能够在网络中进行资源检索，通过网络教学平台与教师和同学进行沟通交流。因此，在实施翻转课堂的过程中，要注重学生的自主学习能力的培养和信息素养的提升。此外，学生如何有效阅读教材，如何观看微课，如何记笔记、做标注、记反思，如何进行小组合作学习，如何与同伴交流讨论等各方面都需要进行相应的培训和指导。

（六）教学评价方式的改变

以纸质笔试的传统测试方式是无法测试出学生在翻转课堂中的全部学习效果的，因为翻转课堂还涉及学生的合作能力、组织能力、个人时间管理能力、表达能力等。教师必须转变评价方式，构建新的评价体系。在对学生的评价中，多对学生进行过程性和发展性的评价，注重对学生的情感、态度和价值观等方面的评价。当然，评价方式的改变需要学校在政策上的支持。

三、翻转课堂过程中教师的角色转变

如果用一句话来描述课堂翻转后教师角色的变化，这句话就是从“站在学生和知识之间”到“走到学生旁边”。

在传统课堂上，教师站在学生和知识的中间，是知识的传递者。而在翻转的模式下，学生直接学习知识，教师是学生学习知识的帮助者。翻转课堂的模式，强调的是学生自己直接学习知识，不懂或不明白的地方再来问教师或者同学，如此彰显学生在知识学习中的主体地位和主动性。教师从以往“讲台上的圣人”，转变为走到学生中间，巡视、观察和帮助学生学习，是“学生身边的指导者或辅导者”。

在传统的课堂上，老师对着学生讲述知识，学生回家后独立完成作业，这是几百年来被认为理所当然的教学形式。其背后的假设就是教师是知识的传递者和讲授者，学生需要在老师讲解的过程中才能学到知识。教师的讲授是最为重要的，学生的作业是为了复习与巩固教师在课堂中传授的知识。课堂教学需要以教师的教为主。相对于传统课堂内听讲的过程，学生做作业的过程是在教师指导下被动学习过程的延续，是为巩固课堂学习而采取的辅助性的教学活动。

而从事翻转课堂研究的先驱亚伦和伯格曼，发现了一个独特的现象，即学生在学习知识的过程中最需要老师的时候，并不是在课堂内老师讲解知识的时候（听知识的讲解可以有很多渠道替代），而是在学生做作业遇到难题和困惑的时候。这一教育发现，是有可能颠覆以往教育模式的。课堂内，教师与学生在一起的宝贵时间，究竟是要从事学生最需要教师的学习活动（即做作业）呢，还是从事其他活动（比如知识讲解）呢。基于这一教育发现及对学生学习的新认识，这两位化学老师更加坚信翻转课堂教学模式的合理性和重要性。

做作业的过程是学生主动吸收和内化知识的过程，在这个过程中，学生会暴露出各种各样的个性化问题。因而，这是发现学生个性化学习问题和需要、给予学生个性化指导的重要时机。如果学生的作业是在家里完成的，那么遇到困难时只好求助家长或者同学，但并不是所有的家长都能够胜任辅导孩子学习的任务。在传统的模式下，孩子做作业的过程中，难以得到教师的个性化帮助和支持。翻转的课堂则有利于实现这一目标，即教师对学生学习的个性化指导。

翻转模式下，突出强调学生自己对其学习过程和结果负责任，学生是学习的主体。学习是学生自己的事情，只有当学生积极从事学习活动时，真正的学习才会发生。视频录制时，需要教师采用一对一的风格给学生讲解知识；课堂内，教师不再是知识传递者，也不是发号施令者，而是基于课程标准和学生学习实际情况，对未达标的学生给予帮助，保障其学习达到要求（即掌握）的程度。而对于要求学得更多更好的学生，则提供相应材料，提出更深层次的问题，并且当他们在探究过程中遇到困难时，进行应有的指导和辅导。

诚如翻转课堂的发起者亚伦所言："翻转课堂最大的好处之一，就是全面提升了师生间和生生间的交流互动。由于教师的角色已经从内容的呈现者转变为学习的教练，这让我们有时间与学生交谈，回答学生的问题，和学习小组一起讨论，对每位学生的学习进行个别指导。当学生在完成作业时，我们会注意到部分学生为相同的问题所困扰，我们就组织这部分学生成立一个学习小组，给予相应指导。"

四、翻转课堂的教学要求

和西方的翻转课堂教学模式相比，在我国，课堂内教师的指导有所不同，主要体现在我国教师对学生的指导是基于国家教育方针、基于课程标准的。

基础教育阶段学生的学习主要有两种类型：

一是基于兴趣导向的学习，即根据学生自身的天赋、爱好和特长，从事自己喜欢的学习项目，学习程度也因人而异。

二是基于标准的学习，它根据国家、民族与社会发展对人才的要求确定教育标准，然后把这一标准转化为各年段课程标准。这一标准是对学生的基本要求，每一位学生学习的活动主要是为了达到标准的要求。相比较而言，传统上，西方比较重视学生基于兴趣的学习，而我国则比较重视基于标准的学习。

因而，在我国的翻转课堂内，在突出学生学习主体地位的同时，教师对学生的指导或辅导，更需参照课程标准（知识与技能、过程与方法、情感态度价值观）的要求，更需要参照往年对学生考试的要求。这样的模式被亚伦和伯格曼称为"课堂翻转的掌握模式"。正如前面所提到的，我国不少学校在翻转自己课堂时，同时使用导学案或任务单，就是这方面的表现。

随着我国基础教育课程改革的发展，我国中小学对学生个性爱好与兴趣特长的发展也给予了越来越多的重视，但国家的教育方针与课程标准依旧是指导我国中小学教育的根本依据。

五、翻转课堂的主要任务

根据当前我国课程教学评价的要求以及学生学习的实际需要，翻转后的课堂内，教师个性化指导的活动主要有以下几种类型。

（一）巩固强化

在我国基础教育阶段，知识学习的达标是学生学习的重要任务。学生通过视频学习，主要帮助自己解决知识的接受和理解问题。如果在视频学习阶段，学生没有掌握相关知识点，那么在翻转的课堂内，教师的首要任务就是帮助学生理解相关知识，并进行相应的巩固和强化。

当前在不少学校内，发放学习任务单或者导学案，是帮助学生理解和巩固知识的重要举措。在学习任务单上，明确列出学习的目标、学习的线索、为检测知识掌握程度的作业题等。学生看视频时依照学习任务单，看完视频时，需完成学习任务单上列出的作业题，这些作业题有的是选择题，但更多的是批判性思考题，批判性思考题是不便于网上直接用程序来批改的作业类型。上课前，为了解学生学习的情况，教师需要检查学生学习任务单上作业的完成情况，以此决定课堂上巩固强化的时间比例。以往，实时了解学生的学习情况是一项非常困难的任务，如今，在大数据分析技术支持下，这已不是难事。

（二）系统梳理

因为微视频学习的知识相对较为零散，是碎片化的知识，为了让学生形成系统的知识体系，课堂上，需要在教师的帮助下，和学生一起通过回顾的方式，对碎片化的知识进行整理，建构一定的知识体系，帮助学生理解学科（或单元）的全貌。

尤其是在进行了一个单元的微视频学习后，老师帮助学生一起整理本单元的知识图谱或者知识树，是系统整理知识的重要表现。在深刻理解每个知识点内涵的基础上，让学生明确各个知识点之间的相互关系，以及每个知识点在知识图谱中的地位等，这样有助于学生整体把握知识概貌，在自己的头脑中建构起相应的知识结构和脉络，内化所学知识。

（三）拓展加深

对于学有余力的学生，课堂上需要老师为其准备有深度的学习内容和问题，满足其进一步探索新知的欲望。根据国外的实践，为学有余力的同学进行拓展加深，最好是将这些学生分到一个学习小组内，或者分到一个教室内，有针对性地辅导。所以，翻转的课堂就需要和“实时走班”或“及时分组”的教学形式结合起来，随后的章节中会对“及时走班”的制度做详细阐述。

（四）探究创新

探究创新的意识和能力对于学生学习和发展的重要性不言而喻，尤其是在面向不确定的未来社会时，学生的探究创造能力被越来越多地强调。然而，无论是新的项目探究，还是模拟已有的科学推理过程，探究的过程需要时间。传统的课堂上因为教师讲解知识需要占用相当多的时间，学生的巩固练习也是在课堂内完成的，探究的过程往往以“时间不允许”而被搁置，只有偶尔在需要表演的公开课上，会有些许的探究活动，常态的课堂上则较少顾及。

在翻转的课堂上，学生因事先学习了知识，课堂上就有较多的时间用于探究活动。基于特定的问题或任务，无论是同伴之间的交流研讨，还是小组合作完成，都是探究和创造的重要体现。有着研究型学习传统的上海市七宝中学，在开始实施翻转课堂之初就提出了“让探究落实在课堂上”的行动策略。

在翻转的课堂上，因学生事先学习了知识，了解了相关材料和事实，课堂上主要的活动是完成作业、解决问题或从事探究等。因而，相比较传统课堂，翻转的课堂上，学生的活动较多，师生之间、生生之间的交流研讨较多，学生的发言和展示较多；在教师引导下，学生可从事不同的学习活动，课堂氛围比较活跃。这样的课堂，初看会感觉有些乱，不像以往的课堂一样秩序井然。但是，课堂内，只要学生在从事真正的、积极的学习，只要学生在课堂结束前能够证明自己掌握了所学内容，就是成功的课堂。反而，这看起来有点“乱”的课堂，恰恰是课堂内充满活力的一种表现，是学生真正学习的一种表现。

当然，对于这样有点“乱”的课堂，新任教师会有些紧张，感觉难以驾驭。确实，翻转课堂的管理，对教师提出了更高的要求，要能够引导学生真正学习，对学生的不同问题给予相应的解答或者回应，仅仅要求学生“坐着不动，站起发言”是不够的。

第二节　翻转课堂下的学案编写制度

翻转课堂教学模式较之于传统课堂教学模式有了很大改变。为了保障翻转课堂的教学效益,教学管理必须随之变革。下面从集体备课制度、研究课制度、学案编写制度等方面介绍翻转课堂下的教学管理变革。

一、翻转课堂下的集体备课制度

一个好汉三个帮。好的备课当然也需要大家的力量。翻转课堂需要博采众长,依靠集体的智慧使备课没有最好,只有更好。集体备课程序可以这样安排:通研学案和微课设计—小组修改—个人研究—集体讨论—研究课题。

(一)通研学案和微课设计

骨干教师针对下周即将使用的学案二稿、微课设计(暑假已集中编写),在充分研究课程标准、教材、考试说明、高考题、学生基础等的基础上,介绍编写思路,并有针对性地引导新教师对以上内容进行研究,同时将学案修改及微课录制任务分配至各备课小组。

(二)小组修改

各个备课小组(每个年级的各学科备课组分为 4 个备课小组)将所负责的学案、微课设计采取由新教师到骨干教师的顺序逐人依次修改,录制相关微课,并最晚于集体讨论前一天与本学科全体教师共享。

各个备课小组的不同成员修改时,采用不同颜色的笔标注。各年级的学科备课组加强对各个备课小组修改过程的抽查,避免以个人修改代替小组修改。各个备课小组充分利用小组备课中的修改过程,加强对新教师的培养。

为保证学案的质量,每个学案第二稿修改量不低于 1/4,可根据实际对假期已编的学案进行整合。

(三)个人研究

每位教师对小组修改后的学案及录制的微课进行认真研究,提出自己的问题和建议,以备集体讨论。

每位教师在集体讨论之前,必须对下周要用到的所有学案和微课进行研究,比较小组修改前后的区别,提出修改建议。各年级的学科备课组加强对个人修改的过程督促,避免集体讨论时现看现说,提升集体讨论环节的效益。

(四)集体讨论

各个备课小组采用说课形式,分别介绍学案修改思路并放映微课,针对组内教师提出的问题展开讨论,并及时记录需要修改的内容,完成学案定稿及微课制作集体讨论时应注意以下几点。

(1)集体讨论要使用多媒体展示,一人说课,其他教师提问,年级包科领导参加并提出指导意见,集体讨论,首先针对学案如何使用进行,重点应放在教学情境设计、问题设计、学生活动设计、例题习题选择上。

(2)集体讨论重在全员参与(人员较多的学科备课组可以以小组为单位提出问题和建议),避免"一人独裁"。

(3)集体讨论要确定好下周研究课的课题、研究主题、授课时间,并通研本周学案的编写思路,分配学案修改任务。

(4)集体讨论环节一般安排在每周下半周进行。

(五)研究课

各学科每周安排一节研究课,进一步落实学案的使用研究。

研究课一般安排在每周上半周进行,其评课过程也是一次针对学案使用的集体讨论过程。

每周五要将本周已经使用的学案、课件汇总上交年级、学校,年级、学校每周抽查修改、使用情况并及时评价。

二、翻转课堂下的研究课程制度

翻转课堂下,学校公开课、年级研究课可以按如下程序实施:课题选择—课堂观察—观课分析—材料汇编。

(一)课题选择

通过集体讨论,选择本周最难处理的内容作为课题,周五各年级上报教务处。学校公开课一般安排在下周二晚上和下周三,年级研究课由各年级灵活安排,一般安排在下周四以前。

(二)课堂观察

课堂观察又可理解为集体听课,不过,相对于传统的听课方式,课堂观察需要每位听课教师准备观察点,使听课的内容更加量化,使听课的效益最大化。按照安排表,学校公开课由教务处协调,由各学科教研室主任组织,学校同学科的教师全部参加;年级研究课由各年级的学科备课组长组织,全年级同一学科的教师及年级包科领导参加,为保证课堂观察的效益,听课教师提前制定本节课的课堂观察量化表,并尽可能地记录有关数据,充分利用手机等工具采集证据,为评课做好准备。

(三)观课分析

听课后,各学科根据课堂观察记录的数据和课堂上采集的图片材料、录像材料,按照"授课教师说课—随机抽取评课—骨干教师评课—QQ 群评课"的方式,立即组织评课。

(四)材料汇编

各级公开课要按照相关要求,注重过程研究,课后将有关材料汇编,上交教务处,教务处定期将材料汇集成系统。

汇编的材料包括教学资源(课程标准、教师分析、学生分析等)、集体备课实录、教学设计、课时学案、课堂录像(光盘)、课堂实录(文字)、教学课件、微课和微课设计、教学反思、学生访谈实录(文字)、课堂评价、二次备课(含修改后的教学设计、课时学案、教案),以及课堂精彩片段分析等。

三、翻转课堂下的学案编写制度

学案和微课是翻转课堂的两大资源支撑,因此学案的编写非常重要。一份优秀的学案,可以运用具体的可操作化的语言,搭配微课,指导学生高效自学;可以提高设问的技巧,促使学生自觉思考发现问题;可以根据学习目标,针对不同的知识点,提出不同层次的要求,并将训练分层设计,从而兼顾不同水平的学生。那么翻转课堂下的学案编写如何完成呢?

(一)集中编写

集中编写的实施程序如下:集体确定模式—编写学案目录—小组分散编写—年级把关验收—学校集中修订。

1.集体确定模式

不同年级的学科备课组长在学期末一起进行学科交流,集思广益,博采众长,共同确定学案的编写模式。

2.编写学案目录

学科备课组长根据教学内容,对学案编写进行整体规划,确定学案目录。

3.小组分散编写

根据学案目录,将学案编写任务分到各个备课小组,小组内部根据分配的任务编写相关学案。

4.年级把关验收

年级对各个备课小组的编写任务进行进度调控,保证完成时间,并对完成的学案进行检查,保证学案质量。

5.学校集中修订

学案初步验收后,由学校组织各学科的骨干教师,对相应科目的学案进行修订,进一步提高学案质量。

(二)分散修订

分散修订是在学案使用之前,采用集体备课的方式对已经集体编写完成的学案进行再修改。此过程不仅能使学案的质量进一步提高,而且给教师提供了相互交流的良机。分散修订的具体程序与集体备课相同,可以参照之前的叙述。

第三节 翻转课堂模式在发展中受到的质疑

一、翻转课堂对于我国的学生来说是否适用

我国的学生在家庭教育、学校教育中普遍主动性不强，独立思考的能力欠缺，习惯于被动地去接受，学生的个性化特征并不明显。翻转课堂的一个重要功效，就是通过学生的主动学习和独立思考，把课堂变成一个交流和展示的平台，从而增大课堂的信息量，提高课堂教学效率。实施翻转课堂需要解决上述问题。

二、人们在思想上能否接受翻转课堂

（一）从学生的角度来说，翻转课堂模式是否真正做到了因材施教？

目前人们对于传统教育的诟病在于，对待不同的孩子搞“一刀切”，不仅在教学上如此，考试时更是如此，这也就使得很多成绩一般的孩子只能在班级中“跟着跑”，而不能根据自己的学习能力和水平制订适合自己的学习计划。翻转课堂虽然将学习的主动权还给了学生，但是我们应该看清目前国内学生的普遍状况：不擅于提问和主动性不强，这两点直接影响了翻转课堂教学的效果。在短时间内，这样的状况是很难改变的。

（二）从教师的角度来看，国内的教师是否具备相关的专业素质？

如前所述，在翻转课堂中，教师的角色发生了改变，教师变成了意义建构的促进者和帮助者，而不是知识的提供者和灌输者；是学生“身边的指导者”，而不是“讲台上的圣人”。教师需要设计课前学习任务，录制教学视频，设计课堂活动，观察学生的交流讨论、合作学习并给予指导等，这些都对教师的专业素质提出了很高的要求。而与学生一样习惯了传统教学模式的教师群体，也难以在短时间内完成自身的转变与提升。

（三）从家长的角度来看，翻转课堂的教学效果如何去量化？

中国的家长普遍“望子成龙”“望女成凤”。虽然现在年轻的家长对于孩子的教育有了更加新潮的观念和更为开放的思想，但是有一点始终不变，就是如何量化教师的教学效果和学生的学习情况。

以前学校通过考试来给学生排名次、评价教师的教学成绩，但现在的素质教育更看重学生的全面发展。对于翻转课堂来说，要建立配套的评价机制。

三、翻转课堂的内在局限性

翻转课堂的优势在于从“先教后学”转变为“先学后教”，学生从被动学习转变为主动学习。学生可以学习两遍，也就是说，第一遍带着问题自己学，第二遍集中解决重难点问题。这样，学生就有了直接面对新情境、新内容、新问题的机会。只有在学生自学理解的基础上，课堂上师生、生

生互动交流才有效，才能培养学生思维的深刻性、批判性，知识才能进入长时记忆。

翻转课堂的局限性包括新授课、复习课、讲评课等不同课型，教学目标较难定位；受制于学生的学习内驱力，如果没有课前自学，课堂就会成为空中楼阁；课堂起点提高后，不同程度的学生可能拉大差距。此外，学生的自我管理、自我组织等需要更高的学习积极性和较强的自制力，这是学生面对的一大挑战。

第四节　翻转课堂教学模式的价值

国内外在基础教育阶段的不少实践研究表明，慕课和翻转课堂的实践有如下几项突出的优势。

一、学生学业质量的提升

在翻转课堂的兴起地，美国林地公园高中、克林顿戴尔高中及拜伦高中等，翻转课堂之所以受到高度关注，是因为该模式提升了学生的学业成绩。拜伦高中通过州数学测试的学生比例，从2006年的29.9%，提高到了2011年的73.8%，ACT（美国大学入学考试）的数学平均成绩从21.2进步到24.5。该校因在数学成绩方面的表现，2011年获得了INTEL的“卓越学校奖”大奖，学校也得到了更多的经费。从2010年开始，克林顿戴尔高中在新入学年级中实施翻转课堂的教学模式，一个学年下来，学生英语的不及格率从52%降到了19%，数学的不及格率从44%降到了13%，科学的不及格率从41%降到了19%。

二、学习动机的增强

从事翻转课堂教学的教师认为，该模式可以让学生提前学习学科知识，学习过程比较自主，也可以和其他同学进行交流讨论，更为主要的是，课堂上学生有更多的表现和参与的机会。因而，学生表现出了在课前及课堂学习中的很高的参与度，提升了学生学习的兴趣和动机，相对于传统的教学模式，他们更喜欢翻转模式。

2012年，翻转学习网站对453个从事慕课和翻转课堂教学的教师做了一个调查，表明80%的教师认为学生的学习态度更加积极。一位教师说道：“我教数学10年的时间了，从来没有看到过我的学生如此努力地学习过。”美国拜伦高中的调查也表明，95%的学生喜欢事先观看视频，课堂上采用翻转的形式来学习。采用微视频和翻转课堂的形式，学生更多的是积极学习和思考问题，而不是被动地接受。

三、师生关系更为密切

慕课和翻转课堂，不是取消教室，更不是视频学习替代教师，它是一种线上和教室内学习相结合的混合学习模式。它对教师的学科素养和教育素养都提出了更高的要求。许多教师反映，相对于传统模式，在翻转课堂的教学模式下，教师更有时间和学生进行一对一的深入指导和交流，教师更加了解学生，师生谈话更具有针对性，师生交往更有意义，学生之间的交流互动也更多。因而，翻转模式下，师生关系的改善是一大收获。

对于加拿大教师卡萝琳·多莉（Carolyn Durley）而言，实施慕课与翻转课堂最初的动因就是不想失去原来和学生密切而又友好的关系。多莉说："目前，我有机会和每位学生(班级内有 30 个学生)进行更有意义的谈话。互动交流更多，交谈更加有意义，氛围更加积极，师生关系更加友好。以往我也想这样做，但是我没有时间。"翻转学习网站对教师的调查也表明，翻转课堂提升了和学生交流的质量和数量。

四、学生学习更加自主

让学生的学习更加自主，让学生为自己的学习负责，既是慕课和翻转课堂教学的核心要素，也是该模式所要达到的最重要的目标。

学生自主学习的增强，体现在如下 3 个方面：

一是学生明确自己学习的目标。

二是为达到目标而努力学习，无论是视频学习，还是其他资料的学习、完成作业、向他人求助等都是这方面努力的表现。

三是通过适当的方式证明自己达到了学习的目标。

如果学生能在这 3 个方面有所改善，则学生的自主学习能力就在增强。从教师和学生的反映来看，从事慕课和翻转课堂形式的学习，学生自主学习的能力确实在提升。

美国学者汤姆 · 追斯柯尔(Tom Driscoll)于 2012 年对实践翻转学习的 26 位教师的调查表明，翻转模式下学生的学习更加积极。

新加坡国立大学附属数理高中的教师认为，实施慕课和翻转课堂形式的学习，对学生而言，有 3 项最大的益处：

一是学生特别强调翻转课堂可以让学习按照他们自己的进度进行。

二是慕课学习是一个很好的复习工具，尤其是对期末考试而言，学生可以自由地重新学习以往的课程。

三是让学生灵活运用课堂所学知识。当然，诚如加拿大教师谈到的，刚开始的时候，学生并不是很快适应这种教学方式，因为学生习惯于在教师的控制下学习，没有自主学习和独立学习的习惯。让学生适应这一学习方式，还需要一定的过程。有的学生一个月就可以适应，有的学生则需要较多的时间来适应。

五、学生的行为表现明显好转

在一些原本比较薄弱的中学，如克林顿戴尔高中，通过慕课和翻转课堂的实施，学生的行为表现得以好转。学校从 2010 年开始实施翻转模式，学生的违纪事件从 2009 年的 736 件减少到 2010 年的 249 件，2011 年减少到 187 件，两年之内减少了 74.6%；家长的投诉从原来的 200 例减少到只有 7 例。受到这些成效的激励，2011 年秋天，校长决定全校各班级全面实施翻转模式。

林地公园高中的实践也证实了这点，他们的教师说道：课堂上，学生们要么在动手实践，要么在小组内活动，都有事情做，就没有走神的了，因而翻转课堂改善了教室管理。

六、教师工作满意度有效提升

2012 年，美国翻转学习网站对 453 个从事慕课和翻转课堂教学的教师进行调查，表明在实施慕课和翻转课堂教学的过程中，88%的教师教学满意度有所提升，其中 46%的教师有显著提升。99%的老师回答：明年还会继续采用这种模式。诚如被调查的教师所言："翻转得越多，越想翻转。"加拿大教师多莉认为，视频的讲解，减少了教师课堂上一遍遍的重复讲解，有利于克服教师的职业倦怠。

家校关系更为密切。翻转课堂模式下，学生的视频学习很多时候是在家里完成的。这样，家长就可以更加了解学生整体的学习情况，有时家长也会和学生一起视频，一起讨论。已有的实践表明，总体来说，家长是比较支持这种学习模式的。

克林顿戴尔高中的校长雷格·格林(Greg Green)说道："我们不仅在教育我们的学生，我们也在教育我们的社区。""学生课前学习视频，课上讨论完成作业，让家长更为直接地了解孩子的在校学习情况。也给了家长积极参与学生教育的机会。并且家长自己也喜欢和孩子一起在网上观看视频，当孩子学习遇到困难时，家长可以更有效地提供帮助。"

在加拿大奥肯那根中学的家长说道："看到孩子从困惑中走出来，还能够教他的同学，简直太好了。看到他重新获得自信，真有点不可相信。"

汤姆·追斯柯尔的调查也表明：80%的学生认为师生、生生之间有了更密切、更积极的关系；90%的教师认为师生关系有了积极的改善。

教育变革是一项系统工程，仅仅在某一局部做些变动，其意义将是非常有限的。翻转课堂作为一种新的教育模式，它必然要求包括教学管理在内的教学流程做出相应的变革；它也对教师包括专业素质在内的专业能力提出了新的要求。新的模式呼唤新的生态。

第五节 翻转课堂的发展前景

一、在尊重差异的前提下稳步推进翻转课堂实施

我国地区之间、城乡之间存在巨大差异。在发达地区，学生可以人手一台平板电脑。而在落后地区，往往一所学校也就只有几台计算机甚至没有。这就使得翻转课堂在我国的实施必须采取尊重差异、稳步发展的策略。在教育资源丰富的发达地区，名校名师积极探索翻转课堂教学模式，开发微视频，可以较早地获得翻转课堂实施的经验。而落后地区可以主动吸收这些名校名师的成果，利用好微视频，让学生充分享受优质教育资源。

二、翻转课堂在我国的未来发展方向

回顾历史，班级授课制从最初出现到形成系统理论经历了近150年的探索。1632年，捷克教育家夸美纽斯创作了《大教学论》，这部伟大的著作为班级授课制提供了理论依据。其实，班级授课制顺应了时代发展的要求，班级授课制使"一个先生可以同时教几百个学生"成为可能。

今天，慕课带来的是超时空的变革。慕课的一个最不寻常之处就在于"它以将世界上最优质的教育资源传播到地球最偏远的角落"为理想，试图让全球所有的学生都能获得全球顶尖明星教师的免费课程。为此，有人甚至夸张地说，慕课使得全球一门学科只需要一个教师。不仅在全球各个角落我们都能享受到优质的教育资源，而且这些资源还是"移动"的，可以走到哪儿学到哪儿，可以反复学，甚至十年、二十年后再学。

这就是一个巨大的变革，是继班级授课制以来最大的一次革命，它使教育超越了时空的界限，使优质教育资源全球共享、全民共享。

运用翻转课堂可以帮助学困生和其他不能到课堂上课的学生。以前学生生病或参加活动不

能上课，通常是事后教师给学生补课。翻转课堂教学模式可以让学生利用教学视频在任何地点、在任何时间学习，节省了教师的补课时间。如果将每一学科的核心内容全部制作成教学视频共享，普通学校的学生也可以获得与重点学校的学生相同的优质教育资源，这将减少教育的不公平，意义巨大。

翻转课堂在信息革命背景下应运而生，是信息技术推动教育改革的体现。随着翻转课堂理念的传播，越来越多的教师在教学实践中采用翻转课堂教学模式，翻转课堂教学模式会得到丰富和发展，翻转课堂教学模式下的学科教学研究将会逐步开展，学校管理制度和学生管理制度也会相应得到完善。同时，伴随着信息技术的进步和发展，高新技术应用于教育教学中，必然会推动翻转课堂的进一步优化。

翻转课堂的理念很好，但是无论从实施过程还是从效果来看，我们都不能急功近利，还需要不断地探索，找到一条适合于我们实际情况的道路。前景是光明的，道路是曲折的。但是只要是有益于学生全面发展的、有助于培养创新型人才的方法都值得尝试。

第十一章
移动课堂教学与现代教育系统改变

第一节　移动课堂教学与课堂教学制度的改变

有很多教师常常会问，在大规模学习的情况下，学生之间的差异性能真正得到保障吗？学生课后既要完成家庭作业，又要学习微视频，这能真正减轻学生的课业负担吗？诸如此类的问题，是学校在推行翻转课堂时不得不考虑也不得不认真研究的问题。

实践表明，如果翻转课堂仅仅是加上微视频学习这一环节，而没有在学校教学与管理的整体上加以改革，则上述问题是有可能存在的。然而，如果学校在顶层上对教学与管理流程重新加以设计，那就有可能取得良好的教学效果。

一、基于数据分析的即时走班

（一）走班制概述

所谓走班制，是指学科教师和教室固定，学生根据自己的学力和兴趣愿望，在教师指导下选择适合自身发展的层次班级而上课的一种教学制度。不同层次的班级，其教学内容和程度要求不同，作业和考试的难度也不同，走班制是选课制的产物。班级授课制的诞生，大大地提高了教育效率，但是过于统一的教学要求又在很大程度上限制了学生的个性发展，无法顾及学生的个体差异。

1810 年，在德国创办的柏林洪堡大学针对当时的教育时弊提出了“学术自由”的办学原则。“学术自由”事实上又包含着“教学自由”，即教师有“教”的自由与学生有“学”的自由。选课制就是在这一基础上诞生的。选课制满足了学生的兴趣爱好，给了学生以充分的学习自主选择权，体现了学生的主体地位，得到了学生的普遍欢迎。

学分制与走班制最初是为配合选课制而创设的教学管理制度。之后，它又慢慢地分化为必修学分与选修学分必修课走班与选修课走班等形式。

学分是用来计算学生学习分量的一种单位。一个学分约等于一位学生在课堂或实验室从事一学时学术工作并且连续一个学期的量。用学分来衡量学生学习的量便是学分制。走班制则是在固定班级无法满足学生选课的需要而采取的班级管理制度。它是在固定的时间、固定的教室由教师讲授课程，而学生从四面八方赶来听课学习的班级管理制度。选课制加上学分制与走班制，形成了一套相对完整的教学管理制度，有效地提升了教学质量，受到了世界各国教育界的欢迎。在这套制度逐步完善的过程中，它也渐渐地从高等学校向高中阶段学校延伸。

走班制自20世纪90年代在我国高中出现以来，参与走班教学实验的队伍也在不断扩大。北京市十一学校打破传统分班制，实行分科走班。在该校，教室门口标牌上不再是“几年级几班”，而是学科名与教师名字。学校尊重学生课程的选择权，变每班一张课程表为学生每人一张课程表。

（二）走班制的优势与问题

在谈到走班制的意义时，浙江省教育厅基础教育处副处长方红峰说：“现在的中学分班是平行分班，几十位学生编入一个班级，学习程度以及对学科感兴趣程度都不一样。大家每天学同样的课程，做同样的作业，考同样的试卷。这样上课，导致学习程度好的人‘吃’不饱，学习程度一般的人‘吃’不好，学习程度差的人‘吃’不了。走班制，把学习程度相近的人聚在一起，老师在授课时更有针对性……走班制，就是每一节课让每一位学生都听得懂，这对孩子的发展很重要。”

事实上，从中外高中实行走班制教学的实践来看，这套制度有以下几个方面的优势。

1.学生获得与自己最相适宜的发展环境

这套教学管理制度克服了传统的班级授课制度几十位甚至几百位学生读同一本书、上同样的课、做同样的练习，忽略学生自身成长中发展的差异性和不平衡性等问题。一人一表的走班制能让不同兴趣爱好、不同学习基础、不同学习能力的学生获得与自己最相适宜的发展环境。

2.学生主体地位彰显

任课教师按照学生的学习基础和接受能力、兴趣特长，确定教学活动。学生也可有的放矢地选择、安排自己的课程结构，学会了如何正确评价自己，正确估计自己的能力，并逐渐找到将来发展的方向。

3.学生的自信心得以提升

走班制学习组织方式条件下，学生按照自己的学习水平，自我发展需要，自身的兴趣和特长来选班，能增强其自信心和成就感，尝试到成功的快乐，减轻了思想压力，始终保持乐观的情绪和平衡的心态，从而都能获得不同程度的发展。

4.扩大了学生的交往范围

这种模式加强了同学间的相互影响，有利于增强同一层次学生之间的竞争意识和合作意识。

任何事物都是利弊共存的，立足于学生选择基础上的走班制也同样存在一定的问题。其中的一个主要问题是：一旦当学生在低年级选择了一门程度较低的课程，他几乎就丧失了以后另选程度较高课程的机会。比如，在美国洛杉矶高中，每所学校开设的社会科学课程几乎都分3个等级：世界地理与世界历史分为“世界地理与世界历史（初步）”“世界地理与世界历史”“世界地理与世界历史（优秀生课程）”。美国地理与美国历史也分成同样的3个等级。选修“初步”程度课程的学生没有什么资格要求，而选修“优秀生课程”的则需要平均积分点在3.3及以上，且需要教师推荐。

至于理科课程则有更严格的要求，如每所学校选修“高等预备微积分”的要求是先修的“高等代数（Ⅱ）”获C级以上成绩或先修“三角精要”获B级以上成绩；“微积分和离散数学初步”则要求在“高等预备微积分”获C级以上成绩。这就是说，如果学生没有选修“高等预备微积分”或者选修该门课程未获得C级以上成绩，就没有资格选修“微积分和离散数学初步”。

美国高中对这些选修课程的资格规定是不难理解的，毕竟学习是一个循序渐进的过程，没有前面的知识基础，后续的课程是很难掌握的。然而，事实上中学生心智还未完全成熟，兴趣爱好还在不断漂移，严格的选修课程资格的规定，很可能束缚了那些“慢熟型”与“慢热型”学生后续脱颖而出的机会。

（三）基于数据分析的即时走班

社会的进步通常都是与新技术的出现相联系的。如前所述，没有印刷术的发明，就很难有班级授课制的诞生。同样，如果没有现代数字化技术与大数据挖掘技术的支持，以慕课为代表，高效率与个性化高度统一的开放教育也是很难实现的。个性化教学建立在对学生个性充分把握的基础之上，同样，差异化教学也需要对学生的差异有足够的理解。这既包括对学生之间有什么差异的把握，又包括对学生差异程度有多大的精细分析。北京大学教育学院尚俊杰教授指出：“大数据提出以后，自然也受到了教育研究者的关注，比如目前以关注学习过程为核心的学习分析(Learning Analytics)已经成为一个研究热点，尤其在教育大数据的背景下，如何综合应用教育数据挖掘、人工智能、自然语言处理技术，对学习过程中产生的多个层次的数据进行分析，并提出针对性的学习建议策略，成了国际学术界非常关注的问题。”

由此，他特别强调：“这方面 MOOCS 就是一个最好的试验田，因为 MOOCS 网站会产生海量的学习过程的数据，可以利用数据挖掘等技术对这些海量数据进行分析，从而发现学习者的学习规律和学习行为。”为学生提供个性化指导，是教育的理想追求，而大数据技术则为这一理想的实现提供了坚实的基础。

从学习规律而言，无论是西方的研究，还是中国传统的经验，都说明了一个道理，即学生已知的内容决定了其可能学会的内容。奥苏贝尔曾说：“如果我不得不把教育心理学的所有内容简约成一条原理的话，我会说影响学习的最重要因素是学生已知的内容。弄清了这点后，再进行相应的教学。”这一条原理被称为是奥苏贝尔整个理论体系的核心，他所论述的一切，都是围绕这一原理展开的。我国古代教育家孔子也曾有“温故而知新”“以其所知，喻其不知，使其知之”的话语，讲的也是同样的道理。

因而对学生现有学习情况的了解和把握，成了教师教学中的一个重要问题。传统的教学环境中，有经验的教师凭借其多年的教学经验，可以对班内相当一部分学生的学习情况做出较为准确的判断。即使在这样的情况下，教师也很难对班上每一位学生的学习情况做出逐一判断，何况做出的判断只能说较为准确，也不一定十分准确。对于新教师，这个问题更加突出。新教师虽然有较为丰富和前沿的学科知识，但是对其所教对象的学习情况，包括学习基础、学习特点以及学习需要等，很难做出准确的判断，因而也很难进行有针对性的高效教学。

当前的信息技术可以帮助教师准确捕捉、分析与呈现学生网上学习的详细情况，学生学习了什么内容，学到了什么程度，学习某一内容时花费了多长时间，以及完整的学习进程是什么样的，等等。这些宝贵的数据信息对于分析和诊断每位学生学习的情况是有力的帮助，也给教师进一步为其提供有针对性的指导提供很好的参照。因而，郑州二中的王瑞校长曾提出：传统教育环境下，教师更像中医，教学中需凭借宝贵的经验积累，才能对学生学习情况做出大体准确的判断；而在信息技术环境下，教师可以做到像西医一样，凭借各种分析诊断报告，就能准确地对学生的学习情况做出分析，并提供有针对性的帮助和指导。因而在信息技术的帮助下，对学生学习的诊断和分析，是用数据说话，而不仅仅是凭借教师的教学经验。当然这里的比喻存在不当之处，就是无论学生在何种情况下都不是病人，而是健康的人，老师要做的是为其身心进一步健康发展提供帮助和指导。

现代“学习分析”技术可以清楚地告诉教师某一群体学生学习的状况。比如，一段微视频学习以后，在后续的进阶作业中，有多少学生答对了，有多少学生没有做对，有关信息会及时地反馈到教师那里，并可以用直方图等多种形式清楚地提醒教师。当然，现代“学习分析”技术还可以对学生个体学习情况给予及时的反馈，以便学生有针对性地改进自己学习中的问题。

云计算环境下，由教学专业人员和信息技术专业人员共同设计开发的教学分析和评价系统，可以捕捉和记录学生线上学习的每点信息，并对学生的学习情况，如学习的深刻度、学习的熟练度以及由学习速度折射出的学习性向（兴趣和天赋）等做出判断。在此基础上，由系统自动地对学生第二天上课的地点做出决定，让有相同或相似学习基础、学习性向和学习需要的学生，走到同一个教室内，由相应的专门教师对其进行教学，解决其共同存在的问题，组织小组讨论，提供相似的教学指导等。

需要指出的是，这样的分班或走班，具有以下特点：

一是基于数据分析。它是以学生线上学习过程中所呈现出的各种数据为基础，学生每天都可能在不同的班里上课。

二是及时。上课的地点由“学习分析”系统根据学生存在的问题进行最优化处理后实时通知学生。

三是各班教学具有强烈的针对性。比如，同样的化学课，A 班主要针对的是学生在置换反应中存在的问题；B 班主要针对复分解反应；C 班是针对学生已经充分掌握的知识，目标定位在拓展深化或自主探究。这种基于数据的实时走班对提升教学质量，促进每位学生的发展，无疑有着十分重要的帮助。

当然，这需要数字技术的支持。对于某个知识点的学习，利用信息技术来准确地捕捉、分析和呈现每位学生的学习情况。这会给现有的教学管理带来不小的冲击和麻烦，但这是因材施教、个性化指导发展的方向和趋势，是教育规律使然。信息技术的出现，更有助于该项工作的实施。学校可以根据自身的基础和情况，从某一个年级的一至两个学科开始试点，分步实施，总结反思，逐渐推进。

二、基于课下先学基础内容的课时调整

实施慕课学习和翻转课堂，在当前也被不少教师质疑，是否会因延长学生学习时间而加重学生学习负担。在这里，有不少的疑惑需要澄清，也有不少问题有待解决。

（一）教，是为了不教

任何发展都是学生的自我发展，同样，任何学习从根本上来说都是学生的自我学习。学习，终究是学生自己的事情。只有学生能够发自内心地积极学习，学习才可能成功。因而，养成学生的自主性，既是教育的重要内容，也是教育成功的保障。而在当前教育面临激烈竞争的条件下，无论是家长还是学校，都存在对学生生活安排过度、对学生教学过度的现象。学生什么时间起床、什么时间洗漱、什么时间用早餐、什么时间到校，以及在学校的每一分钟要做什么事情都是被精心安排好的。寄宿制的学校中，学生从一起床，直到学生入睡前的每一分钟，都已经被精心设计好安排好。在这种精心的设计与安排下，学生逐渐丧失了自主学习、自主生活的能力。学习中缺乏主动性，这对其终生发展并不是好事。

叶圣陶先生的“教，是为了不教”的主张，今天更需要认真对待。教，是为了帮助学生能够更好地学习，直到学生能够在不需要教师的情况下，也能够学习，也能够学会。学生自己学会，是教

的目的。当然,提升学生学习的自主性,既需要教师教育理念的转变,更需要教育模式和教学方法的支撑。翻转课堂的理念和模式下知识与概念的讲解,可以在学习任务单或学习指导书等的帮助下,让学生用看视频的方式学习。如何确保学生学习视频,这个过程是学习取得成效的保障,也是提升学生学习自主性的保障。

为了确保学生能够深度学习视频内容,有的教师让学生看了视频之后写出对视频的评论,有的让学生完成相应的练习题,还有的让学生对视频的内容提出1～3个有趣味、有深度的问题供上课时讨论,等等,这些都能帮助学生有效完成视频学习。相对于课堂上坐在座位上听老师讲解,在视频学习过程中,学生的自主学习能力更容易养成。因为这个过程的完成,需要学生积极地参与,需要认真聆听,深入思考,才能完成作业,才能提出有深度的问题,才有可能发言参与课堂上的讨论。

(二)课时调整:适度减少课堂教学时间,增加学生自学时间

翻转课堂的实施,需要以学生课前的自主学习为前提。学生课前的学习,一般是在一个人的环境下学习,学得好的可以往前进,没有听懂的可以暂停,查找其他资料,反复听讲;可以站着学,坐着学,根据学生自己的喜好,以较为休闲的方式高效地学习。可以想象,真正愿意学习的学生,更加喜欢这种学习方式,而非坐在教室内安静地听讲。

在教学过程中适度增加学生自学的时间,既是培养学生自学能力的要求,也是提升学生学习效益的需要。在增加了学生自学时间的同时,又不能延长现有的学生整体的学习时间,这就要求调整现有的、被视为理所当然的每天7节,每节40分钟的课堂教学制度。

变革的方式有多种,其中一个成功的案例是在“只上半天课”的山西新绛中学。该校打破了上午、下午都是教师在课堂上讲授的教学方式,而是改成:上午,学生在教师的主导下上“展示课”,学生展示自己所学;而下午和晚上的时间,学生则围绕微视频自学。课堂教学改革,不仅提升了教学效益,也减轻了教师机械劳动的负担。诚如一位学生所言:“学习这活儿,靠教师教不行,主要还是自己去学。”学生自学的时间增加了,课堂上学生展示的活动更加活跃了,教学质量提升了,学校的改革受到了学生和教育行政部门的好评。

另一种改革方式是改变每节课都是40分钟的固定模式。如果有的内容学生凭自学就能掌握好,那课堂上就不一定需要40分钟了,有的课可以调整至30分钟,甚至25分钟。当然各个学校、各门学科各不相同,有的课时还需要保持40分钟。甚至同一门课的不同内容,需要的课堂教学时间也不一样。这节课需要40分钟,下节课则可能只需要25分钟。根据学习内容和学生需要,灵活调整,而非刻板一致的40分钟。

三、与多样性相关的考试评价制度改革

传统的教育评价,注重的是对评价对象的分等鉴定,主要服务于学生选拔、教师考核与奖惩以及对学校进行分等鉴定等管理目的,是一种判断优劣的总结性评价活动。随着我国基础教育的发展,人们对评价的功能与目的的认识也发生了很大变化,通过评价激励学生更好地成长,通过评价促进教师的专业发展,通过评价为学校教育质量的不断提高提供保障已成为我国基础教育界的共识。

评价具有重要的导向作用。翻转课堂作为一种在高效率基础上实现个别化教学的模式,如果没有考试与评价制度的保障,无疑会有很大的障碍。关于注重评价的诊断性与过程性的意义与价值。需要强调的是,仅仅有校内评价的改革是远远不够的,还需要有包括对学生与学校外部

评价的改革。研究表明,与学生自主性发展、学校个别化教学联系的评价也需要有多样化的评价。统一性的评价显然满足不了个别化与个性化的发展需要。这些评价有“增值评价”“自身进步评价”“组织质量评价”等。

(一)增值评价

增值评价(Value-Added Assessment,VAA)也叫附加值评价。增值即一定时期的学校教育对学生成长发展所带来的积极影响。作为教育评价改革的举措,20 世纪 70 年代初期,美国东北密苏里大学推出了增值评价方法。该方法试图确定一定时期内学校教育活动对学生水平增加的价值。其基本假设是,学生入学时的水平与毕业时水平的差异,或学生在校期间的变化情况,可以归因于学校教育学生变化的幅度,即“增值”的大小,可以看作是学校、课程或教师的教育成就。这一评价思想也逐步影响到了基础教育领域。为准备推行增值评价而影响最大的就是美国马萨诸塞州的罗蒙内计划。

2005 年,美国马萨诸塞州州长米特·罗蒙内为学校改革提出了一个计划,为表现突出的教师增加报酬。虽然在其他领域绩效工资已经是一种十分普遍的做法,但是这一提议在美国公立教育领域却是一个开创性的举措。该计划最重要的措施是将教师工资与学生学业成就的增值相联系:所有的教师,不管教什么科目,只要学生成绩增值较大或者得到了校长与同事的好评,就会获得 5000 美元的年终奖金。在该州获奖教师的名额不超过教师总数的 1/3。遗憾的是,罗蒙内的计划因为受到教师工会及民主党的抵制,时至今日,该计划因为没有获得立法机关的支持,还未能在全州范围内实施。

这一评价方法在技术上是存在困难的:学生在学科考试中的分数事实上是不等值的,在百分制的情况下,一名学生从 60 分提高到 70 分,与另一学生从 85 分提高到 95 分,同样的 10 分相等吗?此外,不同学科之间的分数能够换算吗?这些问题当时在技术上都还未得到解决。更重要的是,罗蒙内的计划加剧了教师间的竞争,这在根本上就得不到教师工会的支持。

在我国,尤其是近年来,学校争夺生源,学生择校日趋激烈,已经成了影响教育公平政策实施的巨大障碍。那些依靠优秀生源的学校,在历年的考试中几乎毫无悬念地占据着“优质校”的地位,“优质校”的品牌又帮助他们吸引了更多优秀的学生,而那些薄弱学校,甚至一般的学校对此只能望洋兴叹,无可奈何。

慕课,作为大规模在线教育的手段,其实,它提供的不仅仅是微视频那样的课程资源,而且也为各种评价技术的开发提供了大数据的支持,同时,它也需要以基于数据评价说明自身在促进学生个性发展方面独特的优势。

(二)自身进步评价

不同于增值评价,自身进步的评价是一种自己与自己比较的评价。它将自身的进步情况作为评价标准,分析这一阶段与前一阶段自身发展与进步的状况。目前世界上一些主要国家包括我国的不少政府“智库”或咨询机构常常会发表一些年度进展报告。在本质上,这些年度进展报告就是自身进步报告。

自身进步评价以评价期开始时的现状为评价标准,衡量进步情况,以及在评价周期内组织或其成员取得的成就。同时,自身进步评价也要关注在评价期内,组织或其成员存在的不足。这些不足包括期望解决而未解决的问题,以及当前新出现的问题,及时地发现这些问题对组织或其成员的发展与提高具有十分重要的意义。

当然，只是发现问题还远远不够，人们还希望能在发现问题的基础上找到问题背后的根源，以便使组织或成员能有针对性地改进自己的工作。大数据挖掘技术在这一方面有特殊的优势。

目前，自身进步评价已经受到了不少政府部门的重视，学校更应当充分利用现代大数据技术的优势，积极发展自身进步评价。

（三）组织质量评价

组织质量评价是对一个组织在复杂多变的社会中，适应外部环境，把握发展机遇，获得竞争优势，取得预期成果等能力的评价。

事实上，任何社会活动都并非是孤立的，外部各种环境对社会活动及其效果有着重要影响。一个高质量的组织就是能够迅速有效地适应社会变化来满足顾客需要的组织。在工商界，人们不难看到，一些在20世纪还傲视群雄的企业，面对社会变化熟视无睹，故步自封，其结果几乎无一例外地被淘汰出局。而能引领行业改革的都是那些敏于社会变化，善于把握发展机遇的“搅局者”。

教育作为培养人的社会活动也不例外，社会的发展对教育提出了很多新的要求，也提供了极大的发展机遇。在当今科技迅猛发展的背景下，社会各行各业都发生了极大的变化。然而，之前所引用的鲁伯特·默多克对教育的描述，不能不使人感到遗憾。为此，在当前引进组织质量评价的理念有着十分重要的意义。

教育的组织质量评价要求我们关注社会发展对人才的新要求。随着我国社会老龄化的迅速到来，环境污染的日趋严重，城镇化的加速推进，社会对人才的要求还会与10年前，甚至5年前一样吗？学校的课程设置与教学内容不需要改变吗？师生关系还不需要调整吗？尤其是随着现代科技日新月异的发展，学校的课堂教学模式与教学技术手段不需要创新，教学流程不需要重建吗？

对上述问题的不同回答与应答的行动，就构成了组织质量评价的内容。在这一快速变化的时代，这是任何学校都回避不了的问题，历史将对学校的组织质量做出最终的判断。

第二节　移动课堂教学与教师的专业成长

任何一项改革，尤其是与课堂教学密切相连的改革，其实施成功与否，与从事教育教学的教师有着直接的关系。教师是决定教学成败的关键要素。翻转课堂也不例外，教师本人对翻转课堂背后所折射的教育理念的理解，对本学科专业素养的把握，对学生的了解程度以及对课堂教学的驾驭能力，等等，都直接影响着翻转课堂实施的成效。

翻转课堂虽然有前置的视频讲解，但是翻转课堂的实施不是取消教师，更没有降低教师的作用，相反，翻转课堂对教师提出了更高的要求，期待教师有更高的素养。

一、从知识见长走向综合素质为范

当代教育正在从“知识本位”走向“综合素质本位”，很显然，这对教师提出了更高的要求。在翻转课堂的教学模式下，知识的掌握，可以通过课前的微视频自学来完成，课堂上多出来的时间，则可以更好地让学生在探究活动中养成科学研究的态度，学会科学研究的方法和相应的技能。而社会人文学科的教学，则可以有更多的时间，让学生展示、辩论、讨论与交流，发展学生的洞察力、思辨力和表达力培养学生相应的情感态度价值观。

教育作为一种有目的、有组织的培育人的社会活动，事实上，它并非是随意的，也不是随便什么人可以随心所欲地在课堂上发表不负责任的言论的。微视频将教师知识传授过程置于公众的监管之下，这在很大程度上保证了教学的思想性。

然而，这种时间的增多与机会的增加并不能必然地导致情感教育实效的增强，正如大家所熟知的，学生态度情感价值观的形成是建立在他们的经验与体验的基础之上的。人与人之间的交往是影响学生价值观的最重要的变量。正是在这一意义上，我们说：未成年人思想道德问题的根源在成年人身上，提升学生的思想道德水平首先要提升教师的道德水平。

由于目前部分学校领导对教师师德的重要性认识不足，疏于管理，责任心不强，个别教师在课堂上随心所欲地发表不负责任言论的现象还客观存在。也就是说，在翻转课堂上，由于师生交往频率加大，部分教师不健康的思想有可能对学生产生更为负面的影响。

由此，我们可以得到以下结论：

第一，作为基础教育慕课载体的微视频，对推动学科教学领域中的思想道德教育将有重要的促进作用。

第二，翻转课堂将为师生之间与生生之间的深度互动提供更多的时间与空间，这一深度互动将极大地影响态度情感价值观的教育。

第三，慕课的实施对教师的思想道德提出了更高的要求。

作为教师，当然要以学科素养见长，但更要有高水平的思想道德修养。所谓“学高为师，身正为范”，就是说，这两者都是不可偏废的。遗憾的是：在部分中小学，学校领导重教师的学科素养，而轻教师的师德修养，这对培养学生全面发展的综合素质是极为不利的。

综合素质导向的教育需要综合素养为范的教师，除对学科知识有深入的掌握外，在翻转课堂上，教师还应当有组织学生从事项目探究和问题解决的能力，要有正确引导学生情感态度价值观发展的意识，并以自己的言行促进学生思想道德的发展。

二、从自我中心走向学生中心

长期以来，中小学教师尤其是年轻教师，在教学过程中比较关注如何教的过程：如何备课、如何上课、如何批改、如何辅导、如何评价等。相关的教学论文章也大都围绕着如何教来展开。比较中西方的教学论的论文，不难发现，我国的教学论研究大多重点围绕的是如何教，而西方有关教学论的论文则重点围绕如何学”。这一现象不能不引起我们的重视。关注如何教，对于提升教学效益当然是非常重要的，如我国的集体教研制度、师徒带教制度等，深受国内外教育同行的关注与好评。

但是教学过程中需要重视的另一方面，或者说是更为重要的方面，是学生自己的学习活动对其学习成效起着关键作用。学生是学习的主人，让学生自己对其学习负责，而不是教师或家长。一切学习都是学生自我的学习。教师的教，应着眼于如何帮助学生更好地学，如何设计与组织相关的教学资源，让学生在学习过程中更为积极、主动。

“从自我中心走向学生中心”，要求教师在设计教学微视频的过程中，始终考虑如何方便学生的学，要以学生原有的知识基础和情感基础为起点，教学过程中考虑学生的接受度，教学结束时及时反馈和校正学生的学习，为下一个阶段的学习打好基础。

更为主要的是，在翻转课堂上，教师的指导和辅导更需要在教学目标引导下，基于学生学习的基础和现状来展开。在讨论和解决学生提出问题的过程中，首先要倾听学生的理解，给学生展示的时间和机会，在此基础上再由教师引导、点拨和总结等。让所有学生在原有的基础上有更进一步的发展，是翻转课堂教学的最终指向。

根据每位学生的学习基础，有针对性地进行指导和辅导，是一件不容易的事情。在翻转课堂上，由于学生事先学习了视频的内容，对知识有了一定的把握。因此，在课堂上再重复讲解微视频的内容意义不大。在一般情况下，由于学生已经初步地掌握了相关的知识，因此，他们会在此基础上提出各种各样的问题，有的问题是教师没有想到的，当场也不一定能够回答上来。面对这样生成性、开放性的课堂，实现了课堂教学从预定式向生成式的转变。这种模式的课堂很可能不再按照教师预定的程式进行，这对教师是一个新的考验。

走向学生中心，就要求教师关注学生差别化的学习，尊重并引导学生探究性、创造性的学习。

在改革之初，并不是所有的教师都意识到了翻转课堂的重要价值和意义，也不是所有教师有兴趣参与这一过程。因而参与翻转课堂尝试的教师，往往自己制作教学微视频，尝试上翻转课堂后，探索的过程未免有些孤单。当前，翻转课堂的理念为越来越多的教育同仁所知晓，因而，实践中就具备了从孤军奋战走向团队合作的条件。教同一门学科的教师，在集体教研的基础上，根据课程标准的要求，将不同知识点讲解的任务分配给不同的教师，由他们创作教学微视频，设计进阶作业，录制好之后全体共享。与此同时，微视频录制的过程中，也可以采取团队合作的方式，资历较深的老师贡献思想和思路，设计如何教学；年纪较轻的教师则在准备录制以及修改编辑的过程中多劳动，多付出。当然也可以和专门从事电教的教师一起合作，共同录制出高质量的教学微视频。

在上课的环节，同样可以采取课前集体研讨、课中相互观课、课后共同反思的方式，不断提升翻转后的课堂教学的效益。在镇江外国语学校的英语翻转课堂的观摩课上，同一节课由两个教师合作来上，一个教师负责教学过程的组织和引导，另一个教师负责教辅的管理和支持，两者相得益彰，成效更好，深受学生和同行好评。

目前，华东师范大学慕课中心与C2O慕课联盟，正在推出“名师名课工程”，组织全国的优秀学科教师，共同录制覆盖各学科知识点的教学微视频，创建高质量的微视频资源库，以供全民共享；与此同时，C2O慕课联盟每月定期召开一次全国联盟学校的翻转课堂教学观摩研讨会，共同观摩、研讨和反思如何上好各学科翻转课堂。这也是一种更广泛意义上的团队合作方式，对高质量微视频建设和翻转课堂的高效实施，都是重要的推动。

第三节　翻转课堂与教育设施设备系统

理解了翻转课堂理念的中小学教师，会被其实施的思路和效果所打动，然而在尝试实施之际，往往会为实践中不具备相应的条件所困惑，比如学校没有相关的数字平台支撑，不是所有学生家庭都具备网络环境和个人计算机。所以，有老师会问，如果没有这些条件，还可以实施翻转课堂的教学吗？这里的回答是肯定的，翻转课堂是一种教学模式或思想，主要是为了从以教师教为主转变到以教师教和学生学并重为主，让学生的学习从被动接受状态转变到主动思考和参与状态。因而，只要是朝着这个教育目标而努力的实践，都是值得肯定的。

我国不少学校实行的以导学案为载体的“先学后教”课堂教学，都体现了翻转课堂的教学理念，学生在导学案的帮助下，先学习相关的学习资料，完成相关作业，对学习材料提出问题；课堂上，围绕师生关注的重点问题，展开讨论和交流，并解答学生的疑问和困惑，都是该理念的重要体现。山西新绛中学的学案课堂,也是翻转课堂理念的重要体现,学生学习了教学材料之后,需要撰写出学习报告,并将相关问题写在学习互动卡上,交给教师。教师根据学习互动卡上的问题,有重点地请学生讨论,然后自己讲解。这些都很好地体现了先学后教的理念,促进了学生的主动学习。

当然,有条件的地区和学校,可以采用更为先进的信息技术支撑,来更加便捷地实施先学后教的模式。比如山西新绛中学的学习互动卡,需要学生逐个呈交给教师,教师逐个看完之后才能确定学生的问题。如果该环节能够通过无线网络环境下的学习平台来实现,则会为师生节省不少时间。

实施翻转课堂,理想的教育设施设备支撑包括如下几个方面。

第一,师生人手一台无线覆盖的移动智能学习终端。观看教学微视频,在线提交进阶作业,参与网上交流与讨论等学习方式的实现,最好是学生每人拥有一台移动智能终端,如计算机、iPad、手机等。学生在课前的先行学习,可以在家里,也可以在校园内学习,甚至可以在公交车上、公园内,只要愿意,学生都可以拿出设备随时随地学习。教师也可以随时检查学生学习的状态,并及时回答学生的疑问和困惑。因而,在具备一定经济基础的地区,可以考虑为师生配备移动智能学习终端。例如,温州二中的学生,由教育局给师生每人配备一台 iPad,支持学校实行慕课学习和翻转课堂教学改革。深圳南山实验教育集团则是由学生家长给学生配备这样的学习终端。拥有无线网络覆盖的移动智能终端会为学生的学习提供诸多便利。当然,合理适度地使用计算机进行网上学习,需要家长和学校共同的教育和保障。

第二,建立在交流互动平台。这一交流平台将为师生之间、学生之间的网上交流带来极大的便利。在师生具备无线移动智能终端的基础上,课前,教师在线给学生提供微视频学习资源,学生在线上学习,完成并提交进阶作业,遇到不懂的问题,网上寻求同学或教师的帮助。课中,针对不同学生的学习基础,教师可以更有针对性地给学生推送不同的作业习题,学生完成后立即提交给教师,教师很快知道学生作业完成的情况,在此基础上进行个性化辅导和教学。

上述学习任务的完成,学校需要建设师生交互学习平台。在该平台上,有教师提供给学生的视频讲解以及其他学习资源,进阶作业诊断系统,以及单元测试的评价系统。学生以学生的身份登录,教师以教师的身份登录,两者具备不同的使用权限和管理权限。学生完成学习任务,教师管理、指导和帮助学生的学习,以此更好地辅导学生,更及时地掌握每位学生的学习情况,让教学和指导更具针对性。

第三,建立进阶作业诊断系统、单元测试的评价系统。基于师生交互学习平台的进阶作业诊断系统和单元测试评价系统的建设,需要教育教学领域的专业人员和信息技术人员合作完成。学科教师根据教学微视频设计的教学目标和教学内容,设计出进阶作业和单元测试的习题,最好针对一个知识点有 2～3 套作业习题和单元测试题。信息技术人员帮助教师设计互动平台,师生共享使用。

诊断系统与反馈系统的建设,可以减轻教师重复讲解和重复批改作业带来的工作负担,让教师的时间使用得更具效益,比如可以更多地和学生交流,有针对性地对学生进行辅导。

当然,这一平台的建设是一项艰巨的工程,耗时费钱。为帮助我国中小学解决这一问题,华东师范大学慕课中心与 C2O 慕课联盟已建成“华师慕课”网,它集中了全国最优秀的教学微视频资源,设有在线交流平台,提供网上学习诊断服务。它的出现会给我国中小学慕课的建设与翻转课堂的探索提供极大的便利。

第十二章

计算机应用技术教育云服务给学习环境带来的变化

第一节 计算机应用技术云学习通道和终端的多元化

一、云学习通道的多元化

伴随云计算的飞速发展，云计算也开始应用到多种学习通道中，形成了基于云计算的学习通道多元化。无所不在的云学习通道使任何人在任何时间、任何地点都可以通过任何设备进行学习。下面介绍几种不同的云学习通道。

（一）基于云计算的数字电视/IPTV 学习通道

在政策、市场等因素的诱导下，国内数字电视/IPTV 进入了一个快速发展的阶段，从而面临着容量的扩充问题。随着云计算技术的不断成熟，云计算给数字电视/IPTV 通道带来了全新的机遇。云计算使用分布式的架构，具有海量的存储能力和快速的扩展能力，通过把大量的廉价的计算机资源通过网络连接起来，提供大容量的，高性能的和可扩展的服务。通过在数字电视/IPTV 学习平台中引入云计算技术，可以解决 IPTV 平台的规模发展问题。

数字电视/IPTV 学习通道的特点包括以下几个方面。

(1)提供实时的学习互动。数字电视/IPTV 系统具有双向负载能力，它允许服务提供者传送大量的实时学习互动应用，可根据用户的选择配置多种多媒体服务功能。这些应用服务包括数字电视节目、HDTV、可视 IP 电话、DVD/VCD 播放、互动游戏、高速互联网浏览、电子邮件等多种教育功能。

(2)提供高质量的教育内容服务。数字电视/IPTV 不仅可以为用户提供接近 DVD 水平的教育内容，而且还允许用户对教育内容影像做记录，并可进行存储。这样就扩展了教育内容的存在时空，让没有时间看或错过教育内容的用户，更自主轻松地进行异步学习。

(3)提供个性化的按需学习服务。数字电视/IPTV 提供建立在通信网络上的互动视频服务，支持双向沟通，允许用户根据自己的喜好点播教育内容，并可以使用户自己决定收看时间。用户还可以按照自己的需求，选择获取提供的各种实时或非实时的教育内容。

（二）基于云计算的卫星学习通道

卫星学习通道是整合双向卫星、Internet/Intranet、学习中心的综合学习通道，其中用于中心、分中心和学习中心之间的双向卫星网实现资源的传输和数据的交换，Internet/Intranet 实现用户终端与各级网络之间的资源获取与数据交换，学习中心为用户提供基于面对面的学习指导与组织管理。在云计算的基础上，卫星通道的资源传输会更加准确和支持教学大容量、大并发，更能满足用户的需求。

相对于地网，卫星网学习通道有自己的优势特点。

(1)传输质量的保证优势。由于每个卫星小站都利用自己的专有信道传递数据，它们彼此之间没有竞争，非常有利于提供服务质量的保证。而且每个信道的带宽是独享的，不会受到用户数量的影响。

(2)传输容量及带宽的增加。保证了卫星业务的高性价比，实现学习中心之间的互联互通。天网是一套独立运转的网络系统，它通过卫星的双向链路将每个学习中心联系起来，并达到资源的共享。与此同时，卫星车的使用使社区之间的相互交流变成可能。卫星车将现场采集的信号通过双向卫星，由中心站编辑后转发给指定的学习中心双向卫星站，从而实现教育现场的实时直播。

(3)授课质量高、应用模式灵活方便。授课直播音视频质量高，能达到 DVD 画质，电子文档播放流畅，音视频流与电子文档数据流完全同步，支持实时的直播浏览以及非实时的课件点播、课件管理、课件编辑和课件发布。授课直播通过客户端软件观看，支持多频道，配置容易。课件点播只需使用标准的 Web 浏览器即可，无须安装客户端软件。

(三)基于云计算的网络学习通道

网络学习通道一直是学习的主要通道。云计算的发展给网络学习通道带来了变革，复杂的计算和大量存储集中在云数据中心，用户终端通过网络访问相关服务，降低了对用户终端的要求，也避免了频繁的升级，从而可以延长用户终端的使用周期，并且可以对学习内容和学习行为进行智能分析。

网络学习通道的特点包括以下几个方面。

(1)学习不受时空限制。网络学习通过网络聚合了大量丰富的学习资源，学习者可以在任何有计算机终端并可以上网的地方进行学习，而且学习时间由自己安排。学习者可以根据个人情况进行网络学习，而且对学习年龄也没有限制，有利于终生学习的发展。由于网络教学的覆盖面广，成本又相对低廉，有助于人们及时地把受最佳教育的机会传到那些不能有幸进入最好学校的学习者那里。

(2)学习自主性强。互联网背景下，因材施教成为一种可能，学习变成一种各取所需的过程。以网络技术为支撑的网络学习环境展示出高度集成性、超文本链接性和存储信息的大容量，给学习者提供了近乎无限的学习空间。学习者可以根据自己的需求安排学习计划，充分发挥学习积极性和创造性，达到良好的学习效果。

(3)学习交互灵活。网络学习不存在中心控制，整个学习环境是双向交互、开放的，这给师生交流和生生交流提供了更多的机会，缓解了传统课堂中由于学习时间固定，师生比例不协调而产生的交流匮乏的问题。在网络教学的平台上，学生之间、学生和教师之间可以及时、即时沟通，相互交流学习经验和体会，在交流和沟通过程中使知识得到丰富。

(四)基于云计算的移动学习通道

移动学习通道是指借助支持移动学习(Mobile Learning)的无线网络搭建的数字化学习通

道。在云技术的支持下，用户终端的功能将会被大大简化，而诸多复杂的功能都将转移到终端背后的网络上去完成。这样，用户只需借助平板电脑、智能手机等接入互联网，便可获取需要的信息服务。由于信息存储和数据计算都发生在云端，云计算突破了传统的以个人计算机为核心的硬件限制，集合了信息聚合和设备聚合的全新 Web 服务，将从根本上改变人们获取信息、沟通交流的方式，从而实现用户随时随地的学习。

与其他学习通道相比，移动通道具有以下特点。

(1)学习设备数字化。相比于传统的携带纸质书本进行随时随地学习的模式，移动学习的实现形式是借助于各种便于携带的数字化终端设备来实现的。这些设备包括能够上网的智能手机、平板电脑。通过这些能够储存数字化资源、可以随时随地链接网络的设备，使得学习可以减少甚至摆脱时间和空间的束缚。

(2)学习时空移动化。移动学习要求可以在离开教室、图书馆、机房等学习空间的情况下，也能继续进行学习。在整个学习过程中，学习者不再被限制在书桌前，可以在任何想要学习也适宜学习的地点，根据自己的需求，利用身边的移动设备进行学习。学习者也不用局限于固定的学习时间，在移动学习中可以自由安排学习。这个学习的环境是移动的，教师、研究人员、技术人员和学生都是移动的。

(3)学习活动个性化。随着时代的进步，人们对个性化教育的要求不断增强，移动学习正好适应了这种个性化学习潮流。在移动学习过程中，人们可以根据自己的时间和学习需求来安排学习进程，定制学习内容。移动设备的互联性能为人们提供了随时随地获取丰富学习资源的可能。随着整个移动学习环境的完善，人们还可以量身打造自己的学习服务项目，实现终生学习。

(4)学习互动深入化。移动学习产生一种新的互动方式——学生与情境之间的互动。学习情境的创设可以通过视频、音频等多媒体技术来实现。通过可移动的学习终端设备，可以实现听觉和视觉上的随时随地互动。在内容上的互动是双向即时的，这样才使得“移动”更有意义。

二、云终端的多元化

云终端的概念随着云计算的发展开始被不断提及。科技的发展使得云终端多元化，云终端的功能都是基于云架构的，且对云没有选择性，因为它们都是通过普通的 IP 协议实现接入的，但是如果没有云计算或者云计算中心，云终端就没有存在的意义。

下面介绍几种不同形式的云终端。

(一)多屏显示终端

目前应用于课堂的大多是单屏显示，但是随着大量新兴技术的产生，传统的单屏教学形式有所改变，开始走向多屏学习空间教学。多屏显示终端可以是交互式电子白板、可移动虚拟桌面等。多屏显示终端借助于云服务不但使教学空间得到了延伸，同时也有效地增加了课堂交互，促进学生的知识建构。

陈向东等(2019)在《多显示学习空间的开发与应用》中介绍了两个多屏显示终端的例子。一个是 Pod，它被视为一个与管理决策的目标紧密联系的整体空间，而不仅仅是一个技术系统。这个特别的房间由一系列围绕圆桌的投影形成的“信息面”构成，显示的信息包括 35 毫米幻灯片、录像和电视摄像等。系统由技术员或参与者控制，支持团队计划、审核以及设计活动等。Pod 的经验为我们提供了一个视角，即多屏显示环境可能为信息的展示与交流带来许多潜在的好处。

另一个是 MultiPresenter。演示系统在演讲厅配备两个屏幕，与一般的多屏环境不同的是，MultiPresenter 通过特定的创作和信息现场展示系统，创新了内容的组织和传递方式。现场演示系统支持有计划的展示或者即兴将内容嵌入选定的屏幕。但是 MultiPresenter 只是一个技术系统，而不是一个完整的多屏显示环境，系统的目的是支持多种方式的演讲，而不是团体的协作。

（二）移动云终端

在移动设备如此普及的当代社会，对于云技术来说是一个很大的机遇，只要用户拥有一部云终端设备，就可以享受到云学习。目前比较流行的移动终端设备如苹果 iPhone 系列、联想乐 phone、戴尔平板电脑 Streak 10 Pro 等，虽然不同的设备应用了不同的系统，比如 ISO 系统，Win10 等，但是都可以和云端进行连接，在云架构上运行，随时随地获得丰富的资源，实现个性化教学。云计算、移动互联技术在不断发展，用户也需要更具个性化的计算设备，这都正成为移动云终端多样化的动力。移动云终端的发展在终身教育方面有重要的意义，比如比较流行的电子书包是一个资源与终端的组合系统，云终端的推广也促进了电子书包的发展。个人计算机、笔记本电脑、电子阅读器、Pad/WebPad、手机等都充当过电子书包，而电子书包亦被看作一种未来型的教育电子产品和教育云终端。在美国，中小学越来越多地购买便携式电脑和掌上电脑，苹果 iPad 也成了电子书包装备的典型形态。日本则开发了一款采用嵌入式系统 T-Engine 的个人计算机式的电子书包 PinChange。

（三）数字化校园云终端

校园云终端实现了各种优秀的资源的共享，校园各类云终端或多媒体设备的无缝连接，大大促进了数字化校园的建设。作为数字化校园和云服务的重要组成部分，其中如“思科—华师京城教育云终端机”实现了多媒体教室设备及终端的无缝连接，这些设备和终端包括广泛应用的电子白板、投影仪、触控一体机、教师及学生用计算机、音响设备、电子书包等。

三、智能云

学习云技术不仅带来了学习通道和终端多元化，也引起了学习方式的改变。随着智能学习的发展，结合云计算的智能云学习逐渐兴起。

（一）智能云学习的概念

智能云学习是由智能学习衍生而来的。智能学习是指一种全方位的网络学习，包括用户按需进行课程传递和评价，获取跨校课程和在线材料，定制课程项目，通过电子书籍以及其他的电子资源来学习，学生协作学习，实时远程学习等。智能学习强调学习者在电子化学习环境中的个别化和自适应学习。

韩国忠北国立大学计算机教育系的 Okhwa Lee 教授认为，面向 21 世纪的智能学习可以从 4 个方面理解。

（1）网络带给我们无限的可能，如智能移动设备、计算机、智能工作机和 IPTV 等。

（2）我们的行为由于 IT 的引入而发生了改变，我们熟悉的用户为主导的设备，如导航设备、实时通信设备、云计算、社会化网络、个性化设备等，包含了多样的媒体分发模式。

（3）教师、学生和教育都面临着巨大的变革，如何让学生沉浸于学习之中或者深入学习，是我们必须思考的问题。

(4)智能学习是未来学习的潮流。全球化的压力已经在改变着学习的方式和地点,任何人可以在任何时间、任何地点学习。我们更多的时间用于非正式学习,并且我们的学习变得越来越智能。现在有必要把教学系统置于学习型社会的核心。智能学习是一个具有深度影响的变革,它对发展学习者的思维技能和会话技能有很大的帮助,能激励和帮助教师发展各种独立思维和学习以满足 21 世纪的需求。

综合国际上的研究及发展趋势,智能学习是指在智能学习环境中,借助信息和通信技术手段,根据学习者的需求为学习者分配资源,并对学习者进行智能化学习管理,从而满足学习者随时随地进行学习的要求,促进个性化学习和自适应学习。

智能学习具有如下特征。

(1)学习资源按需分配。在智能学习中,学习资源不是按照事先完全确定的顺序和模式来呈现与分配的,而是由智能学习系统通过分析学习者的个性化特征、辨别学习者所使用的学习设备、根据学习者的学习需要,有选择性地按需分配学习资源。

(2)学习管理智能化。在智能学习中,学习者的学习是不断进行调整的,智能学习系统可以根据对学习者的个性因素、智力因素、知识水平等进行分析并给出相应的建议。同时教师可以通过分析学习者的学习特征、跟踪学习者的学习进度、分析学习者的学习数据,对学习者的学习情况进行智能化的管理。

(3)学习活动个性化。智能学习充分尊重学习者的个人学习风格和学习习惯。通过对学生的个性特征进行分析、数据提取、数据挖掘,得到学生的个人特征模型。根据学习者的不同需要推荐学习资源,以满足不同学习者的学习需要,实现个性化学习。

(4)学习评价多元化。智能学习综合采用形成性评价、总结性评价、测试等多种评价方式对教与学进行评价,不断完善教学系统,促进学习者的学习。

(5)学习支持服务多样化

在智能学习中,学习者具有一定的学习主动性,要想保证学习者高效利用丰富的学习资源进行深入学习,学习支持显得尤为重要。学习支持是为帮助学习者进行有效学习而设计的,智能学习采用多样化的学习支持服务,更好地服务于学习者的学习。

(6)学习环境智能化。智能学习环境是一个高度数字化、智能化的学习环境:对学习者的个性进行智能分析和智能识别,快速进行反馈;个性化的评测系统,存储大量媒体资源供作选择,方便讨论和通信。因此,智能学习环境的构建需要利用多媒体网络技术、人工智能、数据库及数据挖掘技术、语义解析、网络通信等新技术。智能云学习是智能学习模式与云计算技术的结合,在智能学习的基础上,云计算更能有效地为学习者分配资源来满足学习者随时随地进行学习的要求,并对学习者进行智能化学习管理,促进个性化学习和自适应学习。

(二)智能云学习支撑——智能云学习系统

随着技术的发展,传统的智能学习系统已经无法满足当前学习者的需要,为了更好地促进学习者学习,实现新技术时代下的智能化学习,众多学者将云计算与智能学习系统相结合,开发设计了各种学习模型,以便更好地支持学习者的个性化学习。

智能学习系统是一个以学习者为中心、支持智能学习的学习系统,该系统能够整合多种学习终端和教学平台,为教师和学习者提供便捷、高效的教学、管理、资源、评价等服务,从而创造一种智能学习环境,满足多样化的教学需求。同时智能学习系统也是一项涉及人工智能、数据挖掘、认知科学、教育学、心理学、行为科学和计算机科学的综合性研究课题,其研究的最终目的是让学习系统在一定程度上能够模拟人类教师的角色，充当学习者的引导者和帮助者，针对不同的学习者实现其个性特征的最佳学习。它能根据学习者的特定目标、需求和偏好，利用教学方法和学科知识动态地调整学习内容。智能学习系统掌握相关领域的知识、授导策略和方法，能模拟学习者的知识状况，它是以学习者为中心，以计算机为媒介，利用计算机模拟教学专家的思维过程，形成的开放式人机交互系统。

智能学习系统是一个分布式的在线学习系统，其各个模块能够独立运行，并且可以在网络的不同服务器上登录。学习者模型数据库是智能学习系统的一个基本部分，它包括关于学习者学习一个课程或者多个课程的学习进程的档案及临时状态的结构化数据。尽管智能学习系统的类型很多，但各种类型都包含 5 个关键模块，包括学生模块、专家模块、教育理论模块、领域知识模块和交流模块。

智能学习系统的主要功能模块由两部分构成，包括课程自动排序、自动选择和排列学习目标的方法。智能学习系统是在超媒体的基础上发展起来的，主要目的是充分考虑学习者的学习目标、认知能力和知识水平，为学习者提供个性化的学习环境。现在主流的智能学习模式的关键环节由学习诊断、学习内容的动态组织、自主选择学习策略构成。但是其对学生学习的诊断、学习内容的组织、学习策略的选择还是机械的，并不能完全符合学习者的认知特点和需求。智能学习管理系统主要是弥合现代的网络教学的学习管理体系与当前强大的、未被充分利用的智能辅导和自适应超媒体技术之间的差距。虽然现状有很多不同的智能辅导系统（ITS）和学习管理系统（LMS），但是它们并不能很好地满足教育的需要，因为这些系统之间不具有互操作性。其主要的原因是网络上的数据的结构性较差，现有的结构没有形成标准的格式。智能学习管理系统的结构是以智能辅导系统和学习管理系统为基础的。

此外，智能学习管理系统继承了学习管理系统的设计学习材料和管理功能。智能学习管理系统是一个开展智能软件应用，尤其是学习和发展领域应用的技术平台。智能学习管理系统通过个别化和适应性的学习，集成了以学生为中心的学习经验，超越了典型的正式学习和非正式学习环境。

综上所述，智能学习系统是一个以学习者为中心，支持智能学习的学习系统，该系统能够整合多种学习终端和教学平台，为教师和学习者提供便捷、高效的教学、管理、资源、评价等服务，从而创造一种智能学习环境，满足多样化的教学需求。

智能学习系统的特征主要表现在如下几个方面。

（1）定义可重复利用的学习对象。在智能学习系统中，根据学习者的需要与课程内容的性质，设置可以重复利用的学习资源来支持学习者的学习。

（2）基于可定义规则的个性化资源推荐，根据学习者的需要分配资源。在教学过程中，通过利用站点积累的大量有用的历史记录，如用户访问日志、注册信息、选课信息、课件学习信息、视频点播信息、答疑情况等，分析学习者的学习行为特点及学习需要，为不同的学习者提供个性化的推荐服务，可以有效提高各种学习资源的利用效率，从而提高教学质量。

（3）跨平台的资源聚合共享。将世界范围内的教育资源聚合到云存储服务器中，学习者使用云的同时，学习者的资源也会进入云存储服务器中。由教育者对浩瀚的资源进行归类、管理和制定相应的访问规则。

（4）整合学习终端、多屏合一技术，支持不同的用户终端，学习者可以在不同的终端设备上学习，实现不同终端设备的智能切换，让学习者能够随时随地不间断地根据自己的需要进行学习。

（5）可针对各学科的统一功能，而非某个特定课程智。能学习系统的适应性广，不再局限于某一个特定的课程，而是针对各个学科设计了统一的功能。云技术的不断发展推进了智能云学习系统的发展进程，相比于传统的智能学习系统，在云计算的基础上智能云学习系统更加灵活，功能更加丰富，更能满足学习者的个性化需求，是未来智能学习系统的一个重要发展趋势。下面列举几个已实现的智能云学习系统。

1.基于智能云计算的智能学习服务

基于智能云计算的智能学习服务(Smart Learning Services Based on Smart Cloud Computing)提出了智能云计算(SCC)模型，该模型主要通过用户手持设备中的传感器获取用户行为的相关信息，然后通过 E4S(即智能输入、智能推测、智能内容和智能输出)的过程为用户智能地选择学习内容，并能提供满足学习者需要的学习内容。该模型利用云计算的特点，实现了为学习者按需分配资源的过程，为学习者的个性化学习服务。

智能云计算模型在以用户移动设备中的感知器获取用户行为的基础上，通过 E4S 为智能学习内容服务。智能云计算根据每个学习者的需要为其提供量身定制的内容与服务。智能云计算通过在现有的云系统中加入智能处理，能够让云服务器为学习者提供智能学习服务。云服务器最重要的职责是进行弹性处理，如为基础设施即服务(IAAS)提供弹性计算、为平台即服务(PAAS)提供弹性管理、为软件即服务(SAAS)不断地提供弹性调度。弹性处理即从用户手持设备中的感知器中收集用户信息，实时处理输出的信息以便满足用户不断变化的动态情境需要。

智能云计算模型主要由两部分构成，即上下文感知(context-aware)模块、E4S(Elastic4S)系统。上下文感知模块自动推测用户行为的实际状况，为每个用户提供智能学习服务。E4S 系统主要是智能地从用户手持设备中获取用户行为的相关信息，并进行智能推测、智能选择内容、智能输出的过程。

智能云计算为学习者提供了一个智能学习环境，它促进了学习系统标准化，并提供了管理方式。智能云计算能够为用户提供智能学习，这样用户可以在不同的学习情境中使用不同的设备进行学习，形成一个设备分离的“虚拟教室”。

总之，智能云计算模型通过用户的手持设备中的传感器获取用户行为的相关信息，然后通过 E4S 的过程利用云计算的特点，实现为学习者的过程及个性化学习服务。

2.IMAV 模型(基于云计算的资源虚拟化智能多代理模型)

随着网络通信技术以及移动网络架构增值技术的不断发展，越来越多的用户开始使用基于移动和手持设备的社交网络，如 Facebook、Twitter 等。

云计算环境下的社会化媒体服务是一种简化分配服务资源的方法，只需要通过用户等级和服务资源的限制来分配，但其存在两个方面的问题：①为了给用户分配合适的资源，管理者必须一直不断地检测服务资源系统；②增加了服务器和网络的负载。为了解决这些问题，韩国 Konkuk 大学提出了 IMAV(Intelligent Multi-Agent Model for Resource Virtualization)模型，该模型建立在云计算的基础上，通过收集与分析用户的情境信息来推测用户的需求，自动为移动设备用户分配合适的服务资源。

IMAV 能够实时管理云计算的资源，并通过用户的行为调整资源，主要包括用户代理、分布式代理、收集代理、代理管理器、虚拟注册器和系统资源管理 6 个部分。

(1)用户代理主要是接受移动代理提供的信息，为用户计算合适的、相关的虚拟化社会媒体服务程序，分析有关的服务类型和存取类型。

(2)分布式代理通过综合考虑用户和服务器之间的相关性来分配社会化云服务资源；通过用

户发送的学习服务请求和信息来支持智能虚拟服务资源；运用 MLP(Multi-Layer Perceptron)和 SVM(Support vector ma-chine)将系统服务资源虚拟化。

(3)收集代理主要是收集系统必需的服务信息和社会化媒体的数据。

(4)代理管理器主要用来管理每个代理的创建、注册、事件和删除。

(5)虚拟注册器是注册和管理分布式代理分布的社会化资源的虚拟信息，通过分析虚拟登录信息来支持系统资源的有效管理。此外，虚拟注册器和分布式代理同步管理登录信息。

(6)系统资源管理控制虚拟注册器，记录相关信息，管理用户资源，主要由系统使用率分析模块、系统内容管理模块、系统层级分析模块、系统资源分类模块和系统管理信息数据库组成。

从目前的研究来看，智能学习系统未来的主要发展趋势是实现个性化学习、满足不同学习者的需要。整合云计算资源、实现不同平台的资源共享、按需获取资源的特点，建立基于云计算的智能学习系统是未来的研究重点。

未来的基于云计算的智能学习系统建设，将主要关注以下几个方面。

(1)规模化、智能化的应用。

(2)多屏可切换。支持不同的用户终端，使学习者可以随时随地不间断地根据自己的需要进行学习。

(3)自适应的资源推送。分析学习者的学习效果、学习情况反馈，以及学习者所学的知识内容，智能地推荐学习资源，友好地给出学习引导建议，让学习者轻松、有效地学习。

(4)多租户。利用云计算中 IAAS 层的多租户特性，采用多租户组件实现对学习资源、学习服务的更好的共享。

综上所述，教育云服务改变了学习者的学习环境。随着学习环境发生变化，学习模式也将发生相应的变化。

第二节　不同视角下计算机应用技术教育信息化云服务学习模式

一、连续型学习模式——以媒体为视角

上述介绍了云学习通道和终端的多样化，以媒体为视角的连续型学习模式就是整合不同学习通道和终端的优势，从而达到无缝学习和终生教育。

(一)连续型学习模式的研究背景——基于云计算的多通道学习模式

云服务模式就是按照个人的成长阶段及特点，采用不同的学习方式开展教学和学习，不断满足全民的终生学习需求，云学习支持的学习模式适用于正式和非正式的学习环境。连续型学习模式是在基于云计算的多通道学习模式的基础上，结合终端的多元化而生成的新型云计算学习模式。目前云计算环境下，根据不同通道分为以下几类学习模式。

1.基于云计算的数字电视/IPTV 学习模式

基于云计算的数字电视/IPTV 学习模式的学习目标是在数字电视学习环境下，通过自主学

习、协作学习和教师辅导、同伴互助,在互动、交流过程中,使学习者适应数字化学习方式。该学习模式利用系统提供的各种学习资源和支持服务,通过视频点播、网络直播和各种交互方式进行学习。基于数字电视/IPTV的学习模式可作为学校学习的补充、远程学习的一种方式,以及用于社区学习和家庭学习中。

正规学校学习的补充在此学习模式中,问题是学习的起点,学习者以问题为入口,利用IPTV的直播、点播等功能进行学习,并与他人协作,实现信息资源的共享与交流。学习者根据个性化特点,通过系统提供的各种交互功能和数字化学习资源进行学习,并可从教师以及其他途径获得指导和帮助。在学习过程的各个阶段,教师提供及时的引导、辅导,学习者及时总结,不断进行自我反思与评价。

远程学习使教师、学习者之间进行直接沟通成为可能,有利于建立以学习者为中心的学习模式。但互联网系统也存在不足之处。

其一,网络带宽较窄,信息的传输速度受到限制。

其二,对于无法接入互联网的用户还有一定的困难。

数字电视/IPTV解决了上述网络教育存在的不足,使远程学习变得更方便,从而极大地满足了学习者多样性学习的需求。数字电视利用其本身频带宽、用户广的优势,以及学习平台丰富的教学资源和互动性等特点,为学习者提供了高效、廉价的教学服务。数字电视/IPTV更真实地重现教学场景,提升了远程学习的质量。数字电视播出的教育教学节目,以其图像的高清晰、声音的高保真特性,营造更好的学习环境,学习者在学习的同时,又能欣赏到高技术带来的高质量的视听享受,从而激发学习者的学习兴趣,提高学习效果。

社区学习。利用数字电视/IPTV学习平台,组织社区人员进行学习,提高社区全体成员的整体素质和生活质量,服务区域经济建设和社会发展。数字电视/IPTV学习平台为各种年龄层次的民众提供包括各种学习教育辅导、非学习教育和知识普及等增值服务节目在内的子系统。节目以视频为主,结合图片和文字,共同组成丰富多彩的多媒体教育形式。在内容上,既包括各种学习教育辅导、非学历教育、职业教育(培训)、技能教育(培训)、生活常识和知识普及等方面,也包括从科学育儿到幼儿智力开发、学前教育、中小学素质教育和课外辅导、职业教育和技能培训、老年人健身保养和业余活动教育等。在社区通过建立学习小组,确定共同的学习目标和学习任务,在固定的时间里将小组成员组织起来利用数字电视学习平台进行学习,并在学习中通过多种手段进行交互。通过数字电视学习,建立社区成员主动学习、积极学习的理念,消除认为学习只与学习者相关的传统观念,帮助人们树立起个人一生中各个阶段都要普遍参与学习的思想,从而促进学习型社区的构建。

家庭学习视频点播。视频点播是数字电视/IPTV学习平台的亮点之一。学习者可以在自家的电视上选择数字菜单里的内容进行学习,如果担心一次学习不能完全掌握,可以下载到机顶盒进行重复学习。

学习交互服务。针对学科课程特点和学习者需要,提供文章发布、博客家园、图片发布、视频发布、主题论坛、学科聊天室、好友圈、资源共享、站点聚合等功能,为学习者创建一个相对开放、互动交流的学习平台,通过多种渠道促进师生交流与信息分享。

2.基于云计算的卫星学习模式

基于云计算的卫星学习平台是基于网络的学校、社区和家庭架构的互联互动的教育信息化云平台,是技术先进、功能完善的立体化"三网合一"的终生教育网络体系。其中,"三网"分别指用于市级中心与区县分中心、社区(乡镇)学习中心之间的资源传输和数据交换的"天网"(双向卫星网)，用于用户终端与各级网络之间的资源获取与数据交换的“地网”(Internet/Intranet)，用于学习支持服务，提供基于面对面的学习指导与组织管理的“人网”(社区学校)。基于云计算的卫星学习模式包括课程直播和在线学习、基于卫星网的培训、教育资源下载等多种教学模式，具体如下。

(1)课程直播和在线学习。

利用卫星学习平台可以实现市、区、社区学习中心间的课程、会议或活动直播，并可将内容存储在当地服务器，供非实时点播；利用IP组播(IP Multicast)服务可以直接观摩优秀教师的讲课，进行同步教学，使所有的远程用户都能获得丰富的、高水平的教育教学信息。远程用户可以直接从区县分中心网点或社区学习中心获得网校的教学计划、课程设置、教案、教学设计、各科学习材料、考试与复习指导、管理方法、各科教师答疑、学习交流等服务。用户可通过BBS、聊天室等方式进行在线讨论、在线答疑和课后辅导等，从而实现在线交互。以这些方式可以将优秀教师的课堂授课，实时、流畅地传递到远程教室或个人用户，让更多的市民参与学习，让更多的教师和领导进行实时观摩而不妨碍正常授课。这样，不但可以节省教师进行示范、实验演示所需要的教学成本，还让教师有更多的时间去提高教学质量。此种服务适合于MEPG-Ⅱ高品质、多频道流式音频、视频的实时传送。

(2)基于卫星网的培训。

采用卫星与互联网网络平台相结合，由学习中心组织，开展多样的培训。培训模式为专家在异地课堂演讲，各学习中心的学员可以与现场学员同步收看。同时，利用卫星网的双向视频和语音功能，进行学习研讨、交流互动等活动，并可将内容存储在当地服务器，供非实时点播。

(3)教育资源下载。

利用卫星宽带能力进行教育资源下载，可以将教育软件、科教图片、多媒体教学节目等数据文件以3MB/s速度传送到任何有卫星接收设备的计算机中，接收者数目不受限制、接收权可以控制。

(4)各类信息接收。

在充分利用数字化终生学习系统的信息资源的基础上，从优秀的网站中心精心筛选、编辑积极健康的、用户普遍感兴趣的信息产品，面向学习者免费播出。信息内容可以涵盖政治、经济、文娱、教育、法律等诸多领域。

(5)空中课堂。

联合教育电视台和广播电台开辟空中课堂栏目，建立服务于U-Learning的电视和广播频道，突破时间和空间对学习的限制作用，促进教育资源的无缝传输和覆盖。

(6)远程学习。

在我国西部地区的部分学校建立卫星学习示范点，接收卫星网的资源信息，为学校和教师提供在当地学习、进修和获得丰富的教学资源，促进当地经济和社会发展。

3.基于云计算的网络学习模式

在信息技术背景下，基于云计算的网络学习模式，为学习者提供了灵活自由的学习环境。基于云计算的网络学习模式以建构主义学习理论为基础，学习者所获得的知识并不单纯是通过教师的教学传授得到的，而是学习者自己主动建构知识而生成的。在整个教学过程中教师起着组织者、指导者、帮助者和促进者的作用。基于利用网络资源(信息上的利用)和利用网络合作(通信上的利用)的分类法，我们把网络教学系统中进行的学习加以细分。它包括4种以学习者为中心的基本学习模式：独立学习、辅助学习、协作学习和合作学习。基于这种划分，教学设计者可根据教学目标和学习者的特征，设计不同的教学模式，从而体现不同的教学理论和教学思想，网络学习模式如图 12-1 所示。

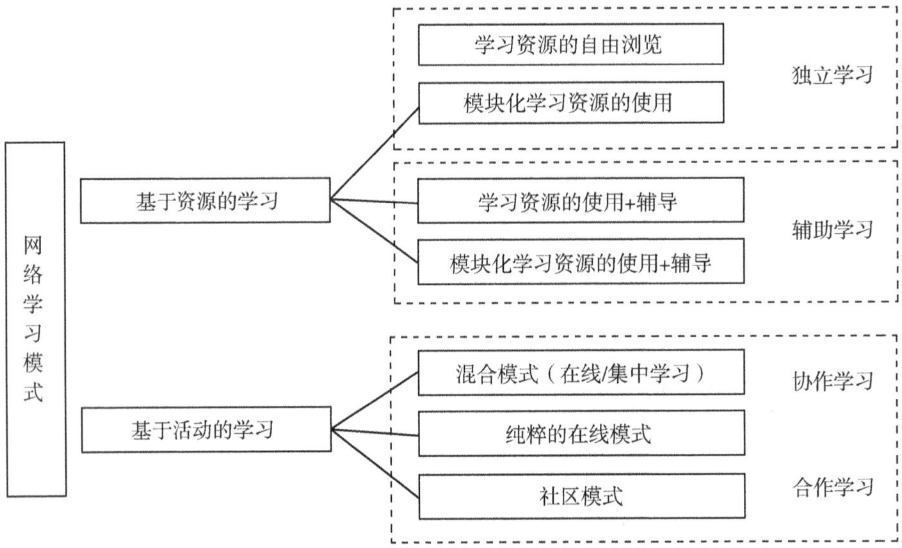

图 12-1 网络学习模式的类型

网络环境下的独立学习从狭义上讲是基于计算机网络的自主学习，从广义上讲是基于计算机网、通信网和卫星广播电视网多网合一的云网络环境下的学习。独立学习是指学习者利用网络提供的学习支持服务系统，自主性地选择认知工具、确定学习目标和学习内容、通过可选择的交互方式主动学习的过程，是学习者在主体意识和自主意识支配下，利用网络环境所提供的学习资源和学习建议，充分发挥主观能动性和创造性思维，围绕自我学习目标，自主性地进行信息获取，同时对自我的学习活动进行监控、调节、激励和强化，完善自我知识体系的学习。

独立学习包括网络资源的自由浏览和对模块化学习资源的使用。网络资源的自由浏览是指学习者在学习过程中需要补充学习材料或需要解决问题而从网络上自由搜集浏览各种资源。这种浏览没有课程的限制，是按照学习者的个人需求进行的，具有自主独立性。对模块化学习资源的使用是指独立学习已经由课程开发者制作好的、具有一定结构系统的学习资源。学习者根据模块化学习资源的学习目标及学习过程提示性指导，自己决定学习的内容与进程。

辅助学习在辅导员的帮助下进行，包括两种模式。对学习资源的使用＋答疑，学习者在辅导员的指导下，对各种所需的学习资源进行合理有效地搜集和使用，在学习过程中，如果遇到学习资源搜集使用上的困难，学习者向辅导员提出疑问，由辅导员辅助学习者来解答，辅助完成学习任务；对模块化学习资源的使用＋辅导，对于系统化的学习课程，学习者根据课程安排使用提供的学习资源进行学习，在学习过程中，由辅导员提供模块化学习资源使用的方法，辅导学生进行有效的学习。

(1)协作学习。

协作学习(Collaborative Learning)是一种通过小组或团队的形式组织学生进行学习的策略。小组成员的协同工作是实现班级学习目标的有机组成部分。小组协作活动中的个体可以将其在学习过程中探索、发现的信息和学习材料与小组中的其他成员共享，甚至可以同其他组或全班同学共享。协作学习可以以两种方式进行：纯粹的在线模式和混合模式(在线/集中学习)。纯粹的在线模式，即计算机支持的协作学习(CSCL)，是指利用计算机技术(多媒体和网络)来辅助和支持的协作学习。CSCL 主张发展新的软件和应用，以提供人们共同学习的环境以及创造性的活动，从而使人们可以探索知识，相互交流。CSCL 强调学生之间的协作，在网络环境下，他们不是孤立地对网上的资料做出反应，而是可以和其他学习者进行互动反馈。混合模式是指纯粹的在线模式和传统的集中学习模式的混合。计算机网络除作为直接支持学习的工具外，还可以在传统教学环境下使用。例如，小组学习中，一组学习者共同协作，利用网络查询所需资料，然后面对面地进行交流讨论。这时计算机对学习的支持既可以是远程的，也可以是面对面的；既可以是实时的，也可以是非实时的。

(2)合作学习。

合作学习提倡的是学习者之间的社群建立和互相帮助。在建构主义理论的指导下，合作学习采取的是社区模式。在整个学习过程中，学习者与学习者之间具有动态信息交流。在社区网络中，学习者可以访问站点、利用多媒体课件进行学习，也可以根据自己的需要选择学习内容、查询资料。与此同时，学习者可以把自己的学习过程及资源与其他学习者分享。对于遇到的问题，学习者也可在社区网络中通过社区交流平台、BBS、E-mail 等网络工具进行提问交流，与其他学习者一同探讨问题，成为合作者。

(3)虚拟学习。

Schroeder(2002)指出，虚拟空间使人们的距离缩小，用户用虚拟化身代表自己来参与全方位的社交活动。Chou(2001)研究表明，以计算机为中介的交流活动(CMC)和多用户虚拟环境(MUVE)能够促进用户社会存在感的产生，也可以为用户提供一个在线网络环境，这种环境优于有关社会存在感和交互活动的 CMC 其他形式。事实上，Rheingold 在 1991 年为虚拟现实下了一个定义，他认为虚拟现实是人们沉浸在三维计算机环境中的一种体验，人们可以在这个虚拟世界中自由移动，可以从不同的角度观察事物，可以接触、抓取、重塑里面的物件。

多用户虚拟环境比 CMC 的其他形式更富存在感，它可以用来促进社会交互活动并有助于小组和社区的形成。这个多用户虚拟环境可以明显地减弱由于参加远程教育而引起的心理上的社会疏离感。三维虚拟环境从为在线课程传递信息的网络工具的广泛使用中分离开来。它更加强调在同步文本、图形、音频和视频方面的对话和合作。

因此，研究者建议把电子虚拟学习者作为一种极具表现力的展示模型，把学习的过程和方法记录在这里。这些研究结果创设了一个广泛的研究范式，有助于游戏式学习、移动学习、开放学习、个人学习环境和多用户学习环境的研究。

(4)参与式学习。

在参与式学习中(Hung and Khine，2006)，学习者自己确立学习目标，探索适当的资源，与其他人合作并以有意义的方式建构知识。在学习环境子系统中，管理者要考虑学习中心和辅导站的布局、设施的配置与利用，更重要的是网络教育系统的全局管理。

参与式学习是基于建构主义学习理论的网络教学设计。

建构主义者认为学习者要根据个人理解的现实来解释信息和世界，并且通过观察、处理和阐释把信息转化成个人知识(Cooper，1993；Wilson，1997)。

学习者能够把学到的知识融入生活和工作场景，并且学为所用时才表示真正学到了。创立学习社群和实践团体、基于问题和项目的学习、博客等都是随着建构主义而兴起的教学方法。而网络教学是受认知和建构主义影响最深的领域之一。研究者建议，设计网络教学活动时应注意情境创设，强调情境在学习中的重要作用，注意信息资源设计，强调利用各种信息资源来支持

“学”(而非支持“教”),强调以学习者为中心,注重自主学习设计,强调协作学习,注重协作学习环境设计和注重基于网络的教学策略设计。

Mohamed Ally(2007 认为,选择学习策略时应该考虑以下因素:激发学习者的积极主动性,引导他们去深层学习,促进一个人的全面发展,适应个人差异,促进有意义的学习,鼓励交互,提供反馈,促进情景学习,并且在整个学习过程中提供支持。

在参与式学习中,学习者自己确立学习目标,探索适当的资源,与其他人进行小组协作并以有意义的方式建构知识。

王敏娟和姜明姬提出了一个基于信息和交流科技的网络教学法(Cybergogy for Engaged Learning with Information and Communication Technology)。随着全球化和多元文化的发展,很多在线学习的群体或者班级里有来自世界各地的文化背景不一的学习者。网络教学法(Cybergogy)提出了一个框架,为那些有不同文化及语言背景的远程学习者提供积极参与学习的途径。网络教学法即为建立在线参与式学习所使用的策略,它描述了为不同背景的远程学习者创设认知、社会和情感 3 个方面学习经验的策略。

参与式学习的网络教学法模型包括 3 个相互重叠/交叉的域:认知域、情感域和社会域。这一模型综合了当前的思想、观念和理论框架,它们是关于学习者参与在线学习的这 3 个域上的程度和性质。教师可以利用这一模型来描述每个学习者,然后设计针对每个学习者的策略。这样,学习者不仅有机会实现自己的学习目标,而且还会积极地参与学习过程。

该模型的宗旨是:在网络情境中,学习者要从认知、社交、情绪 3 个方面展现自己(Wang and Kang,2006)。认知展现是指分享信息与资源,建构新知识。社交展现就是在虚拟学习环境中把自己作为一个“真实的人”呈现。情绪展现是学习者对自我和群体、学习氛围和学习过程的感受的表达。学习过程中能在社交、认知和情绪 3 个方面深度投入的学习者学习效果较好。网络教学法模型的独特之处在于它融合了情感领域的因素(主要是情绪和感受)及学习过程中的社会和认知因素。

4.基于云计算的移动学习模式

基于云计算的移动学习模式是在无线移动通信网络技术的基础上,结合云计算技术,应用无线移动设备终端(如智能手机、平板电脑、个人视音频设备等)获取教育信息、教育资源和教育服务。这种学习模式使现实世界和虚拟世界的学习空间得到联接,拓展了交流的时空,从而实现随时随地终生化的学习模式。与其他学习模式相比,移动学习具有学习设备数字化、学习时空移动化、学习活动个性化、学习互动深入化等特点。移动技术支持的情境学习又可分为多种学习范式,主要包括基于问题解决的移动学习、移动探究性学习、情境感知学习和参与模拟的体验式学习。个人自主学习是指学生在教师必要的指导下使用多种方式和途径,以个体为单位进行能动的学习活动。关于支持知识传递和情境认知的移动学习的许多案例都是针对个人自主学习的,如世界范围的 MOBI Learn 项目、普渡大学的 BoilerCast 网站、英国利物浦约翰莫瑞斯大学支持实习医生学习的移动学习系统、台湾博物馆参观导航系统等。

(1)情境感知学习。

情境感知学习(Context-Aware Learning)是指学习系统通过感知学习者的具体情境将相关的学习内容自动推送给学习者。这种应用模式与基于问题解决的学习和探究性学习相比,更能有效地促使学习者在具体情境中学习。通过使用 RFID 标签、GPS 定位等技术,目前移动技术支持的情境感知学习主要能对时间、地点、标签等要素进行感知。

(2)基于问题解决的移动学习。

学习者在学习或工作场景中通常会遇到各种问题,在问题发生的真实情境中即时解决这些问题对学习者掌握与问题相关的知识和技能非常关键,移动技术和移动设备为即时问题解决的学习提供了便利。

(3)参与模拟的体验式学习。

随着技术的不断发展,移动设备的交互和显示能力得到进一步的增强,学习者不但可以将移动设备带入真实的学习环境中,还可以利用移动设备的模拟和演示功能,对不易接近的学习情境进行动态模拟。学习者携带具有网络功能的移动设备沉浸在一个动态模拟系统中,参与学习活动能够快速看到自身活动对于整个系统的影响,他们不仅只是观看模拟,而且自身就是模拟系统的一部分,这种学习模式被称为 Participatory Simulations(共同参与模拟仿真)。

(4)移动技术支持的探究式学习。

与基于问题解决的移动学习类似,移动技术支持的探究式学习也强调学生的自主探索,但探究式学习并非以问题的解决为主要目的,而主要是使学习者体验探究过程,在探究活动中加深对知识的理解和应用。在移动技术支持的探究式学习中,移动技术的主要功能包括检索信息、搜集资料、数据记录、信息共享、协作交流等。

(5)移动技术支持的协作学习(MCSCL)。

移动技术不仅能有效地支持个人自主学习,而且能克服传统协作学习遇到的一些障碍,推动协作学习创造性的应用和发展。协作学习是学生以小组形式参与,为达到共同的学习目标,在一定的激励机制下最大化个人和他人习得成果,而合作互助的一切相关行为。它以建构主义学习理论和社会认知学习理论为主要理论基础。协作学习主张将教学内容精心设计为各个任务,学习者以小组的形式一起进行学习,各自担当一定的角色,共同完成某一任务或解决某一问题。协作学习强调学习者的创造性、自主性、社会性和互动性。

移动技术支持的协作学习(Mobile Computer Support Collaborative Learning,MCSCL)是教育技术中一个新的研究领域,其研究的主要内容是在无线网络环境中协作学习者知识的有效构建及如何实现这个过程。

(6)基于电子书包的移动学习。

基于电子书包的移动学习模式是一种新型互动学习模式,以学生学习来讲,通过一个小小的电子书包,利用无线网络,实现学习、作业、考试,完整留下学习历程。另外,可依据答错题目比例,经由计算机分析了解自己较弱的学科或学习领域以进行加强,实现个性化学习。以教师教学来讲,教师可事先上传讲义到网络上,由学生自行选择需要的资源进行下载,并可随时了解学生的学习进度。学生也可打印需要的资料,像传统教学方式那样看着印刷品学习。学生还可直接在网上选择教师推荐的作品、书籍阅读。

电子书包是学校课程教育的内容、方式与计算机技术、网络技术和无线蓝牙技术相结合的产物,它提供大容量的知识储备,方便展示多媒体资源,满足不同学生的要求,并全面记录学生的学习状况。电子书包终端是若干电子书按照科学的结构整合而成的教学资源包,包含学生学习需要的教材、教辅、工具书等。它是基于一个全新的产品组合概念,包含掌上阅读工具(主产品)、远程网上家教、一支适用的书写工具及其他附产品。学生利用电子书可以得到更丰富的学习,同时电子书包为学生与教师学生之间的交流提供了超越时空的便利,有利于教学活动的延展。

在这 4 种基于云计算的多通道学习模式中,每种学习模式都有自己的特点,同时也存在不足。在此基础上我们提出了连续型学习模式。连续型学习模式不但整合了以上 4 种基于云计算的多通道学习模式，并且结合终端的多元化，真正实现无间断学习(表 12-1)。

表 12-1　学习模式的对比

项目	卫星学习模式	数字电脑 IPTV 学习模式	网络学习模式	移动学习模式
学习场合	家庭、社区学校等	家庭、社区学校等	学校、办公室、家中，可以接入互联网	路上、车上、等车、排队等任何地点
学习材料	视频、图片、声音、文字	视频、图片、声音、文字	图片、声音、动画、影片、文本、网络课件、测试、作业等	文本、课件、小测试、游戏等
学习支持	Q&A	讨论、Q&A	E-mail、BBS、网上导学、实时/非实时交互、讨论、视频辅导等	短消息、热线电话
优点	传输容量大、速度快	大屏幕、大容量、高清晰、舒适度高	学习平台功能完善，中等屏幕、存储量大、交互性强	小屏幕、便携
缺点	文件形式单一、成本较高	文件形式单一	可移动性差，长时间的学习易使学习者产生厌倦情绪	所支持的文件格式较少、存储量有限
适用范围	对宽带要求较高的直播或点播课	对清晰度要求较高的视频学习	课堂、自学，课程结构较复杂	移动学习

二、基于云计算的多通道学习模式的演变——连续型学习模式

所谓连续型学习模式，就是依托云计算技术环境，利用多个网络的各种终端设备进行连续学习的学习模式。在切换学习终端时，能够对同一个学习内容进行连续地学习，或持续同一个学习活动。连续型学习模式重在整合不同学习终端的优势，将学习资源和学习策略以适合的形式通过不同的终端屏幕呈现给学习者，使学习者在学校、社区、家庭、工作环境，移动空间等其他非正式学习空间中连续获取学习资源，达到无缝学习迁移。

三、连续型学习模式的特点

连续型学习模式是以三网融合和云计算为基础的新技术环境下的学习模式，具有一定的前瞻性。与以往的一些基于数字化终端和信息网络的学习模式(如电子学习、移动学习、电视学习等)相比，它继承了原有模式的特点，并在此基础上加入了新的成分，形成自己独有的特点。

1.学习环境的连续

学习环境包括学校、家庭、社区、街旁、交通系统、购物场所、娱乐场所等。在连续型混合式学习中，学习环境不再局限于传统的课堂和固定的学习、工作场所，而是可以延伸到生活的各个空间，使学习环境扩大化。空间变化，却没有打断学习，而是可以把各个空间都作为学习环境，把生活的每个角落连成学习的一个大舞台。

2.学习内容的连续

当学习者在某一学习环境中中断学习时，进入另一学习环境后，学习管理系统会记录原来的学习内容。在学习者变换学习环境并切换学习终端继续学习时，系统自动推送上次中断的学习内容，不需要另行转换或选择。

3.学习支持服务的连续

在教育信息化云服务学习中,可以制定个性化的学习支持服务,并支持不同的终端设备。当学习者切换终端时,系统自动推送学习者设置的个性化学习支持工具,来辅助学习活动的进行。

4.学习交互的连续

学习交互包括与学习内容的交互,与教师、专家及其他学习者的交互。在教育信息化云服务学习模式中,这些学习的交互活动即时有效且具有连续性。当学习者变化学习空间或切换学习终端时,交互活动不会消失,而是被系统记录断点,并继续接收交互活动信息存储在学习档案中。当学习者再次登录系统时,会自动提示交互活动的断点,并提交在切换时接收的内容,防止消息遗漏,达到学习交互的无缝连接。

5.学习辅导的连续

当教育者进行教学或辅导时,消除时空限制,不必局限于某一特定的学习环境。教学内容在不同终端上可连续放送,学习者的学习活动也会连续进行。为了应对学习者不间断的学习活动,对学习者的辅导也是连贯的,尤其在同步状态下。

6.学习管理的连续

在教育信息化云服务学习模式中,当学习者更换学习终端或中断学习,或者教育者更换终端时,仍可以进行连续的学习管理活动。这些活动包括学习者基本信息的记录、学习过程的记录、学习活动的跟踪服务以及学习进度和成绩的管理等。

7.学习评价的连续

学习过程中的评价包括测试、自评、外部评价(包括教师、专家和其他学习者)。整个学习过程中,这些评价方式可以在不同终端以统一的方式进行,智能化记录评价进程。不会因为终端的变化,而变化学习评价的形式或内容。在同一个学习活动中,保持学习评价的完整性。

综上所述,连续型学习模式在多屏合一环境下,除具有原有的基于计算机网络的学习模式的特点外,更多地强调了连续性这一特点,这种学习模式各要素的连续性体现互联的思想。在不同的环境中用不同的终端设备显示连续的学习内容,支持学习活动的服务功能和系统后台的管理功能的运行都是不间断的。在学习活动中,学习者的交互活动和教师对学习者的学习辅导也需要前后一致连贯进行。最后的学习评价也要连续贯穿整个学习活动。

综合连续型学习模式的特点,学习者所处的学习环境、学习内容、学习活动、学习支持等都是连续的。学习者可以通过不同的终端进行学习,在不同终端中学习者将继续上一次的学习,实现断点续播,并自动为学习者切换到适应当前终端学习的学习模式。在连续型学习模式中,学习者可以根据不同的需要选择不同的学习方式,既可以进行自主学习,也可以进行协作学习。通过多种学习方式的混合、多终端自动切换、连续学习等满足学习者随时随地进行学习的需要,以实现终生学习。

四、连续型学习模式应用场景

在教育信息化云服务学习模式的构建过程中,以学习者的终生学习档案为中心,把学习者的学习动力作为学习模式构建的出发点,体现了该学习模式以学习者为中心,满足终生学习需要的理念。结合合理的学习条件,为学习者提供一系列可操作的学习步骤,并加入相应的学习指导,保证学习者在连续型学习模式指导下,提高学习效率,保证学习效果。

在该学习模型中，学习者通过变化学习环境，利用多种终端设备进行连续不断的学习活动。学习连续型模式主要包括以下几个要素。

1.终生学习云档案

终生学习云档案是对学习者的学习进度、学习内容、学习历史过程、学习成绩等进行记录和管理。提供给学习者选择课程的功能，形成个性化课程表，并帮助学生制订合理的学习计划，每次进入系统进行学习活动的过程会通过终生学习云档案记录在学习者信息库中。学习者在云服务的环境下，可以通过不同的终端设备对同一学习内容进行连续不断的学习。在该学习模式中，学习者本身需要具有一定的数字化学习经验，能够独立操作终端设备，并具有强烈的学习动机，能自主运用多种终端设备进行学习活动。

2.学习资源云

学习资源丰富多样，适宜在各终端设备中展示。系统会根据学习者的具体情况，为学习者自适应地推送适合的学习资源。学习资源云的内容包括文本、图像、音频、视频、学习资料包等。同时，学习者对学习资源的学习情况将保存记录在终生学习档案中。根据学习终端的不同，学习资源被设计成不同的类型，来适应各种终端的屏幕。学习的连续性要求同一内容要能在不同的终端上呈现。由于终端属性和屏幕的规格不尽相同，所以同一学习内容要设计成不同的类型。

3.学习活动云

连续型学习模式中的学习活动云分为与学习资源的互动和与学习活动中人的互动。学习活动包括学习内容的学习、预习和复习，学习资源的查找、收藏、评论、分享，与教师、专家、其他学习者的交流讨论，各种小组学习、合作学习，疑难问题的询问、答疑，考试、测验、调查、反馈等学习评价。学习者可以选择、参与各种学习活动，且学习活动云是连续不断的，不受学习空间和学习终端设备变换的影响。当学习者从一个学习空间到另一个学习空间，或者学习终端从计算机变化成移动设备、电视等形式，学习者都能继续中断的同一个学习活动。

4.学习方式

连续型学习模式将个性化学习和协作式学习结合起来，在学习过程中，学习者既不会因为独立自主学习产生信息孤岛及孤立感，又不会因为协作学习而忽略个人学习空间和机会，最大化地促进学习者的学习。该学习模式中，学习方式是多样的，其中个性化学习包括探究学习、创作学习、移动学习、空中课堂、体验学习、反思学习等；协作式学习包括远程学习、社区学习、家庭学习、情境学习、讨论学习、辅导学习等。在连续的云学习环境中，不同的终端之间可以实现多屏切换，学习者可以通过不同终端的切换选择适合自己的学习方式，进行连续性的学习，满足学习者随时随地学习的需求，促进终生学习。

5.学习空间

学习空间包括学校、办公地点、家庭、社区，以及街道、交通系统、商场等移动空间。在连续型学习模式中，把这些正式学习和非正式学习的空间紧密联系起来。只要学习者有学习的意愿，各种空间都可以用作学习环境。学习者通过适合的终端设备接入三网融合后的同一网络，随时随地进行学习活动。这里的学习空间扩大到生活的每个角落，让学习融入生活中去。在每个空间中，学习者需要有相应的学习终端设备并接入网络，才能真正把这些空间转化成学习环境，扩大开展学习活动的空间。

6.学习终端

在连续型学习模式中，有多种网络相融合，分别为数字电视/IPTV 网、卫星网、移动网络、互联网,这些相互融合的网络构成了连续的学习环境。同时,在此学习模式中,学习终端包括数字电视/IPTV终端设备、卫星输出设备、移动设备及计算机等。这些学习终端均可以接入网络,呈现不同规格的相同学习内容,切换学习设备不会影响学习活动的持续。

7.学习支持

在连续型学习模式中,学习支持是连续的,包括学习导航系统、学习帮助系统、学习反馈系统等。学习导航系统主要让学习者清楚自己在课程中的位置,明确需要学习的内容,有利于学习者有目的地去学习,提高学习效率。学习帮助系统为学习者提供帮助服务,当学习者在学习过程中遇到困难和疑问时,可以采用学习帮助系统辅助学习,解决学习者的疑难问题,促进学习。学习反馈系统为师生在学习过程中的交流提供空间,该系统有利于教师对学习者的学习数据进行统计分析,以改善教学中的不足,完善课程结构。当学习者切换学习终端时,学习支持服务将以适合该终端的形式为学习者提供支持服务。

在连续型学习模式中,学习者在云服务构建的大环境下,移动通信技术构成了连续的学习环境。当学习者变换学习空间、切换学习终端时,学习活动、学习内容会接着上次终端的位置继续进行。学习资源将以最适宜的形式自适应为学习者推送到当前学习终端上,以确保学习者能有效地获取学习资源,完成学习活动。该学习模式为学习者提供了一个智能化、个性化、连续化的学习过程,为学习者营造了一种更人性化、更自由的学习环境,有利于提高学习效率、增强学习效果。

五、智能云学习模式——以技术为视角

在上一节中已经具体描述了智能云学习,下面介绍以技术为视角的智能云学习模式,该学习模式为学习者提供“学习—测评—交流—分析”的“递归循环”的学习过程。

(一)智能云学习模式概述

智能云学习模式是指根据学习者的需要,将终端设备作为媒介,为学习者提供集个性服务、贴身服务和智能服务于一体的学习模式。它所指导开发的智能云学习系统可为学习者提供“学习—测评—交流—分析”的“递归循环”智能学习环境,整个模型也体现了数字化学习过程的智能持续性循环发展。

(二)智能云学习模式应用场景

教育信息化云服务学习模式强调在变换学习空间、切换学习终端时仍然能连续不断地进行学习。和已有的学习模式相比,智能云学习模式引入了云服务,根据学习者智能云学习模式的需要,将终端设备作为媒介,为学习者提供个性服务、贴身服务和智能服务,以便更好地促进学习者学习。该学习模式为学习者提供“学习—测评—交流—分析”的“递归循环”的学习过程,如图12-2所示。

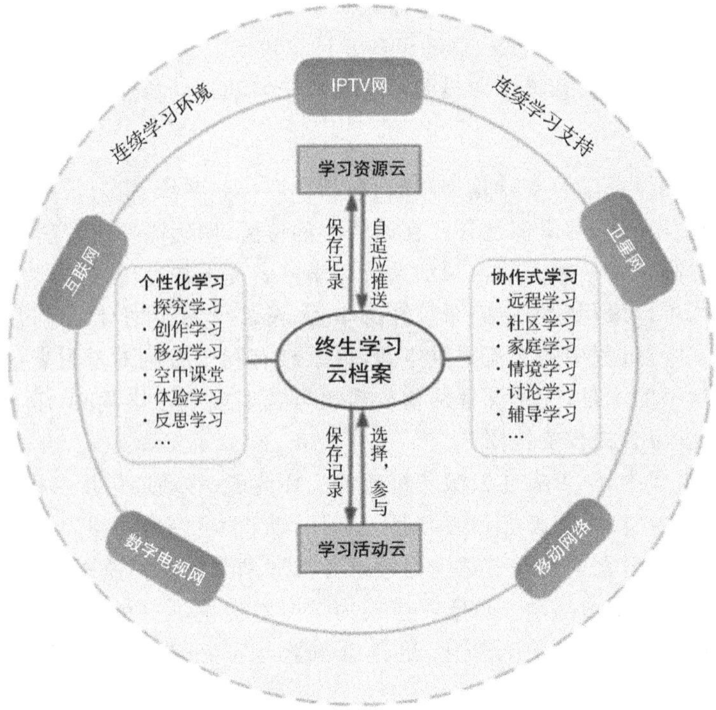

图 12-2 智能云学习模式

1.学习阶段

在学习发展的历史阶段中，学习分为传统学习和网络学习。网络学习具有共享性，实现网络资源共享，为学习者提供丰富的学习资源，但是在广阔的资源海洋中，学习者并不能迅速挑选出自己所需要的内容；其次网络学习缺乏个性化服务，不能量体裁衣为学习者提供服务。因此，如何将多种学习方式整合，为学习者提供个性化服务，实现多终端之间的自适应切换、连续性学习是未来学习的主要发展方向。在整合云计算按需服务、多租户等特点的基础上，智能云学习模式继承了网络学习的优点，同时改进了其缺点。

在智能云学习模式中，学习作为一个重要的环节，可以提供以下 3 个方面的功能。

(1)智能化地为学习者提供学习内容，即智能云学习系统根据对学习者的评测结果，对学习者进行分析，主动给学习者推送适合的学习内容。

(2)不同的终端适配接口，即在智能云服务学习模式中，开放了多个终端接口，包括手机、个人计算机、平板电脑等，实现多屏合一，学习者可以使用任意终端设备进入智能学习系统中学习；

(3)断点续学，指学习者根据需要，随时随地使用任意终端设备进行学习，所有的学习内容都是根据云计算中的多租户特性量身定制的。智能云学习模式完善的知识服务体系，从堆砌式的网络自主学习服务转型为主动推送知识、量体裁衣的智能学习知识服务，为用户提供开放、智能、主动、准确、便捷、无处不在、低成本的智能学习服务。

2.测评阶段

测评是整个学习过程中非常重要的一个阶段，学习者通过一段时间的学习后需要对自己的学习效果进行检测。传统的学习中测评主要是测验，而在网络教学中，其评价致力于学习者的整体性评价。网络教学的测评方式虽然多样化，但在对学习者进行多样化的测评之后，没有更深入地对学习者进行分析与反馈。智能云学习模式的评测环节主要提供了3个重要功能。

(1)根据学习行为选择相关测评内容，即智能云学习模式在云环境下根据提供的个性化学习内容，以及学习者当前一段时间所学的情况，智能化地为学习者提供学习测试内容，用以测评学习者学至当前的效果。

(2)将理论、实践及学习者平时关注的问题生成考试内容，即在智能云学习模式中，可以根据学习者在学习期间的行为进行分析，将学习内容与部分实践信息结合，并将学习者在学习过程中遇到的问题进行总结、跟踪，在测评阶段，形成试卷，用以让学习者提升、巩固所学内容。

(3)缺陷分析和重点学习，教育信息化云服务学习模式对测评的结果进行分析，找出学习者在学习过程中存在的缺陷，并智能化地为学习者提供重点学习内容，进而让学习者取长补短。智能的测评方式，给学习者提供了不同时期的测评，方便了学习者对自己学习效果的把握，并进一步突出了云模式下的个性化学习服务。

3.交流阶段

据美国远程教育学者穆尔的观点，远程学习中的交互可以分为3种类型：学习者与学习内容之间的交互，学习者与教师之间的交互和学习者与学习者之间的交互。在网络学习环境中，由于学习者的分布和知识的传输都具有时空分离的特点，特别需要通过同伴的协作和教师的指导来解决学习中遇到的问题，因此交流互动环节就显得尤为重要。而很多普通的网络教学的交互只是同学之间在网上讨论，导致出现许多不同的答案，而且答案的准确性和权威性也得不到保证，因此学习者不能及时解决自己的疑问，不利于对知识内容的理解。在教育信息化云服务学习模式中，提供了专门的交流环节，该环节实现了答案的准确化和权威化，也给学习者提供了一个学生、教师沟通交流、咨询信息的社区环境，该环节主要提供以下3个功能。

(1)在线回答问题，并搜集FAQ。教育信息化云服务学习模式为学习者的疑难提供了解决的环境，学习者可以在社区中提出自己的问题，其他学习者可以针对该问题进行讨论，发表各自的看法，最后教师会针对该问题提供解决方案，该问题及其正确的解决方案会被智能地存入数据库中，以备后续遇到同样问题的学习者使用，可以使用ETL搜集社区中的FAQ，增加学习者的知识面。

(2)学习者之间可以互相共享各自的学习内容。教育信息化云服务学习模式提供了社区平台，便于学习者之间的沟通、交流、分享各自的学习信息，将知识从“独享”扩展成了“共享”，进一步拓展了各自的知识视野。

(3)在线记录笔记，学习者可以实现在线学习。教育信息化云服务学习模式根据多租户中某个租户本身的特点，提供在线学习功能，学习者根据在线学习内容记录笔记，数据库会自动记录学习者的笔记，存入数据库中，以便学习者日后的复习。“三人行必有我师”，网络上的学习者和教师都能为学习者提供帮助，使学习者能够对自己的所学进行巩固和提升。

4.分析阶段

在以往传统的教学中，由于学生太多，教师不可能分析到每一个学生的学习情况，并分配给他们合适的教学方法和教材；普通的网络教学不能对每一个学习者的学习情况进行详细深入的分析，只是根据学习者的问题、问卷调查等反馈，对整个教学情况进行整体分析，而且普通的网络教学也没有基于云计算的分析方式，不能够给学习者提供适合学习者的学习内容和学习方法；教育信息化云服务学习模式采用基于云计算的多租户思想及数据挖掘思想，进行评测分析，为学习者提供更好的学习建议。教育信息化云服务学习模式的分析环节，主要提供如下4个方面的支持。

(1)基于学习效果的统计分析：根据学习者学习期间的情况进行分析，可以分析出学习者的学习效果，并进一步明确学习者的学习方向。

(2)基于学习者个性的分类：指教育信息化云服务学习模式根据学习者本身的个性，即多租户中每一个学习者本身的特点，提供不同的学习支持服务，在分析的过程中，侧量点也不同，因此教育信息化云服务学习模式能够对不同的学习者给出不同的分析结果，并给出相应的意见和建议。

(3)学习行为聚类：对学习者的行为进行聚类，推荐出适合学习者学习的方法。

(4)学习策略推荐：对学习者学习效果以及学习者个性，学习者行为的聚类、分类，学习者的学习历史等进行分析，推荐适合学习者的策略方法以及学习者感兴趣的学习内容和方法。

综上所述，教育信息化云学习模式是在教育信息化云服务的大背景下提出来的，与已有的学习模式相比，该学习模式具有自己独特的特点，主要体现在其连续性和智能性方面。本章在探讨了云服务对教育、学习环境产生影响的基础上，提出教育信息化云服务背景下不同视角的学习模式，包括以媒体为视角的连续型学习模式和以技术为视角的智能云学习模式，并对其概念进行了界定，分析了其特点，对两个学习模式进行具体阐述，并分析了其应用场景。社会的快速发展、网络和移动技术的不断革新及终生教育思想的逐渐普及，使学习者随时随地利用各种终端设备进行学习的意愿不断加强。本章提出的连续型学习模式和智能云学习模式将满足学习者随时随地利用各种学习终端进行连续不断地学习的需求，将对促进终生教育的发展起一定的指导作用，更好地促进学习者进行终生学习。

主要参考文献

[1]徐丹旭.美术信息化教学设计[M].重庆:西南大学出版社,2018.

[2]金波,张大伟.档案信息化建设[M].上海:上海教育出版社,2016.

[3]左婷婷.高校档案公共服务与信息化管理[M].吉林:吉林出版集团股份有限公司,2018.

[4]樊家林,张洪.信息化侦查实务[M].成都:四川大学出版社,2015.

[5]吴水才,常战军,顾建钦.医院信息化概论[M].北京:北京工业大学出版社,2015.

[6]南宁市发展和改革委员会.南宁市信息化发展报告 2015[M].南宁:广西科学技术出版社,2017.

[7]郭光磊.北京市农业农村信息化研究[M].北京:中国言实出版社,2017.